首都经济贸易大学北京市属高校基本科研业务费专项资金资助（XRZ2020013）

中国移动银行发展研究

RESEARCH ON THE DEVELOPMENT OF CHINESE MOBILE BANK

王珊珊◎著

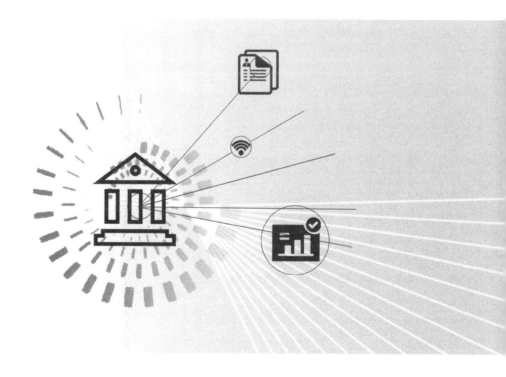

经济管理出版社

ECONOMY & MANAGEMENT PUBLISHING HOUSE

图书在版编目（CIP）数据

中国移动银行发展研究／王珊珊著. —北京：经济管理出版社，2020.9

ISBN 978-7-5096-7597-7

Ⅰ.①中… Ⅱ.①王… Ⅲ.①移动通信—通信技术—应用—银行发展—研究—中国 Ⅳ.①F832.3-39

中国版本图书馆 CIP 数据核字（2020）第 179112 号

组稿编辑：范美琴

责任编辑：范美琴 李光萌

责任印制：黄章平

责任校对：张晓燕

出版发行：经济管理出版社

（北京市海淀区北蜂窝 8 号中雅大厦 A 座 11 层 100038）

网　　址：www. E-mp. com. cn

电　　话：（010）51915602

印　　刷：唐山昊达印刷有限公司

经　　销：新华书店

开　　本：720mm×1000mm/16

印　　张：14.25

字　　数：249 千字

版　　次：2020 年 10 月第 1 版 2020 年 10 月第 1 次印刷

书　　号：ISBN 978-7-5096-7597-7

定　　价：68.00 元

前　言

　　移动银行是越来越受传统银行业客户欢迎的服务。从表面上看，中国用户在这项新技术中有着最高的使用率，但很多用户并不是活跃用户，或者他们仅仅使用移动银行来完成最简单的任务，比如检查余额。本书旨在通过确定影响用户继续使用移动银行的主要因素（持续使用意图）以及他们尝试新移动银行功能的行为意图来找出造成这两个问题的原因。为此，基于技术接受与使用的统一理论模型（Unified Theory of Acceptance and Use of Technology，UTAUT）、任务技术匹配模型（Task-Technology Fit，TTF）以及期望确认模型（Expectation Confirmation Model，ECM），本次研究开发了一个集成模型。

　　从中国的移动银行用户那里收集了经验数据，并使用偏最小二乘结构方程模型（Partial Least Squares Structural Equation Modelling，PLS-SEM）方法对该集成模型进行了测试。结果表明，对持续使用意图产生积极影响的主要因素包括满意度、性能预期和努力预期。持续使用意图反过来和社会影响、便利条件以及确认一起影响用户尝试新功能的行为意图。此外，还发现了一些中介效应，例如，任务技术匹配方法可能通过用户满意度间接影响持续使用意图。

　　研究成果具有一定的理论贡献。首先，这项研究发现，任务技术匹配方法对用户继续使用移动银行的意图的影响完全取决于用户的满意度。这丰富了现有文献，现有文献主要集中于用户对技术的理解（例如性能预期和努力预期）。其次，这项研究表明，满意度还促成了预期确认对持续性意图的影响，也扩展了有关信息系统持续使用的文献。最后，这项研究通过使用UTAUT、TTF和ECM的结构提出了一种新的集成模型，并证明了持续性意图本身可以完全介导性能预期和努力预期在行为意图上的影响，从而填补了有关用户尝试新的移动银行功能的现有研究的空白。相较于每个单独模型，新模型具有更高的解释能力。

　　研究结果就如何改进适合支持连续使用和扩展移动银行使用的任务技术而言具有管理意义。例如，为了提高持续使用意图，银行可以通过优化任务技术的适应性来提高满意度。这反过来,将需要更好地了解用户在特定细分市场中的不同任务要求。此外,银行还可以通过及时更新相应的技术来吸引用户尝试新功能的行为意图并组织市场营销活动,以使用户了解其移动银行应用程序的任何新功能。

目　录

第一章 导 论

在本书的开篇章节中，将介绍本书研究的基本要素，包括研究背景，基于在中国使用移动银行的背景下观察到的问题而提出的研究问题，研究目的和目标，关于研究方法的讨论，它对现有文献的预期贡献和对移动银行服务提供商的最终成功的实用价值，以及支持该研究发展的框架。通过本章，可以了解对中国移动银行用户的持续性和行为意图进行实证研究的必要性和意义。

第一节 研究背景

近年来，信息和通信技术的进步改变了商界和许多人日常生活中越来越多的方面（Black et al.，2002）。这项技术进步极大地影响了传统银行业，包括改变了吸引客户和提供服务的渠道（Black et al.，2002；王春峰、翟捷，2001）。尤其是数字移动设备的普及极大地促进了传统银行业的转型。手机和个人数字助理（PDA）等移动设备为银行提供了更多向客户提供创新银行服务的可能性（Laukkanen and Kiviniemi，2010）。近年来，随着金融监管机制的放松和移动金融的迅速兴起，国内商业银行的格局发生了巨大变化，四大国有银行受到中小银行的严峻挑战。随着4G网络的建设和智能手机的普及，手机银行已成为各大银行的重要业务。移动银行的诞生打破了传统银行和行业的地理、时间限制。用户可以随时随地处理银行业务，同时大大降低了银行业的成本（沈莉，2015）。

在网络技术以及移动设备飞速发展的背景下，移动银行通过网络技术和移动设备（主要是智能手机）来进行各项银行金融服务（谢滨和林轶君，2009）。在网络技术发展的影响下，银行业的服务方式和业务模式均发生了较明显的改变（于萍，2017）。移动银行极大丰富了传统银行的服务内容和形式，是传统银行面对网络技术以及移动设备科技的革新所必然走出的变革性的一步战略。从现代科学技术的发展来看，移动银行未来一定是银行办理业务的主流形式。移动银行是利用移动通信技术和设备来进行各种银行和金融服务。移动银行业务通过移动设备为客户提供的服务，其中包括一系列金融和非金融功能，例如银行账户检查、汇款、移动支付和其他银行业务（Shaikh and Karjaluoto，2015）。移动银行帮助用户在时间和地点限制之外使用银行服务（Zhou，Lu and Wang，2010）。此外，移动银行还可以帮助传统银行降低运营成本和交叉销售金融产品（Hoehle，Scornavacca and Huff，2012），吸引新客户，并提高客户保留率（Shaikh and Karjaluoto，2015）。近年来，移动银行从功能简单、操作不便、价格较高逐步向功能多样、操作人性化、价格低廉甚至免费的方向转变。姚慧丽和钟春芳（2011）认为，随着近些年中国手机用户爆发式增长，移动银行的使用率也随之增高，移动银行的发展也越来越受到企业和用户的关注。随着移动通信网络的发展、移动办公以及商务需求的增长，全球各国均对移动银行的发展充满希望。

1996 年，捷克的移动运营商与 Expandia 银行共同开发了第一款手机银行的产品，这一尝试为手机银行的发展打开了新局面。美国花旗银行于 1999 年联合法国 Gemplus 公司以及美国的 Ml 公司推出了移动银行服务，使用者可以使用手机向银行特定号码发送短信息的形式了解余额、支付和交易情况并办理相对简单的银行业务（姚慧丽和钟春芳，2011）。紧接着，来自美国的 AT&A 公司与其他四家商业银行联合推出了当时美国最大的移动银行业务，以便客户可以随时随地在移动界面上查询信息并处理业务。在亚洲，以日、韩为代表的发达国家手机银行的发展也较为领先。日本和韩国凭借其国内较为完善的通信产业的基础设施以及较高的手机普及率为手机银行的发展提供了坚实保障。刚刚进入 21 世纪，手机银行支付就已经成为日本的一种主流的支付方式。由于日本全国无线网络覆盖率很高，使用户可以随时在全国各地便捷地使用移动银行进行金融服务运营。在韩国，作为银行零售业的主要支柱产业之一，移动银行在韩国用户数量和交易支付总金额方面也处于领先地位，这为其金融业和支付市场的积极发展注入了新的活力。从那时起，许多银行都相继启动了移动银行业务，这些银行提供的服务越来越全面，技术应用也越来越成熟。

在中国，得益于最近几十年经济和技术水平的快速增长，中国的软件和硬件设施完全符合移动手机发展的条件。中国国内的诸多银行也把移动银行作为一个重要的发展方向。在 2000 年，中国移动和中国银行合作推出了中国第一款移动银行产品，吹响了中国移动银行发展的序曲。紧随其后的，招商银行在全国多个大中城市推出了自己的移动银行产品。广东发展银行中山支行和中山移动随后合作开发了可直接使用手机进行信用卡消费的"手机钱包"。但是，由于当时移动通信技术和网络技术环境的限制，移动银行业务并未得到更广泛的应用。直到 2004 年，中国交通银行率先开发一种手机银行，该手机银行可以使用无线互联网技术同时连接中国移动和中国联通的移动终端，不仅具有免费办理手续和免费服务的特点，还为客户提供太平洋卡查询、转账、手机缴费、定制化外汇信息、资金管理、银行卡号管理等常用服务。这一创新不仅建立了较为完善的手机银行体系，而且促进了中国手机银行的全面发展。随后，国内主要商业银行开始开发各自独特的个性化手机银行业务。

在移动银行技术的整个发展过程中（见表 1-1），移动银行发展的最早阶段始于 2000 年左右推出的短消息服务银行（Short Message Service Banking，简称 SMS 银行）。SMS 银行为用户提供了两个主要功能，即账户余额查询和汇款。通过将 SMS 代码发送到银行的官方接收号码，即可访问这两个功能。在第二阶段，基于无线应用协议（Wireless Application Protocol）的移动银行服务被引入公众。WAP 为无线应用协议，是一项全球性的网络通信协议。WAP 给移动互联网制定了一个通行的标准，目标是将互联网上的丰富信息及先进的业务引入手机等无线终端之上。WAP 定义可通用的平台，把互联网的使用HTML语言的信息转换成使用WML（Wireless Markup Language）书写的信息，并将其显示在手机屏幕上。WAP 仅要求手机以及 WAP 代理服务器的支持，不需要对当时的移动通信网络协议做任何的改动，所以 WAP 可以广泛地应用于 GSM、TDMA、CDMA 以及 3G 等多种网络制式。用户可以通过浏览相关银行的 WAP 网站并使用 WAP 页面上提供的选项来访问移动支付服务。具体来说，WAP 移动银行业务是指银行通过手机，基于 WAP 协议，使用移动通信网络，为用户提供一种网上银行产品和服务的服务方式。近年来，随着各种移动银行应用程序的发布，技术已经成熟，可以在现有的手机操作系统（尤其是 iOS，Android 和 Symbian）上使用（Zhou，2011）。

表 1-1　移动银行的发展

阶段	产品形式	应用方法
短信银行阶段	由移动 GSM 短消息服务中心和银行系统组成	收、发短信
WAP 银行阶段	基于 WAP 技术的移动银行网站	通过手机嵌入 WAP 浏览器访问银行网站

续表

阶段	产品形式	应用方法
APP 银行阶段	为不同的智能手机操作系统开发应用程序	下载并使用该应用程序

资料来源：Shaikh and Karjaluoto（2015）。

移动银行应用程序提供的功能分为金融功能和非金融功能，如表 1-2 所示。金融功能通常包括以下功能：账户查询、汇款、信用卡管理、财富管理服务（即保险产品、基金和债券）、金融信息服务和公司交易授权。非金融功能通常包括账单、彩票和医院登记的移动支付、账户充值、购买游戏卡、商务旅行信息和服务、多合一卡上的收款等。这些非金融职能通常是基于银行与第三方之间的合作来促进的（Deloitte China，2012）。

表 1-2　移动银行提供的主要服务

金融服务	非金融服务
账户查询	水电费支付
汇款	罚款支付
信用卡管理	商旅服务
财富管理服务	电话账户充值
金融信息服务	多合一信用卡付款
公司交易授权	医院注册
	游戏
	抽奖

资料来源：Deloitte China（2012）。

在移动银行的最初阶段（即短信银行阶段），中国在这方面的起步和发展是相对落后的。但是随着最近几十年中国经济的高速发展，中国在信息技术发展和基础设施建设速度方面以及移动设备生产和普及方面有着无可比拟的优势，中国网民人数和手机银行用户数高居世界第一，并且远超其他国家。

在信息技术发展和基础设施建设速度方面，在 2018 年 1 月 31 日，根据中国互联网络信息中心（CNNIC）的《中国互联网络发展状况统计报告》显示，截至 2017 年底，中国互联网用户数量达到 7.72 亿，互联网渗透率达到

55.8%，比全球平均水平（51.7%）高出 4.1 个百分点，比亚洲平均水平（46.7%）高出 9.1 个百分点，其中使用手机上网的人数高达 7.53 亿。在网络建设方面，3G 以及 4G 网络迅速在中国全面铺开，远远领先于世界其他国家。《2018 年通信业统计公报》提供的数据显示：截至 2018 年底，中国已经建成全球最大的 4G 通信网络，仅 2018 年，中国就新增建设移动 4G 网络基站 43.9 万个，4G 网络基站总数增加至 372 万余个。除了全国城区之外，人口密度较大的农村地区也基本实现了 4G 信号的覆盖。4G 网络的快速建设带来了中国 4G 网络用户数量的迅速扩张。截至 2018 年 12 月底，中国全年新增 4G 用户 1.69 亿，全国 4G 用户总数高达 11.7 亿，4G 普及率为 84%。

紧随 4G 而来的是 5G 移动通信技术，相比于 4G，5G 的主要特点是波长为毫米级、高速度、高带宽和低延时。1G 到 4G 都是着眼于人与人之间更方便快捷的通信，5G 时代将使随时、随地、万物互联成为现实，让人类敢于期待与世界万物通过直播的方式无时差同步互联。5G 代表了信息社会的最高速度，掌握了速度的人才会快速进步，在信息社会中，放弃了速度和对优秀信息连接技术的选择，可能会使经济降速。在 5G 的竞速赛道上，中国在经历过 1G 空白、2G 跟随、3G 突破、4G 同步的数十年历程后正急速奔跑。被认为是第四次工业革命的 5G，将像历史上的蒸汽革命一样改变整个社会的生产方式乃至生活方式，中国力量正以史无前例的参与度推动这场大变革的发展。

根据相关机构的调查显示，到 2019 年 3 月份为止，在与 5G 技术相关的专利方面，中国所申请的专利数量在总专利数量中的占比高达 34%，远高于排名第二的韩国的 25%，紧随其后的美国和芬兰各占 14%，然后是瑞典的 8% 和日本的 5%，其余国家皆不足 1%。此外，中国相关企业在 5G 技术的部分核心技术上的科研技术水平也处于领先地位。比如，2016 年，中国本土公司华为主推的极化码方案被 3GPP 采纳，成为三大 5G 场景之一的"增强型移动宽带"场景的控制信道编码标准。以华为为代表的中国的相关企业具有能够把 5G 通信系统相关的系统设备、基站设备、终端业务等整个产业链的各个方面整合起来的能力，放眼世界，没有几个国家能够办到。华为也凭借 5G 优势，成为了全球通信领域技术的引领者之一。

工业和信息化部于 2019 年 10 月 31 日宣布：5G 商业化正式启动。中国移动、中国联通和中国电信三大运营商也于当天公布了 5G 商用套餐，确定套餐将于 11 月 1 日正式推出。其具体资费标准不高于国际主流水平。GSMA 发布的《中国移动经济发展报告 2020》预测，到 2025 年，中国 5G 用户的渗透率将增至近 50%，连接数 8.07 亿。网络的快速发展，无疑将推动移动银行的进一步普及。

在移动设备方面，中国是世界最大的手机生产国，市场上除了有三星、苹果等国际手机品牌，中国还拥有众多在功能上接近但是价格相对低廉的手机品牌（如华为、小米、OPPO 和魅族等），这些因素使移动手机在中国的普及率迅速提升。近年来，中国智能手机品牌强势崛起，从当初的中兴、华为、酷派和联想四大国产品牌的时代，再到如今主流的国产手机品牌变为华为、小米、OPPO 和 vivo 的时代，消费者们见证了中国品牌智能手机从低端廉价的代名词一步一步逐渐成为市场的主流并有加速赶超国际先进品牌的趋势。之前大规模涌入中国手机市场并占据市场主流的国际品牌也在中国品牌手机的强大攻势面前逐渐丢失市场份额。这些国际品牌（主要包括诺基亚、苹果、三星、索尼、LG 等）目前只剩苹果和三星在中国市场还有一定的市场份额，其他品牌的手机在现在的中国街头已经很难看到。可以看出，随着全球智能手机市场的渐趋饱和以及中国手机品牌的强势崛起，世界智能手机市场面临着一次行业大洗牌。

目前的全球智能手机市场的新格局已经出现，根据相关的统计数据显示，当前世界最新十大智能手机品牌已经正式诞生，中国手机品牌在前十名中独占七席，这充分说明中国已经是当之无愧的"智能手机王国"。世界知名的市场研究机构 Counterpoint 发布了 2019 年第三季度世界智能手机出货量排行榜，从该榜单中可以看到，出货量排名前五的手机厂家分别是三星、华为、苹果、OPPO 以及小米，世界前五中，中国手机厂家就独占三席，接下来的第六至第十名则分别是 vivo、Realme、摩托罗拉（联想的子品牌）、LG 以及传音，排名前十的智能手机品牌中，中国的品牌就独占七席，除了三星、苹果和 LG 手机以外，其余均是来自中国的智能手机品牌。

全球移动通信系统协会（GSMA）公布的最新数据显示："中国不仅生产了全世界超过 3/4 的手机，也消费了全世界 30% 左右的智能手机。"由此可见，中国不仅在手机制造和生产领域占据了全球主导地位，在智能手机消费领域中同样占据了举足轻重的地位。此前就有这样一句行业"佳话"，全球除了中国，任何一个国家或者地区都不可能拥有在一天之内生产出超过百万部苹果智能手机的能力，这样的数据足以证明中国手机制造工业的强大能力。

在全球智能手机消费者市场中，仅仅是来自中国的消费者就消费了全球超过三成的智能手机。中国是世界上人口最多的且经济高速发展的国家，是

全球手机拥有量最大的国家，所以这一数据显然是真实的，手机拥有量接近
15 亿的国家当然也存在着极为庞大的智能手机消费市场。随着 5G 时代的到
来，中国手机市场消费量还将继续增长。5G 时代是由中国所引导的一次技
术创新，届时中国将拥有全世界最多的 5G 基站，中国的 5G 智能手机市场潜
力巨大，未来中国肯定会拥有庞大的 5G 智能手机市场，中国市场必将成为
各大智能手机厂商的必争之地。所以富士康放弃海外建厂的计划，把重心重
新放回中国的原因就不难理解了。

所以，得益于移动网络技术和基建设施的快速发展、中国智能手机强大
的品牌影响力以及生产和消费能力，中国近年来的移动银行服务的用户呈指
数增长。从全球来看，中国一直是移动银行采用率最高的国家。2017 年，中
国有 69% 的人口使用移动银行，其次是印度的 52% 的采用率（EYGM
Limited，2017）。何光辉和杨咸月（2011）认为移动银行之所以能在发展中
国家迅速发展，有一个原因是传统银行网点的覆盖率较小，无法满足大众对
于汇款、信贷等银行服务的需求，移动银行能解决这方面的难题。截至 2014
年底，艾瑞咨询公司 2015 年报告称，移动银行用户规模已扩大至 3.01 亿，
同比增长 40.8%，占整体移动互联网用户的 54.1%。2013 年，中国手机银
行用户的人均每月访问量维持在 15~20 次，网上银行用户的人均每月访问量
维持在 6~7 次。可以看出，手机银行用户的人均月访问量是高于网络银行用
户的（胡未央，2015）。中国金融认证中心（CFCA）2017 年发布的另一份
报告《2017 年中国电子银行调查报告》显示，随着中国移动金融的发展，
移动银行用户所占比例与互联网银行用户的比例持平。与 2016 年相比，移
动银行服务用户增长 9%，互联网银行服务用户仅增长 5%。预计 2018 年移
动银行用户将位居所有电子银行渠道之首。

在近些年，现金交易在中国正迅速被非现金交易（比如移动支付）所取
代。互联网时代，移动支付迅速成为主流的支付方式。随着中国移动支付的
飞速发展，它以其便捷、快速、低成本而得到了广泛的应用，形成了"无现
金革命"的潮流。中国的无现金交易主要是依靠手机扫描二维码实现的（主
要依靠支付宝和微信支付），世界上其他无现金支付比较高国家的主要无现
金支付方式是刷卡消费（信用卡和借记卡等），从使用方便性和支付效率来
看，显然是使用手机扫码支付要更加有优势。虽然从总的无现金支付比例来
看，瑞典排在世界第一位，但是从更加方便快捷的手机扫码支付方面来看，
中国毫无疑问是世界第一的。在目前的中国，常规的现金交易为主的消费场
所（如各类商场、餐饮服务场所等）几乎都实现了非现金交易。就连人们一

直认为的无现金支付最难攻克的菜市场以及路边餐饮都已经通过支付宝和微信支付提供的扫描二维码付款的方式实现了非现金交易。钱包已经从许多中国人的口袋里消失，现在的中国消费者已经弃用纸币，转而用他们的手机进行数额空前的支付。有报道称"如今在北京或者上海，从钱包里拿出现金支付的，不是老人就是外国游客了"。

现今的中国被视为通过在线支付和移动支付服务引领着全球向非现金社会转型的国家。2015 年，中国移动支付市场交易量增长 322.2%，达到 130.18 万亿元人民币，市场将保持年均 142% 的增长速度，到 2020 年市场交易量约 13776.5 万亿元人民币（PR Newswire，2017）。然而中国的非现金社会的实现主要是依靠以支付宝和微信支付为主的第三方移动支付平台实现的。移动银行在此方面进展相对缓慢，贡献是相对较少的。在移动支付市场的所有参与者中，由于支付宝和微信支付以及更多的第三方支付平台的兴起，预计移动银行的交易量将从 2015 年的 83.1% 下降到 2020 年的 80.4% 左右。在另一份关于 2017~2021 年中国移动支付产业发展的报告（Nunez，2017）中，移动支付在中国的普及程度得到了凸显，显示出传统银行在多渠道银行业务中吸引更多用户的良好机遇。面对来自第三方支付公司的激烈竞争，传统的银行仍然受到中央政府和地方政府的支持，具有国家支持、公众信任和垄断地位。在这种情况下银行被鼓励去完善移动银行服务，实现现有用户的深度发展。

微信作为中国最大的即时交流软件之一，依托其强大的社交软件属性从而拥有极其庞大的用户群体；支付宝作为中国最大的购物网站（阿里巴巴旗下的淘宝）的主要支付平台，其拥有的用户数量也达到了数亿的规模。中国任何一家银行的移动银行业务的用户数量显然不能和微信支付和支付宝相比。并且，与支付宝和微信支付相比，银行在移动银行服务的许多开创性功能方面似乎也是比较落后的。例如，支付宝和微信支付正通过线上和线下支付的整合，继续实现移动支付功能的多样化。在关键交通领域，支付宝推出了一种已在 30 多个城市使用的电子公交卡功能；微信支付在中国几个主要城市也提供了类似的乘车代码服务。但是，鲜有关于创新和引人注目的移动银行服务的新闻报道，这表明银行在服务创新和多样化方面发展缓慢，无法及时满足当今客户的新需求。但是，手机银行的无现金交易方式其实与支付宝和微信是类似的，也是使用手机 APP 进行扫码实现的，中国拥有如此数量庞大的愿意使用手机扫码支付的用户，这对移动银行的发展是十分有利的。此外，相比于微信和支付宝，移动银行还有一个巨大的优势，就是移动银行是依托于传统商业银行而存在的，大多数人的存款是存在银行的，很多和银行相关的业务只能在移动银行来办理，不是支付宝或者微信。因此，随着未来几年移动银行中国移动支付市场份额的下降预期以及移动银行在整体用户体验方面动作缓慢，银行需要了解用户满意度的关键作用以及继续使用移动银行的迫切需要，在接下来的营销策略中扬长避短，充分发挥移动银行的优势，以在转型的社会中实现长期可持续性和竞争力并在未来和微信支付以及支付宝的竞争中重新找回自己的位置。

　　近年来移动银行的功能已经多样化，并且移动银行的用户正在享受更强大的功能。李壮、孙英隽和陈妍（2011）认为与传统银行服务渠道相比，移动银行具有明显的"3A"特点，即可以使任何人（Anyone）在任何时间（Anytime）、任何地点（Anywhere）处理银行业务，可以满足用户对账户管理和财富投资等的要求。在各种移动银行功能中，账户查询（74.2%）是最常用的功能，其次是转账和汇款（55.5%）。这意味着有74.2%的移动银行用户使用银行查询功能，55.5%的用户使用转账和汇款功能。相比之下，投资和财富管理等其他金融服务的使用频率较低（Shen，2014）。但是，移动银行业务不仅仅是支持用移动设备进行账户查询和移动交易的简单平台。人们将其与互联网银行服务的小型版本进行比较也将是不合适的。作为具有巨大潜力和盈利前景的领域，移动银行是一个集金融、生活和娱乐于一体的移动平台，移动银行不能仅仅是推出多样化的新功能，还应想办法让用户去使用新功能。随着移动银行用户的强劲增长，移动银行服务提供商正在创新和多样化移动银行功能，以优化用户体验并积极地占领中国和其他市场的更多市场份额。

　　信息技术的发展对整个银行业的组织结构的主要影响是：加剧银行业的竞争（陈国进、沈炳熙，2000）。近年来，随着第三方支付公司在中国引领移动支付，传统商业银行已经意识到电子银行的重要性，尤其是移动银行。传统商业银行要想在激烈的竞争中一直保持强大的竞争力，大力发展移动银行是一个必须的选择。阿里巴巴集团拥有的支付宝以及腾讯公司拥有的微信支付被视为对中国银行业的威胁（Yu and Shen，2015）。支付宝和微信两款手机应用凭借其强大而全面的功能、简洁方便的操作和友好的操作界面，几乎成为在中国人人必须安装的手机应用。与中国银行提供的移动银行应用或功能相比，消费者在日常使用中更喜欢使用支付宝和微信。众所周知，虽然享有三重利益，即政府的支持、传统的公众信任和现有的垄断地位（Yu and Shen，2015），但是中国移动银行业并未能赢得客户的青睐，而且银行在中国庞大的在线和移动金融市场中不断失去份额。2016 年，通过支付宝和微信在中国处理了 3 万亿美元时，媒体很少在有关这两种应用如何将中国带入非现金社会的报道中提及移动银行（Noto，2017）。除了来自第三方支付公司的威胁外，移动银行服务还面临着一个可预见的未来，那就是用户增长最终将放缓。一方面，银行和网上银行的用户已经接近饱和水平，这给移动银行服务新用户的开发带来了显著的困难。另一方面，随着不同机构不断推出新的金融和移动支付产品，市场竞争日益加剧，用户在产品和服务质量上享有更大的买方议价能力，所以，对移动银行运营商来说，还有很多困难要去面对。

近年来，中国商业银行业的市场环境发生了深刻变化。随着整体金融监管机制的放松和移动金融业的快速崛起，四家国有大银行（即中国银行、中国农业银行、中国建设银行和中国工商银行）正在失去此前的垄断地位。除了非银行第三方支付公司外，中小商业银行也在努力从技术和资金方面赶超四大银行。过去，中小商业银行由于其整体竞争力的制约，无法进行大幅扩张。移动银行的发明和普及，以其投资成本低、易获得良好的用户体验等特点，为那些竞争力较弱的银行带来了可观的发展机遇。随着移动银行的出现，中小商业银行正致力于产品差异化，并逐渐在中国银行业的激烈竞争中站稳脚跟。此外，智能手机在中国的普及率逐年增长，2019 年将超过 60%（Statista，2018）。移动银行用户也在迅速增长，目前迫切需要对影响用户满意度和持续性意图的关键因素进行研究。

随着移动银行用户规模的不断扩大，银行可以通过尝试新的功能以更多地关注移动银行的长期使用以及服务的深度使用。据观察，移动银行的实际使用率可能低于表面上的使用率，因为很多人注册了移动银行账户，并在一次性体验后放弃了这项服务。一些注册用户甚至没有将移动银行应用下载到手机上。一些研究人员如 Yuan et al.（2016）注意到，银行为鼓励继续使用移动银行服务而面临的严峻形势。移动银行是一种新的信息系统，新信息系统的持续使用始终代表信息系统的长期生存能力，不是信息系统的采用率和首次使用（Bhattacherjee，2001b）。在社会向非现金未来转型的市场竞争中，移动银行运营商需要了解当前移动银行业务面临的挑战，特别是鼓励用户继续使用服务方面的挑战。

因此，在未来移动银行业务的发展中，银行面临着维持现有用户、提高用户满意度、保证用户继续使用现有移动银行业务、吸引用户扩大移动银行业务使用范围等迫切需求。基于这一迫切的关注和我国传统银行对提高第三方支付企业竞争力的需要，各大传统银行开始改变其一直以来的垄断和行业领军者的姿态，认识到其在移动业务上的不足，学习和吸收相关第三方支付企业的技术优势和发展模式，加大移动银行应用程序的开发力度，增加移动银行的营销投入。研究基于目前激烈竞争环境下的传统银行业，旨在探讨影响用户继续使用意图和尝试新功能行为意图的决定因素。持续性意图是指一个人继续使用或打算长期使用一项技术的意图（Bhattacherjee，2001b）。研究提出了一个完整的研究模型，并通过收集中国移动银行用户的实证数据进行了验证。采用偏最小二乘法对本研究提出的新模型的有效性进行预测和评价。最后，研究旨在为银行业提升我国移动银行服务竞争力提供可行且有价值的对策。

第二节　动机和范围

信息系统（IS）领域研究人员的重点之一是了解单个用户对 IS 进行创新的采用和持续性意图（例如 Kim and Malhotra，2005；Sun and Jeyaraj，2013；Laukkanen，2016）。王艳、邓小昭（2009）认为信息系统对使用者的使用行为有着显著的影响。"采用"通常被定义为用户使用信息技术创新的第一个决定（Rogers，2003）。持续性意图通常定义为用户在首次使用后决定继续使用该信息技术创新的决定（Bhattacherjee，2001b）。在这项研究中，持续性意图被指定为移动银行用户继续使用他们以前使用的功能的意图。许多研究都探讨了用户最初采用信息系统（IS）的方式（例如 Zhou，Lu and Wang，2010；Oliveira et al.，2014；Afshan and Sharif，2016；王玮，2005）。它是信息系统成功与否的关键预测指标，但是初次采用无法确定所需的实际管理结果，除非形成了继续使用的形式（Bhattacherjee，2001b）。信息系统（IS）的最终成功取决于用户的持续使用（也称为用户持续性）（Bhattacherjee，2001b）。到目前为止，对后者的研究还不够充分（Yuan et al.，2016）。

信息系统（IS）持续性意图主要研究的是用户采用信息技术之后就一直持续使用的意图和行为（刘鲁川、孙凯和王菲等，2011）。在不同的研究中信息系统（IS）持续性意图还可以被称之为采用后行为、实施后阶段以及继续使用。在中国，移动银行的采用率超过 60%（KPMG，2015），这是相当高的，这意味着采用率不是问题，但持续使用对于该技术的最终成功仍然至关重要。并且根据刘文俊、丁琳和王翠波（2015）的研究，在信息系统领域

中，一项技术或者产品获得一个新用户的成本是维持一个老用户成本的 5
倍，并且现阶段中国移动银行的使用率相当高以至于发掘新用户的效果极其
有限。所以探讨影响用户持续性意图的研究对于信息系统领域的公司如何以
低成本获取更多利润是相当有现实意义的。考虑到对移动银行持续使用的研
究不足，以及中国移动银行使用率高的背景，本研究旨在通过调查影响中国
移动银行持续性意图的因素来填补研究空白。

　　随着全球范围内移动银行的发展，全球学者和研究人员都集中在移动银
行和普及率的研究主题上。但是我们已经观察到的是，特定类型的移动银行
技术（例如短消息服务 SMS 银行和 WAP 移动银行）形成了过去研究的重
点。随着近年来技术的快速更新，更发达的移动银行（例如智能手机广泛使
用的移动银行应用程序）很少被研究（Shaikh and Karjaluoto，2015）。根据初
步的文献搜索和总结，我们发现以前的一些研究探索了关于用户使用移动银
行应用程序的意图的最重要的前因（Muñoz-Leiva et al.，2017）。随着移动银
行服务以更快的速度增长，进行最新研究以检查最新变化也是至关重要的。
因此，研究更高级的移动银行应用程序就显得非常重要，尤其是在为现在的
客户提供更高级别的便利性，功能多样化和易用性等方面（Shaikh and Kar-
jaluoto，2015）。

　　如上所述，中国现在被视为全球范围内移动银行采用率最高的国家
（EYGM Limited，2017）。因此，在日益发展的无现金化的中国社会中，不再
存在广泛研究的移动银行采用率低的问题。然而，正如继续使用任何信息系
统的重要性一样，威胁着中国移动银行的长期发展和繁荣的是用户对持续使
用兴趣的质疑。先前的研究和市场研究表明，中国用户对移动银行的很高的
采用率并没有带来很高的持续使用率。相反，与第三方支付应用程序（如支
付宝和微信支付）相比，移动银行用户使用的频率较低，第三方支付应用程
序（如支付宝和微信支付）通过持续推广新功能和持续改善用户体验为用户
提供更好的整体体验。此外，胡现玲（2011）结合国内外手机银行的发展历
程的相关研究，指出安全性是制约中国手机银行发展的关键因素。李嘉
（2013）通过定性的研究方法，在前人研究的基础上，整理总结出手机银行
面临的三大安全风险：技术风险、信誉风险、法律风险。他认为这三大安全
风险是影响手机银行未来发展的主要因素。由于经常报告的移动互联网欺诈
和黑客攻击事件，与访问实体银行或使用互联网银行服务相比，许多用户担
心移动银行的安全性（Yuan et al.，2016），了解过移动银行的客户对是否使
用移动银行最大的顾虑就是信息传输的安全性（齐毅和陈妍，2011）。因此，

中国移动银行的长期可持续性仍然是一个问题，这对中国四大国有银行（即中国银行、中国农业银行、中国建设银行和中国工商银行）以及一些私人银行等这些整个社会金融体系的重要成员构成了巨大挑战。与那些私人银行相比，"四大"国有银行拥有最大的市场份额，并拥有更多的移动银行服务用户（Yuan et al.，2016）。

在这种情况下，本书侧重于移动银行的持续使用，即如何确保移动银行用户坚持使用移动银行。这项研究不仅要研究持续性意图，还希望探究用户尝试新功能的行为意图，这将为移动银行的多种功能提供新的发展潜力。也就是说，中国移动银行的采用率很高，因此持续使用和鼓励现有用户采用新的移动功能可能成为服务提供商当前的关注重点。如上所述，大多数用户仍然使用移动银行的基本和简单功能，如账户余额检查和转账。为了鼓励用户尝试新的功能，有必要研究关键的影响因素，进而有针对性地开发和设计移动银行的新功能。因此，本书研究另一个主要目标是填补现有文献中关于使用者尝试新的移动银行功能之意图的空白。具体来说，本书旨在探讨影响使用新功能而非使用移动银行的行为意图的因素。在本书中，"新功能"是指移动银行用户以前从未使用过的移动银行功能。为了弥补用户尝试新的移动银行功能的意图的不足，有必要对影响尝试新功能的行为意图的因素进行研究。移动银行用户的持续性意图和尝试新功能的行为意图是一个相辅相成的关系。只有用户有针对移动银行的持续性使用，才可能有针对移动银行新功能的尝试的意图；如果移动银行的新功能可以满足用户的需求进而增加用户的满意度，显然用户会选择继续使用该移动银行。

研究范围仅限于对中国现有移动银行客户的持续性意图和行为意图影响因素的实证研究。中国拥有最高的移动银行使用率，但许多用户并不活跃，这是一个使用后而不是使用前的问题。中国移动银行使用率较高，这个情况适合本研究对移动银行使用后的研究，因此移动银行在中国成为研究的背景。

本书提出的模型是技术接受和使用的统一理论模型（UTAUT）、任务技术匹配模型（TTF）和期望确认模型（ECM）的统一理论的组合，涵盖了持续性意图和行为性意图。这三个模型的结构整合主要有以下三个优势。

首先，ECM 模型着重于信息系统（IS）的连续使用，这可以使用户理解最初采用理论［例如技术采纳模型（Technology Acceptance Model，TAM）］无法解释的用户行为。ECM 模型已被确认为解释信息系统（IS）持续性意图的可靠模型（Yuan et al.，2016）。由于本研究是关于移动银行用户的持续性意图的采用后研究，因此在此研究中使用了基于此模型的结构。但是，ECM 模型仅包含三个预测因子，即满意度、感知有用性和确认性，以解释持续性意图（Bhattacherjee，2001b），但是用户持续使用信息系统（IS）的意图不仅受到这几个因素的影响，其还可能会受到其他因素的影响。

其次，UTAUT 模型包含用户接受程度和使用行为的四个核心决定因素，分别是性能预期、努力预期、社会影响力和促进条件，它们可用于增强 ECM。更具体地说，在 ECM 中，用户对 IS 实际性能的采用后期望是建立在他们对 IS 有用性的认识上的。但是，用户的认知期望不仅受性能方面看法的影响（Venkatesh et al.，2011）。除了感知到的有用性之外，还有其他影响用户行为的因素（Venkatesh，1999）。由 Venkatesh 等（2003）提出的 UTAUT 模型在作为增强 ECM 的意图的关键决定因素外还提出了其他方面的内容。UTAUT 模型包含用户接受和使用行为的四个核心决定因素，分别是性能预期、努力预期、社会影响力和便利条件。性能预期指用户对性能方面的感知，具体来说就是使用者对技术为自己带来使用效率提高的期望。性能期望与感知有用性相似，但又不完全相同，其相当于在感知有用性的基础上加入了实用性和技术优势等因素。UTAUT 的其他三个结构，努力预期指的是使用者感知到的技术的易用程度，社会影响力指的是用户周围重要的人（用户认为的对自身重要的人）对其是否采用技术的影响，便利条件指的是用户自身或者周围的人和事物对其使用技术可以提供支持和帮助的条件，也就是用户在使用技术时得到各方面支持的程度。这三个结构分别抓住了用户对系统使用其他重要方面的期望，这些方面包括成本、人际关系和使用环境（Venkatesh et al.，2011）。

最后，ECM 模型和 UTAUT 模型仅从用户对技术的感知角度解释用户的意图，较少考虑到用户的任务以及技术是否对任务来说是合适的。但是用户的意图不仅取决于他们对技术的看法和态度，还取决于任务技术的适合程度。换句话说，有些用户可能是功利主义者，因此即使他们了解某项技术的优势，他们也不会使用它，因为他们认为该技术不符合其任务要求。换句话说，技术不仅要高级，还应该适用于用户的任务。TTF 认为，用户只有在满足其手头任务并提高其性能的情况下，才会采用某项信息技术（Goodhue and Thompson，1995）。因此，本研究结合了 TTF、UTAUT 和 ECM 模型的结构，以进一步了解用户使用移动银行的持续性意图和尝试新功能的行为意图的决定因素。

在开发集成研究模型时，除了 TTF、UTAUT 和 ECM 模型中的结构外，还考虑并测试了其他结构。例如，信任和感知风险这两个采用移动银行业务的重要因素（例如 Gefen，Karahanna and Straub，2003；Featherman and Pavlou，2003；Lee，2009；Sripalawat，Thongmak and Ngramyarn，2011）也被用于采用后的研究中。信任是对事物性质的一个陈述，是人与人交流或者交换的基础，是一个在商务关系中很重要的变量，因为所有的商务行为都需要一定的信任因素为前提，尤其在对商务交易环境以及商务交易对象不熟悉的情况下。信任经常被用于有关新产品的采纳的研究（吴晓云、焦勇兵，2008）。感知风险性是一个心理学概念，指的是人们在实施某个行为之前，对该行为可能产生的风险的一个预估。感知风险性具体来说指的是，用户在购买产品和使用技术之前对购买和使用的结果无法预料而产生的一种不确定性。感知风险是用户的一种主观的判断，这种主观判断的风险和实际的风险可能并不相同，但是用户只能根据自己主观判断的风险去做出相应的选择。感知风险一般来说包括感知的隐私风险和感知的安全风险。感知风险性这个要素也在很多研究中得到了广泛的应用（董大海、李广辉和杨毅，2005；许晖、许守任和王睿智，2013）。但是，它们被认为对持续性意图或行为意图均无明显影响（详细的统计测试在第五章），因此这两个因素被认为仅对初始采用模型有影响，对采用后模型没有影响，采用后的研究是本书的重点。所以，信任和感知风险未包含在本书研究的集成模型中。

第三节　研究目的和目标

本书研究的目的是调查影响中国移动银行用户的持续性意图和行为意图的因素。持续性意图是继续使用用户以前使用过的移动银行功能的意图。行为意图在本书研究中是尝试用户以前未使用过的新功能的意图。为了实现这一目标，制定了以下具体研究目标：

找出有关影响用户继续使用移动银行意图的因素的假设；

找出有关影响用户尝试新功能意图的因素的假设；

验证假设并建立影响用户持续性意图和行为意图的因素之间的相互作用；

创建适当的继续使用移动银行的模型。

随着两家第三方支付公司引领中国金融体系的非现金化转型，传统银行业也积极参与移动支付、交易和银行业务的激烈竞争。在许多部门数字化驱动的转型时刻，当前的研究旨在研究移动银行用户的持续性意图，并为传统银行业的发展提供可行和实用的建议。本书研究的主要目的是基于现有的技术接受研究理论，提出一种新的集成模型，以适应预测移动银行用户的持续性意图的需求。通过这种方式，该模型将为以下研究人员对移动银行用户的重复性和选择性行为进行深入研究提供强大的理论支持。具体而言，该研究旨在提出一个基于 UTAUT、TTF 和 ECM 模型的集成模型，以分析移动银行服务的采用后情况。

第一个目标是确定关于持续性意图的影响因素的假设，第二个目标是确定有关尝试新功能的行为意图的影响因素的假设。此外，该研究还旨在研究模型中不同变量的交互性及其对移动银行用户持续性意图的影响。用这种方式可以确定当前使用情况下的持续性意图的决定因素，并且可以提取出有助于吸引用户扩展其使用更多移动银行新功能的关键因素。例如，人们可能会基于当前使用的基本功能（例如转账和余额检查）而开始使用新功能，例如保险和财务计划。最后，基于模型中不同变量的交互作用，为中国移动银行业的未来发展提供一些建议。这些建议将有助于银行增加用户对移动银行服务的操作和偏好，以维持现有客户并鼓励用户尝试更多的移动银行的功能。

为了实现上述目标，本书通过专业调查（问卷）进行了关于中国移动银行服务的当前用户的相关数据的收集。使用结构方程模型对收集的数据进行分析，以了解采用移动银行后的情况并完成目标。调查了客户在中国使用移动银行的持续性意图和尝试新功能的行为意图。这项研究可以基于在中国进行的实证研究提供有价值的第一手发现。还基于经验数据对基于文献的新提出的研究模型进行了测试，从而为未来的研究人员提供了理论支持。

第四节　研究问题

基于中国移动银行的高度普及以及对该服务的持续性意图和行为意图较少的研究，我们提出了以下几个研究问题，并将在以下的研究中予以解答：

（1）什么因素会影响客户继续使用移动银行的意图呢？

（2）什么因素促使客户的行为意图使用更多移动银行功能呢？

（3）这些因素是孤立的还是相互关联的呢？

（4）如果这些因素是相互关联的，那它们如何联系？

第五节 研究方法

为了达到并实现研究目的，本书采用了定量研究方法。具体研究过程中应用了以下几个方法。

一、问卷调查

问卷是一种测量工具，研究人员将要调查的内容和问题整理成统一的形式，以搜集受访者的意见。研究人员使用问卷调查收集社会数据以进行有目的的测量，从而了解受访者的基本情况、行为、态度，进而解释研究问题并验证研究假设（徐建华和李媛，2015）。问卷的使用方式有两种：访谈问卷和自填问卷（郎杨琴和孔丽华，2010）。问卷调查易于使用且相对客观。它可用于各种集体调查和许多关于态度和情感的社会学研究。数据结果可以高度标准化、定量和科学。另外，问卷调查的经济成本低。尽管调查人员需要掌握一些调查技能和规范，但是他们不需要特殊的专业培训。问卷的研究方法目前已成为社会科学相关领域的核心方法之一。现阶段，问卷调查是学术研究领域中一种常用的调查方法，问卷调查可以用纸质或数字形式完成，被调查者可以像书面采访方式那样回答问卷问题。移动互联网的普及以普遍和快速的方式促进了问卷调查的有效性和便利性。利用移动互联网技术可以使调查问题的分布更加广泛，更有效地获取样本数据。

在有关移动银行相关研究的广泛的文献综述、信息系统（IS）以及信息系统（IS）连续性中应用的理论和相关模型的基础上，设计了经验数据收集过程中所需要的问卷项目。该调查最初以英语进行开发，然后进行来回翻译以确保项目的准确性。此外，为了达到研究目标，研究中还制定了与研究主题相符合的量表。在调查开发之后进行了小规模试点试验。在问卷草案的试点测试中，每个项目和量表都将进一步修改和改进，以便获得完善的问卷。随后对低因子载荷的问卷项目进行了修订。通过预测试确认了调查中项目和量表的信度和效度，从而获得了完善的调查表。考虑到在线调查的便利性、普遍性和效率，本研究使用了一种在线调查，该调查发送给中国现有的移动银行用户，并附有针对调查表的解释性说明。问卷填写完毕后，被问卷者会将问卷发回给发送者，然后就可以收集和整理数据。最后将完成的数据进行收集，并对数据进行详细分析。

二、偏最小二乘结构方程建模（PLS-SEM）

在本书研究中，有一些涉及心理、社会等方面的变量是无法直接测量得出准确结果的，此类变量被称之为潜变量（肖继军，2009）。为了对潜变量进行测量，只能借助一些可以观测的变量来间接测量这些变量，这些可以观测到的变量称之为显变量也叫观测变量。之前的一些方法并不能很好处理潜变量，结构方程建模（Structrual Equation Modelling，SEM）能够同时处理潜变量以及它的指标。结构方程建模（SEM）是一种通过对微观个体的直接测量的方法来间接观测宏观主体的一种统计方法。该方法的本质是使用联立方程来解决问题，其全部的建模过程都是动态的。该方法首先把合适的可以直接观测到的变量选取出来，称之为显变量，通过对显变量的观测对无法观测的变量进行衡量。无法观测的变量被称之为潜变量。结构方程建模（SEM）使用线性方程组系统来表达观测变量与潜变量之间以及潜变量与潜变量之间的关系（林嵩和姜彦福，2006）。该方法为本来难以观测到的潜变量提供了一个可行的分析方法（高静、贺昌政和刘娇，2014）。结构方程模型早在20世纪初就在经济管理和数据分析等领域进行了广泛应用，该方法在学术研究中的应用已经得到了很大发展，经常被应用于实证研究中（耿建芳、曲喜和和郭文希等，2006；宋亦平、王晓艳和许云莲，2006）。

结构方程建模方法具有如下几个特点：

1. 该方法可以同时对多个因变量进行处理

结构方程方法具有同时处理和考虑多个因变量的能力。在回归分析以及路径分析中，即使在统计结果图表中显示了多个因变量，计算回归系数或路径系数的时候，每个因变量仍会被逐一计算。因此，该图表看起来像是同时考虑了很多个因变量，但是在计算一个特定因变量的影响以及关系时，将会忽略其他因变量的影响和存在。

2. 结构方程模型的自变量和因变量是可以包含测量误差的

态度和行为等这些变量一般是含有误差的，并且这些变量是不能简单地通过单一指标来测量的。结构方程模型分析的自变量和因变量都是可以包含测量误差的。这些变量也可以通过多个指标进行测量。用结构方程模型分析计算得到的潜变量之间的相关系数与使用传统方法分析计算得到的潜变量之间的相关系数有可能会大不相同。

3. 结构方程模型可以同时对因子关系和因子结构进行估计

如果研究人员要得到潜变量之间的相关系数，要对每个潜变量使用多个指标或者项目进行测量。一般所使用的方法是：先使用因子分析对潜变量逐一进行计算，得到潜变量（因子）和项目之间的关系（因子载荷），然后得到因子分值，并把其作为潜变量的测量值，进而对因子分值进行计算，并把其作为潜变量间的相关系数。在该方法中，这两个步骤互相独立且同时进行，该方法同时计算因子与项目之间的关系以及因子与因子之间的关系。

4. 结构方程方法的测量模型可以有更大的弹性

一般来说，一个指标或项目只能属于一个因子，但是该方法可以允许复杂程度更高的模型出现。比如，一份数学试卷用英文来编写，则该试卷既可以考查学生的数学水平，又可以考查学生的英文水平。那么该指标既从属于英文考查因子，又从属于数学考查因子。之前的因子分析对从属关系较为复杂的模型没有很好的处理能力，结构方程分析方法正好可以克服这个难题。

5. 结构方程方法可以用来对整个模型的拟合程度进行估算

在之前的路径分析过程中，我们只能估算每个路径的强度（变量之间的关系）。而在结构方程方法中，在上述的参数的估计之外，我们还可以使用不同模型来计算相同样本数据的整体拟合度，从而确定哪个模型更接近该样本数据所呈现的真实关系。

6. 结构方程建模（SEM）方法可以解决传统统计方法无法解决的问题

SEM 方法有效地弥补了传统研究过程中的缺陷，并成为社会科学研究领域的主要研究方法，特别是在处理多元数据方面。在实际应用中，结构方程是通过路径图来表示的，该方法的一个优势就是其假定模型的各个变量之间不存在多重共线性。因为如果多重共线性的现象较为明显甚至出现完全的共线性，就会出现奇异矩阵而无法求解结构方程模型，所以可以使用结构方程模型的方法来检测多重共线性。在中国，近年来结构方程建模（SEM）方法在教育、心理、社会和传播等多个研究领域已经开始有了一些应用（温忠麟、侯杰泰、马什赫伯特，2004）。SEM 基于独立变量、因变量和潜变量等变量，可以建立模型并评估这些模型，从而支持对变量之间的关系进行复杂的分析。在这项研究中，将 SEM 方法用于分析整体持续性意图模型及其几个变量之间的复杂关系。这样就可以重新定义这些关系中一些未被注意的概念，并可以在评估过程中解释测量误差，从而提高了研究的信度和效度。

SEM 包括两种方法，即基于协方差的方法（Covariance-based Structrual Equation Modelling，CB-SEM）和基于方差的方法（Partial Least Squares Structrual Equation Modelling，PLS-SEM）（Hair，Ringle and Sarstedt，2011），在第四章中有对于 CB-SEM 和 PLS-SEM 两种方法的详细比较。PLS-SEM 方

法通常是使用迭代的方法来展开的（孙立成、梅强和周江华，2013）。PLS-SEM 方法通常用于检查测量的信度和效度，并测试所提出的研究模型。使用此方法的原因如下：首先，PLS-SEM 对于预测尤为有用（Haenlein and Kaplan，2004），这意味着，为了实现预测关键因素的研究目标，PLS-SEM 是测试结构方程模型的适当统计手段（Hair，Ringle and Sarstedt，2011）。由于这项研究试图发现对移动银行的持续性意图和使用移动银行新功能的行为意图的预测因素，因此 PLS-SEM 似乎是合适的选择。其次，PLS-SEM 非常适合具有大量构面的复杂结构方程模型（Henseler，Ringle and Sinkovics，2009）。本研究中的模型包含 11 个构面，模型非常复杂，使 PLS-SEM 成为最合适的方法。最后，PLS-SEM 在非正态分布下也表现良好，并且对样本大小的要求更低（Hair，Ringle and Sarstedt，2011）。鉴于上述所有原因，本书研究选择了 PLS-SEM。

三、路径分析

路径分析一般是指通过回归分析的方法对实验假设进行检验，是一种分析因果模型的方法。路径分析过程中，一般使用路径图来说明内生变量和外生变量之间的关系。其理论包括三部分：即路径图、路径分析的因果模型以及路径系数的确定和模型效应的分解。路径分析的优势主要有两个：第一，该方法能通过相关系数来评估变量之间的相关性以及通过路径系数来确定变量之间的因果关系；第二，经分析能解释变量之间的直接关系，同时也能解释变量之间的间接关系。一般认为路径分析属于结构方程模型的范畴，是结构方程模型的一个特例。路径分析通常使用回归分析方法来分析结构模型的假设关系，并且要使用数理统计的方法进行模型拟合，最终在通过比较分析之后找出最优的模型。

路径图是路径分析的主要工具，在路径图中，变量之间的因果关系由带箭头的线来表示，单箭头表示某变量对另外一个变量的因果关系，双箭头表示两个变量之间的相互关系。变量之间作用的大小用路径系数来表示。所谓路径系数，就是在路径分析中，两个变量之间的相关性。路径系数是一个标准化的回归系数，不同系数可以在同一个模型之内进行比较，其绝对值越大则表示影响作用越大。本研究结构模型潜变量之间的路径系数代表一个潜变量对另一个潜变量的直接影响。

变量之间的影响关系有两种：如果变量 A 直接通过箭头对变量 B 有影响作用，则认为变量 A 对变量 B 有直接影响作用；如果变量 A 通过变量 C 间接对变量 B 有影响作用，那么变量 A 对变量 B 有间接影响作用，中间的变量 C 称之为中介变量。按照变量之间的因果关系可以把变量分为外生变量、内生变量和中介变量。就具体含义来说，内生变量指的是模型内部需要被解释和分析的变量，外生变量就是此模型之外的变量。外生变量会影响内生变量，但是外生变量不需要用该模型来解释。虽然外生变量不需要用模型来解释，但是此变量和模型之间依然有紧密的联系，对模型中的内生变量的解释具有重要作用。中介变量被定义为外生变量对内生变量产生影响的媒介，是内外变量产生关系的内在的实质性因素。路径图中箭头出发的变量就是外生变量，箭头到达的变量就是内生变量，既接受箭头又发出箭头的是中介变量。在路径图中，一个外生变量对一个内生变量的效应应该是该外生变量对内生变量的直接效应与该外生变量通过中介变量对内生变量产生的间接效应的和。

值得说明的是，某路径模型要想得到合适的路径图，需要对模型进行反复调节和修改。可以通过增加参数、改变计量部分以及设置误差项和参数以达到改善模型拟合度的目的。应该强调的是，不能仅仅期望统计上的合理，路径模型的实际意义才是最值得关注的。

路径分析是一个较为复杂的模型，路径分析的建模任务一般不会一蹴而就，这应当是一个逐步推进的过程。路径分析主要包括以下四个基本步骤：

1. 模型设定

一般情况下，研究人员应依据之前的研究结论并结合自身的相关专业知识对初始的理论模型进行设定，此理论模型应该把所有可能的路径尽量包含进来，模型中所有的关系应能够用路径图清楚地表示出来，这样有利于研究人员对各种关系有一个很好的了解。

2. 模型识别与模型估计

这个步骤应该对模型中参数估计进行尝试，假如模型设定是有错误的，那么可能会导致无法估计整个模型，这时应该对模型进行相应的修改，直到可以初步估计模型的值为止。

3. 模型评价

这个步骤主要用来评价各个路径之间的关联是否有统计学意义，并且是否能够较好地符合现有理论和专业知识。如果某个路径没有统计学意义，则可以考虑将该路径删除；如果拟合的结果不符合现有的理论和专业知识，那么很有可能整个模型框架是有较大问题的。

4. 模型校正

根据上一步模型评价的结果，删除无统计意义的路径并对该模型进行相应的调整和改进，最终使该模型既符合现有理论和专业知识又和数据特征相符，并且简洁准确。显然很明显要想得到最终的符合各方面要求的模型，是需要不断的尝试和调整才能实现的。

在本次研究中，使用结构方程模型和路径分析来分析其研究模型的有效性，对模型中所有的变量进行路径分析，并使用路径分析来分析结构模型的假设关系。

第六节　研究贡献

这项研究的主要创新可以体现在以下几个方面：

首先，研究主题是移动银行在中国继续使用的情况，这对于银行和学术界都是一个热门话题。移动银行服务的广阔市场潜力和前景正吸引着众多利益相关者的关注，因为它是中国金融体系转型的重要组成部分。近年来，中国越来越多的用户采用了移动银行服务。但是，大多数以前的研究都集中在短信移动银行或 WAP 移动银行，而不是更加先进的移动银行应用程序，目前移动银行应用程序的下载量和用户使用率是相当高的，并且已经取代短信移动银行 WAP 移动银行成为主流的移动银行的形式。在本书研究中，研究对象是目前已被中国的国有银行和中小型银行广泛采用的新兴的移动银行应用程序。因此，对中国移动银行的持续使用意图的研究成为中国社会金融体系的新热点。

其次，近年来中国的移动银行用户急剧增长，导致针对移动银行在中国的采用情况的研究价值下降。同时，很多用户在下载银行的移动银行 APP 之后，很少再次使用，或者根本不会再使用，中国移动银行用户普遍不活跃导致银行客户维护困难。首次使用后，许多用户放弃移动银行或选择其他类型的移动支付渠道。所以如果只关心用户是否下载了移动银行 APP，不关心用户是否在持续使用移动银行，那我们的研究就没有了意义。以往的研究主要集中在对移动银行的最初采用的研究，很少关注移动银行的持续使用。在这种新背景下，与探索新用户相比，保留现有用户并鼓励他们继续使用移动银行服务以及扩展使用移动银行的新功能可以为银行带来更多的利润，也更加有意义。因此，本书以移动银行的继续使用情况为研究视角，并以确保保留已有移动银行用户为目标。这是一个相对较新，并且之前的研究较少涉及的领域。通过这种方式，研究结果可以促进对客户价值的深入探索。此外，如果银行从研究结果中了解到用户满意度和持续性意图的影响因素，则可以减少客户流失。可以预期的是，该研究结果还将有助于提高银行的用户忠诚度。这样，就可以大大提高移动银行的服务质量和竞争力。

再次，本书的另外一个重点是对移动银行客户的使用意图进行研究。在使用意图方面，已有很多的研究者进行了一些相关研究（徐光和刘鲁川，2017；廖俊峰、张路延和王中强等，2011；甘瑁琴和袁玉辉，2011）。但是本书所研究的使用意图具体指的是用户对手机银行新功能的尝试意图，虽然字面是一样的，但是本研究的使用意图和之前研究都是不同的，是一个全新的视角。和持续性意图不同，使用意图关注的是对移动银行新功能的使用意图，以及影响该意图的各个相关因素。它和持续性意图共同构成了用户移动银行采用后的研究。全新的使用意图的提出和研究也是本书的一个重要创新。尝试新功能的使用意图的研究对银行针对移动银行应用程序新功能的开发起到了关键的指引作用。

此外，本书研究在对前人的多项研究中提出的一系列模型和理论进行充分分析和理解之后，针对本书研究的研究背景，有目地对这些理论研究进行筛选和组合。在充分讨论用户持续性意图影响因素的基础上，综合多个研究模型的优势，提出了一种融合了 UTAUT、ECM 和 TTF 模型的新的集成模型。与传统的技术采纳模型相比，该模型具有诸多优点（如第三章和第四章所述），并克服了前人研究的一些局限性，这提高了新的集成模型针对本研究主题的解释能力。在本书研究中，我们使用偏最小二乘结构方程模型在数据收集和筛选的基础上对本次提出的集成模型进行计算和测试，并对和模型相关的自变量和因变量之间的相互关系和相互作用进行了充分的研究。此外，研究还强调了满意度和持续性意图的中介效应。可以相信，本书研究提出的集成模型已经充分展示了这些变量之间的关系。

最后，本书研究分析了中国移动银行服务的最新发展及其优势和挑战。并在此基础上，提出了一些有关更好地发展移动银行服务的建议。因此，本次研究对于移动银行研究领域具有一定的理论和实践意义。

本书研究具有若干理论贡献。首先，有关移动银行采用的现有研究集中于用户对技术的认知，例如性能预期和努力预期（Luo et al.，2010；Zhou，Lu and Wang，2010；Oliveira et al.，2014）。但是，很少考虑任务技术匹配性（Shaikh and Karjaluoto，2015）。与技术感知相比，TTF 感知在用户对技术的感知中增加了一个重要方面，这就是技术功能与任务要求之间的匹配度

（Goodhue and Thompson，1995）。用户对信息系统（IS）的采用程度不仅取决于他们对技术的看法，还取决于任务技术的适合程度（Zhou，Lu and Wang，2010）。在结合 UTAUT、TTF 和 ECM 模型的关键构面的基础上，本书从两个方面探讨了持续性意图和行为意图，即用户对技术和任务技术匹配性的理解是否合适。因此可以相信，这项研究丰富了主要针对用户的技术感知和采纳的现有文献。

其次，本书确定了满意度和持续性意图的中介作用，这些中介作用将为现有文献提供更多见解。具体而言，这项研究发现满意度介导了对持续性意图的期望确认的影响，扩展了有关信息系统持续使用的文献，而且研究表明持续性意图本身可以完全介导性能预期和努力预期对行为意图的影响。尽管以前的研究已经确定了性能预期和（或）付出期望对使用信息系统（IS）的行为意图的直接影响（例如 Luo et al.，2010；Zhou，Lu and Wang，2010；Oliveira et al.，2014），但这项研究提供了原始的经验证据，表明性能预期和努力预期对行为意图的统计学影响不明显。此外，本研究已经验证了持续性意图在两种途径中的中介作用（性能预期对行为意图的影响以及努力预期对行为意图的影响），这在以前该领域的研究中没有提到。这些发现还扩展了有关移动银行持续使用的相关文献。

最后，现有研究集中于利用集成模型调查移动银行采用率的关键影响因素（例如 Tam and Oliveira，2017；Baptista and Oliveira，2017；Wang 和 Li，2012；Zhou，2011；Choi，2018）。例如，Zhou、Lu 和 Wang 在 2010 年创新地将 TTF 和 UTAUT 集成在一起开发改进的模型，以了解移动银行采用率的关键影响因素。Oliveira 等（2014）建立了 UTAUT、TTF 和初始信任模型的集成模型，该模型专为研究移动银行的最初采用而量身定制。据这项研究发现，现有的研究都没有通过检查技术感知和任务技术匹配的作用来评估新功能的采用情况。因此，这项研究通过使用 UTAUT、TTF 和 ECM 模型的结构提出了一种新的集成模型，从而填补了当前有关用户尝试新的移动银行功能的意图的研究空白。

第七节　本书结构

本书由七个基本部分组成，每个部分都对应本书的一章（见图 1-1）。第一章介绍了中国移动银行发展的研究背景和主要问题。在此基础上，阐述了研究动机和范围、研究问题、研究目标以及研究方法。此外，讨论了本书的理论贡献，表明了基于 UTAUT、TTF 和 ECM 理论的新模型的独创性。本章确认了研究移动银行用户的持续性意图以实现银行服务的长期可持续性的必要性。

第二章对移动银行和文献综述进行了详细的讨论。首先，引入了移动银行的概念以帮助阐明研究背景。其次，回顾了有关移动银行的采用和持续使用的现有研究。同时，对信息系统研究和信息系统连续性研究中采用的理论进行了讨论和回顾。综述和回顾促进了本书理论框架的发展，并有助于假设的形成。在文献综述的基础上，确定了本书的相关模型，并为该研究中使用的新模型奠定了基础。

第三章介绍了本书的所有 18 个假设的发展。在对第二章讨论的适合于移动银行研究的既有模型进行回顾的基础上，本章提出了一种使用 UTAUT、TTF 和 ECM 模型中的因素的新集成模型，并介绍了整合这三个模型中的关键因素的原因。在这项研究中，提出并引入了 18 种假设。对这些假设的检验有助于实现研究目的和目标。

第四章详细介绍了研究方法。本章首先介绍了本次研究的研究哲学，接下来在持续性意图模型的指导下给出了相应的调查和量表。本章介绍了调查表的初稿。对草案的修订后生成问卷调查表的正式版本，可用于接下来的数据收集。此外，本章还确定了采样单元和大小，以确保研究数据的收集是可行的。在此之后，讨论了数据收集过程和数据分析过程。

第五章是本书的核心部分，这一章介绍了数据分析和结果。本章着重于调查结果的实证分析。首先，使用描述性分析处理样本数据，该描述性分析会生成收集数据的基本特征。其次，对样本数据进行测试，尤其是在其信度和效度方面，并对问卷项目进行修订，确定出最终的问卷调查项目。最后，收集了 533 位移动银行用户的有效经验数据，并采用偏最小二乘结构方程建模方法对连续意图的整合模型中的所有变量进行路径分析。在此基础上，所有假设均可凭经验进行检验。

第六章讲述了本书的讨论和发现。讨论这些假设是为了得出有关持续性意图和行为意图的关键影响因素的结果。此外，本章还讨论了一些关于连续意图的原始而重要的发现，这些发现充分地介导了性能预期和付出期望对行为意图的影响，这在以前是没有发现的。

第七章介绍了本书的总体结论和对未来银行发展的建议。基于本书的实证研究结果，为中国未来移动银行服务的改进提供了一些实用建议。这些特别针对促进持续性意图和尝试新功能的行为意图。除此之外，在最后一章中还讨论了研究的贡献和研究的局限性，以便为将来的研究人员在本书提出的框架下进行更多相关研究提供建议。

本书的整体结构如图 1-1 所示：

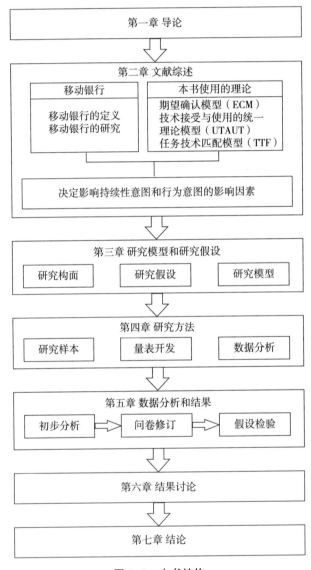

图 1-1　本书结构

第二章 文献综述

　　本章回顾了有关用户对移动银行的最初采用和持续性使用意图的文献。我们将探索该领域以前的研究人员所采用的研究模型和理论，以便为本书理论模型的发展做出贡献，并使本书的研究者发现研究的空白。本章包括以下几个部分：探讨移动银行的定义和有关移动银行的现有文献。通过探索现有的有关移动银行采用情况和移动服务的研究模型和理论，来确定本书的研究模型和理论；通过讨论那些确定的模型和理论的优缺点来解释本书中使用的模型和理论；讨论研究空白并解释本书的研究目的；得出本章的总体结论。

第一节 移动银行研究

一、移动银行定义

　　移动银行（Mobile Banking），也被称为手机银行，是当前非常热门的银行服务。移动银行利用移动通信技术和设备来进行各种银行和金融服务。移动银行通过移动设备为客户提供服务，包括一系列金融和非金融业务，例如银行账户检查、汇款、移动支付和其他银行业务。移动银行通常被认为是一个手机应用程序，为用户提供在某家特定银行的银行服务（Lee and Chung，2009；Harma and Dubey，2009；Alafeef，Singh and Ahmad，2012）。此外，Shih，Hung 和 Lin（2010），Akturan 和 Tezcan（2012）以及 Masrek 等（2012）将移动银行视为用户通过便携式移动设备（主要是智能手机）与银行进行通信和交互的一种创新方式；陈云（2015）认为手机银行是银行将业务从网点柜台及网上银行扩展到移动设备，为客户提供银行业务服务。Shaikh 和 Karjaluoto（2015）表示先前的研究并未明确提及可以用作移动银行服务设备的确切移动设备，并将笔记本电脑和台式 PC 从符合该服务条件的移动设备中排除，把智能手机、移动电话或平板电脑定义为符合移动银行服务条件的移动设备。

与网上银行相比，移动银行被认为是一种更高效、更便捷的远程服务，近年来飞速发展变得越来越成熟（Laukkanen and Kiviniemi, 2010）。具体来说，移动银行的优势可以分为三个方面。第一，手机银行的用户可随时随地完成所需的银行服务。在当今的时代，几乎人手一部手机，加上发达的移动网络，使移动银行的客户可以不受时间和地点的限制，随时随地打开手机完成需要办理的银行业务，省时省力而又高效便捷，节约了各方面的成本。第二，移动银行功能全面，并且能提供 24 小时服务。现如今科技的发展使移动银行的服务几乎可以涵盖所有传统银行提供的服务，并且移动银行不像一般的银行营业网点一样，有固定的营业时间，移动银行的服务是 24 小时的，即使在下班时间，用户依然可以轻松办理大多数银行服务。第三，移动银行的操作过程是全程加密的，安全可靠。移动银行与银行服务器的连接通过加密的通信专线，数据从移动客户端到银行服务器之间来回传输是层层加密的，客户信息一般只会保存在银行的服务器。用户以外的其他人即使拿到用户的移动设备，也无法破解移动银行的客户端，无法获取客户的信息以及交易数据。这切实保证了移动银行用户的资金安全和信息安全。

对于商业银行来说，开发移动银行主要有三方面的益处。第一，移动银行能大幅降低银行的运营成本，增加部分利润；第二，移动银行能扩展银行的服务方式，为用户提供更加快捷、方便的服务，增强银行的企业竞争力；第三，增加营销手段，使银行可以向客户推送其他业务的信息，形成良性循环。

中国移动银行的发展大致可以分为三个阶段。第一阶段是短信银行业务，这是移动银行服务的初始形式。在此阶段，客户通过向银行发送简明的短信来处理银行业务，这使短信银行用户免于排队。但是，由于技术进步使短信银行越来越显得成本高且利润低，所以当时银行在推广此服务方面并未付出多少努力，结果是这种形式的移动银行业务未被客户广泛接受。第二阶段是基于 WAP 的移动银行。随着技术进步，客户开始通过手机浏览网页来处理商务交易。换句话说，就手机网络浏览的需求而言，客户对银行服务的处理与在线银行是相同的。与第一阶段相比，基于 WAP 的移动银行的操作更加人性化。第三阶段是移动银行应用程序，随着手机硬件功能的不断改进和手机的普及，移动银行应用程序成为当前使用最广泛的移动银行形式（Black et al., 2002）。每家银行的客户都可以通过移动应用程序市场（如 App Store 或 Android App Market）下载目标银行提供的移动银行应用程序，处理各种银行服务而不受时间和地点的限制。基于 APP 的移动银行由于其具有高度用户友好的界面，许多功能的可用性，易于使用的操作等优点而成为客户的最爱（Sun and Sun，2012）。

目前，许多互联网企业（如支付宝和百度钱包）进入移动支付领域，对中国国内银行的移动银行服务产生了巨大影响。互联网企业正在基于其现有资源的强大集成能力来与移动银行应用程序竞争，将简单的移动支付功能扩展为不仅支持移动支付而且支持社交和购物的集成应用程序，阿里巴巴旗下拥有在线版本的移动应用程序支付宝就是这种趋势的例证。它为客户提供多线程业务，例如移动支付、转账和汇款、保险和财富管理。与当前的移动银行应用程序相比，这些集成应用程序为用户提供了更多的服务，吸引了越来越多的用户。受互联网企业的影响，中国的银行开始重新审视自身在移动银行领域的竞争力，从而改变了以前在银行业中的霸权态度。越来越多的银行也开始研究和采用互联网企业使用的服务模式，试图将重点更多地放在移动银行应用程序上。在银行业竞争激烈的情况下，本书旨在调查用户使用移动银行的持续性意图，并为传统银行业的决策提供简略的建议。

虽然移动银行的诸多优势使用户采用率越来越高，但是移动银行在发展中仍然存在以下问题：第一，技术标准问题。目前国内的移动支付领域主要由银行、移动网络运营商（中国移动、中国联通以及中国电信）和第三方移动支付平台这三大阵营主导。虽然三方对移动银行的发展各有侧重，但是它们之间的竞争不可避免地造成了一定的重复建设以及资源的浪费，它们之间不同的技术标准也让用户很难选择。此外，国内每家银行几乎都推出了自己的手机银行，并且带有一定的排他性，用户若办理多家银行的业务就必须下载多个银行的 APP，互不兼容的手机银行给用户带来了不好的使用体验。第二，营销滞后，创新性、功能性不强。营销落后，相比于支付宝和微信，存在感不强。各家银行推出的移动银行业务基本雷同，和第三方移动支付平台种类繁多的功能和连续不断的创新相比差距较大。第三，相关法律法规还不健全。移动银行虽然出现较晚，但是发展极快，短期之内各项法律法规的制定很难跟上其发展步伐。移动银行的业务全部在手机等移动设备上完成，几乎没有任何实物凭证，这给监管带来了一定的难度。如果移动银行运营商出现违规操作，相关记录也很容易被删除，监管部门很难获取相关材料。移动银行的交易突破了时间和空间的限制，任何地方的任何人都有可能是移动银行客户，这也给监管带来了难度。这也是影响移动银行发展的一个重要因素。

手机用户群的蓬勃发展促进了移动银行的普及（Shaikh，2013）。市场上的许多参与者，如传统银行、非银行金融机构以及软件公司，都致力于向更多的客户推广这项服务，并改善用户体验（Shaikh，2013）。在发达国家和发展中国家，移动银行应用程序都是银行为客户提供移动银行服务的主要途径（Shaikh and Karjaluoto，2015）。通过在移动设备上下载并安装该应用程序，用户可以访问银行服务。除了这种方法，移动银行客户还可以通过其手机上安装的移动浏览器浏览银行网页来获取该服务。用户向移动银行服务器发送短消息还可以得到有限的银行服务，例如检查账户余额和转账（Zhou，2011）。移动银行应用程序和基于移动网页的银行业务要求移动设备具有 Internet 连接功能。同样，短信息服务（以下简称 SMS）使用全球移动通信系统网络（Shaikh and Karjaluoto，2015）。因此，用户可以通过不同的应用程序获取移动银行的服务。

在回顾移动银行定义的基础上，本书需要进一步阐明研究选择的移动银行的类型。由于前面提到的先前研究尚未说明他们正在讨论的移动银行类型，因此本书需要明确指出研究选择的手机银行类型是移动银行手机应用程序，研究主要是确定影响用户尝试新功能意图的因素。短信银行仅允许用户检查其账户余额并进行转账（Zhou，2012），而且这两种功能在中国已经很常用了（Shen，2014）。因此，本书未考虑短消息服务（SMS）银行业务。此外，与移动银行应用程序相比，使用户能够通过浏览银行的 WAP 网站获取移动支付服务的无线应用协议（WAP）银行有着较差的用户界面和操作流程。所以，本书也未考虑该种应用程序。选择移动银行应用程序是基于移动银行应用程序具有功能多样性、更高的可用性和更好的界面（Zhou，2012）。此外，很少有研究用户使用移动应用程序意图的研究主题（Hew et al.，2015；Hsu and Lin，2016；Muñoz-Leiva，Climent-Climent and Liébana-Cabanillas，2017）。为了填补这一空白，本书专注于移动银行应用程序（APP），而不是其他类型或其他类型的移动银行应用程序（即 SMS 银行和 WAP 银行）。

由此，本书中的移动银行指银行通过手机应用程序为用户提供的服务，包括账户管理、转账和汇款、账户信息查询以及其他类型的金融服务和非金融服务。需要注意的是，本书不包括移动银行的其他形式，例如通过移动浏览器或平板电脑应用程序登录移动银行。

二、用户对移动银行的采用意图

对于当前的研究，笔者从三个方面进行梳理。第一个方面，回顾针对用户使用移动银行的持续性意图和满意度进行的研究，试图总结有关影响用户满意度和持续性使用意图的主要因素。总结每个相关研究的价值、有效性和缺陷，以提取最可靠、最有效的信息，用以支持当前研究的理论发展。第二个方面，重新探讨信息系统（IS）研究中使用的理论和信息系统（IS）持续性研究使用的理论，筛选出一些适合研究用户使用移动银行连续性意图的模型，以进行模型开发。第三个方面，总结移动互联网环境下UTAUT、TAM和TTF等模型现有应用的研究。文献综述为研究提供了丰富的理论参考。除学术文献，文献综述还对中国银行业重要新闻和行业报告进行了评论，这有助于形成对移动银行在中国持续使用的全面理解。通过文献综述，本书明确了研究框架和假设。

虽然移动银行的研究近趋成熟，但是现有的研究都集中在对移动银行采用意图的研究上（邓朝华和鲁耀斌，2007；谢滨和林轶君，2009；王修华和郭美娟，2014）。2017年，出现了许多针对移动银行采用情况的研究。例如，Glavee-Geo，Shaikh和Karjaluoto（2017）探讨了影响个人用户在亚洲另一个发展中国家巴基斯坦采用移动银行服务意图的决定性因素。他们进行了多组分析，并特别研究了在巴基斯坦采用移动银行服务的性别差异。Mullan，Bradley和Loane（2017）从利益相关者的角度研究了此主题。他们首先观察了世界各地银行间零星采用移动银行的情况，通过使用创新扩散的模型探索了"从利益相关者的角度出发，银行采用移动银行的驱动因素和障碍"，这证明了在移动环境中研究该主题是有效的。Mehrad和Mohammadi（2017）通过研究"口口相传"对亚洲中东地区发展中国家伊朗用户采用意图的影响来研究移动银行的采用情况。他们通过建模和路径分析来研究其研究模型的有效性，并首次验证了口口相传因素对伊朗移动银行个人用户采用意图的影响。其他研究人员还从不同角度丰富了不同国家用户采用移动银行服务意图的研究，包括但不限于以犬儒主义、普遍自信和尝试理论等理论探索移动银行的采用情况（Chaouali，Souiden and Ladhari，2017），安全问题对印度用户采用移动银行的影响（Gupta et al.，2017），各种因素对零售银行家采用移动银行服务的最终影响（Nisar and Prabhakar，2017）以及移动银行的成功实施和用户在约旦采用该服务的动机之间的关系（Alalwan，Dwivedi and Rana，2017）。

对先前研究使用的模型或理论以及移动银行采用率的预测因素进行回顾，有助于本书选择相关的模型或理论。有三种信息技术采用模型或理论经常被用来作为移动银行采用意图研究的理论基础（Shaikh and Karjaluoto，2015）。它们是创新扩散理论（IDT）（Lin，2011；Riquelme and Rios，

2010)、技术接受理论（TAM）（Hanafizadeh et al.，2014；Teo et al.，2012）以及技术接受和使用的统一理论（UTAUT）（Yu，2012；Bankole，Bankole and Brown，2011；Afshan and Sharif，2016）。为了更深入地了解移动银行采用意图的决定因素，许多先前的研究创新地整合了不同的模型或理论（见表2-1）。例如，Muñoz-Leiva，Climent-Climent 和 Liébana-Cabanillas（2017）将 TAM 与 IDT 集成在一起，以开发有关移动银行采用的新模型。此外，Afshan 和 Sharif（2016）将任务技术匹配（TTF）和初始信任模型（ITM）与 UTAUT 集成在一起，以调查用户的行为意图及其与对移动银行初始信任之间的关系。他们的创新带动整个相关研究通过整合已建立的模型，特别是广泛选择的 IDT、TAM 和 UTAUT、提出一个更有效的模型来实现研究目标。在分析和比较这三个模型之后，本书将使用 UTAUT 模型的因素来开发研究模型。

表 2-1　移动银行用户行为意图的研究

序号	研究文献	模型或理论	重要的因素	国家/地区和采样数据
1	Teo et al.（2012）	技术采纳模型（TAM）	感知的有用性，感知的易用性，主观规范	马来西亚（193）
2	Hanafizadeh et al.（2014）	技术采纳模型（TAM）	感知的有用性，感知的易用性，交互需求，感知的风险，感知的成本，与生活方式的兼容性，感知的信誉，信任	伊朗（361）
3	Glavee-Geo, Shaikh and Karjaluoto (2017)	技术采纳模型（TAM）和计划行为理论（TPB）	感知的行为控制，态度	巴基斯坦（189）
4	Koenig-Lewis, Palmer and Moll (2010)	技术采纳模型（TAM）和创新扩散理论（IDT）	兼容性，感知有用性，风险	德国（263）
5	Riquelme and Rios (2010)	技术采纳模型（TAM）和创新扩散理论（IDT）	有用性，社会规范，社会风险	新加坡（600）
6	Kim, Shin and Lee (2009)	创新扩散理论（IDT）	相对利益，初步信任	韩国（192）
7	Lin (2011)	创新扩散理论（IDT）和基于知识的信任方法	态度	中国台湾地区（368）

续表

序号	研究文献	模型或理论	重要的因素	国家/地区和采样数据
8	Muñoz-Leiva, Climent-Climent and Liébana-Cabanillas (2017)	技术采纳模型（TAM）和创新扩散理论（IDT）	态度	西班牙（103）
9	Luo et al. (2010)	技术接受和使用的统一理论（UTAUT）	性能预期，感知的风险	美国（122）
10	Bankole, Bankole and Brown (2011)	技术接受和使用的统一理论（UTAUT）	期望效用，期望工作量，权力距离	尼日利亚（231）
11	Yu (2012)	技术接受和使用的统一理论（UTAUT）	社会影响力，可感知的财务成本，性能预期，可感知的信誉	中国台湾地区（441）
12	Bhatiasevi (2016)	技术接受和使用的统一理论（UTAUT）	性能预期，努力预期，社会影响力，感知信誉，感知便利	泰国（272）
13	Afshan and Sharif (2016)	技术接受和使用的统一理论（UTAUT），任务技术匹配（TTF）和初始信任模型（ITM）	任务技术匹配，初始信任，便利条件	巴基斯坦（151）
14	Oliveira et al. (2014)	任务技术匹配（TTF），技术接受和使用的统一理论（UTAUT）和初始信任模型（ITM）	初始信任，性能预期，技术特点，任务技术匹配	葡萄牙（194）

资料来源：笔者根据相关资料整理所得。

创新扩散理论（IDT）是研究传播效果的经典理论，是研究理论或技术等方面的创新被采纳和推广应用较广泛的理论之一，现已广泛用于研究用户对新技术的接受和使用情况（Kim, Shin and Lee, 2009；Lin, 2011；Riquelme and Rios, 2010；刘电威, 2014）。该理论侧重于公共传媒对社会和文化的影响。所谓"创新"是指个人或单位认为的创新的理念、事物、技术或产品；所谓"扩散"是指"技术创新以某些方式和渠道，在整个社会系统和组织以及各个参与成员之间逐渐传播的一个过程"。

创新扩散理论的观点主要有四个：第一，大众传媒与人际传播相结合是传播新思想、说服人们利用这些创新最有效的方法。大众传播可以有效提供新的信息，而人际交流可以有效改变人们的态度和行为。第二，在创新扩散过程及信息获取阶段中，新闻媒体渠道和非本地渠道更有优势；而在传播效果的说服阶段中，人际渠道和本地渠道更有效。两者结合会是最有效的方法。第三，大众传播的早期阶段比后期阶段的影响力更大，并且其传播过程可以用"S"形曲线来表示，也就是刚开始时传播相对缓慢，当达到一定阶段时（通常约为总数的一半时）传播开始迅速增快，在接近饱和点时传播又变平缓。第四，传播交流是引领社会变革的要素之一。传播新思想和新技术的大众传播让新的生产技术和方法在社会广泛扩散，社会变革的过程是创新发明产生和传播的过程。创新和传播可以帮助不发达国家发展经济，实现国家内部的改革和观点的更新。社会变革的过程就是创新和发明发展与传播观点，并形成创新机制。

每个创新产品的使用都有开拓者和早期采用者。在开拓者和早期采用者之后，更多的消费者开始使用该创新产品，此时产品的销量到达峰值；最后，当很少有消费者不使用该产品时，销量开始减少。因此，Rogers（1995）将客户分为五个类别：创新者，热衷于尝试新的想法，了解更多的社会关系的人；早期采用者，拥有受人尊敬的地位，通常是社会系统中最高级别的意见领袖；早期多数跟进者，考虑周详，经常与身边的人沟通，但很少担任意见领袖；晚期多数跟进者，有较多顾虑，通常是由于经济需要或社会关系压力而较晚使用新的技术或者创新产品的人；落后者，十分保守，仅限于本地观念，相对封闭，所能参考的只有自己过去的经验。

此外，Rogers（1995）发现了采用创新的五个决定因素，包括相对优势、兼容性、可试用性、可观察性和复杂性。其中，相对优势指的是"用户采纳技术创新之后，感觉到的创新技术相比于之前技术的优越程度"；兼容性指的是"某技术创新与潜在使用者观点、经验以及需要的一致性"；可试用性指的是"某技术创新是否可以小规模试用的程度"；可观察性指的是"某技术创新的结果是否可以被观察到以及被传播"；复杂性指的是"某技术创新的复杂程度"。近年来，IDT 理论在信息系统（IS）的研究中被广泛使用，用于研究移动商务用户的行为（邓朝华、鲁耀斌和汪曼，2008）。

IDT 虽然阐释了从了解创新到采用创新的行为过程，但并没有解释态度如何形成并最终导致接受或拒绝以及创新属性如何适应该过程（Bhattacherjee，2000a）。移动银行大约是在 2000 年推出的（Zhou，2011），因此它并不是一种新技术。在中国，移动银行的采用率非常高（KPMG，2015），这意味着初次采用不是问题，持续使用对于该技术的最终成功至关重要。本书未使用 IDT，因为它仅捕获新用户对新技术的最初采用，而不是现有用户对现有技术的继续使用。

1989 年，美国学者 Davis 在使用理性行为理论（Theory of Reasoned Action，TRA）研究使用者对信息系统的采用时提出了技术采纳模型（TAM），该模型在刚开始提出时是为了对影响计算机采用行为的重要因素做出解释。技术采纳模型是用户接受和使用技术研究中使用较广泛的模型（Venkatesh，2000），是真正研究技术采纳的模型。TAM 的关键内容是用户采用行为的差异主要由两个决定性的因素来解释，即感知的有用性（Perceived Usefulness）和感知的易用性（Perceived Ease-of-use）（邓朝华、鲁耀斌和张金隆，2009）。其中，感知有用性指的是用户使用某信息系统或技术对其工作效能提高的程度，感知易用性指的是用户认为某信息系统或技术容易使用的程度，当用户感觉系统易于使用时，使用者会对系统的使用更有信心，对此系统的态度也会更加积极。该模型还定义了直接影响感知有用性和感知易用性的外部变量，主要包括信息系统的设计特征、使用者特性（包括使用者的感知形式和其他个性特征）、开发和执行过程的实质、任务特征、外部政策的影响以及组织结构等。根据 TAM 可知，外部变量可以决定用户的感知易用性，用户的感知易用性和外部变量共同影响信息系统（IS）的感知有用性，用户的感知易用性和感知有用性共同决定了他们使用信息系统（IS）的态度。然后，感知到的有用性和用户的态度决定了用户的行为意图。钟小娜（2006）认为感知有用性越高则使用意图越强。用户的行为意图决定了信息系统（IS）的实际使用情况（Davis，1989；Davis，Bagozzi and Warshaw，1989）。

TAM 模型诞生以来，在各个技术领域（例如金融服务或移动运营商的增值服务）得到了广泛的使用和验证。很多研究者认为，TAM 模型对研究用户的初次采用行为有不错的解释能力，但是对用户的持续性意图的解释效果一般（张楠、郭迅华和陈国青，2007；韩金凤，2015；赵青、梁工谦和王群，2013）。研究表明，只要适当扩展和修改 TAM 模型，就能很好地发现和解释用户对新技术的采用过程，并在一定程度上预测和解释用户的行为。在各种技术环境中，TAM 模型都具有良好的适应性（张楠、郭迅华和陈国青，2007；高平、刘文雯和徐博艺，2004）。TAM 模型在国内有关用户采用互联网银行和移动服务的研究中得到了有效应用，并显示出很好的解释力（吴晓云和焦勇兵，2008；鲁耀斌、邓朝华和章淑婷，2007）。

但是，高峰（2009）认为，TAM模型在应用上是存在一定的局限性的：第一，某特定的技术的使用是自愿的；第二，使用者应该拥有足够的时间和知识储备。刘炜（2016）认为，TAM模型对外部变量不是很清楚，并且忽略了主观范畴的因素。TAM模型不包括人口、经济和外部因素，这显示出在解释用户对移动服务的态度和行为意图方面的局限性（Venkatesh and Davis，2000）。因此，先前的部分研究将其他因素纳入TAM中，以更好地了解移动银行采用率的决定因素。例如，Teo等（2012）在用TAM研究用户采用移动银行的意图时添加了主观规范以及人口统计因素。此外，Hanafizadeh等（2014）通过添加其他因素来扩展TAM，这些因素是交互、感知风险、感知成本、与生活方式的兼容性、感知信誉和信任等所必需的因素。考虑到TAM中影响因素的限制，本书未使用TAM模型来构建研究模型。

技术模型的接受和使用统一理论（UTAUT）是基于TAM的扩展模型，由Venkatesh等（2003）提出。UTAUT中的四个因素对用户中信息系统（IS）的采用和使用有重大影响，包括性能预期、努力预期、社会影响和便利条件（Venkatesh et al.，2003；万君、郭婷婷和吴正祥，2015）。性能预期类似于TAM的感知有用性和IDT的相对优势（Venkatesh et al.，2003）。努力预期与TAM的感知易用性和IDT的复杂性相似（Venkatesh et al.，2003）。社会影响力描述环境因素，例如来自与用户关系密切的其他人（朋友、亲戚和上级）的意见如何影响用户的行为（López-Nicolás，Molina-Castillo and Bouwman，2008）。便利条件描述了用户在信息系统（IS）方面的资源、能力和知识如何影响用户的行为（Venkatesh et al.，2003）。因此，UTAUT通过合并其他因素（如社会影响力和便利条件）来扩展TAM模型，从而从人际关系和使用环境方面捕获用户的期望。

尽管UTAUT不如TAM那么流行，但现在已逐渐受到研究人员的关注，他们将UTAUT应用于用户采用移动银行的背景研究（Bankole，Bankole and Brown，2011；Yu，2012；Bhatiasevi，2016）。Zhou，Lu和Wang（2010）将UTAUT与TTF集成在一起，以调查用户使用移动银行的行为意图。Luo等（2010）在一个包含信任、风险和自我效率等结构的模型中提取了性能预期这一因素，用于研究用户使用移动银行的意图。他们发现，性能预期是移动银行接受度最主要的预测指标。这些研究揭示了UTAUT在预测用户使用移动银行的行为意图方面的有效性。因此，UTAUT的四个关键因素，即性能预期、努力预期、社会影响和便利条件被纳入本书的研究模型。

出于多种原因笔者最终选择了UTAUT作为本研究的主要模型之一。首先，在一系列已建立的关于信息系统接受的模型中，IDT、TAM 和 UTAUT 是最常用的模型，在先前的研究主题中已证明具有效果。其次，与 UTAUT 相比，IDT 和 TAM 在解决本书的研究问题方面有各自的局限性。IDT 排除了外部变量，即人口因素和经济因素，这些因素无法为调查用户如何采用和使用中国移动银行新技术提供坚实的理论基础。TAM 仅使用两个因素来调查技术感知对信息系统（IS）用户采用和行为意图的影响。它们两者都不能为本书提供全面的方法。最后，UTAUT 不仅最适合本书的研究，而且在许多以前关于信息系统（IS）的用户采用和行为意图的研究中，UTAUT 也是同样易于理解的模型（徐蕾、王建琼和查建平，2014；朱多刚和郭俊华，2016；郑生钦、司红运和张雷，2016）。UTAUT 的四个因素对影响用户采用移动银行和其行为意图的因素具有重要的解释力，所以笔者选择了这个模型。

三、用户使用移动银行的持续性意图

综合国内外相关文献可知，学者们有关移动银行的用户行为研究主要分为两个阶段：第一，用户对移动银行的采用；第二，用户持续使用移动银行的意图。以往只有很少的研究者讨论了移动银行的用户持续性使用意图（张璇和吴清烈，2010；刘刚和黄苏萍，2010；Yuan et al.，2016）。由于中国和印度等其他国家或地区在移动银行的采用率上一直处于领先地位，所以移动银行的采用率将不再是多渠道银行业务未来可持续发展的重点。同时，信息系统的长期生存能力在很大程度上取决于持续使用而不是采用率。因此，随着近年来移动银行的发展，需要用更多的理论进一步探索客户使用移动银行服务的持续性意图。为了满足研究目的和目标，本书在建立适合于研究用户使用移动银行持续性意图的新模型之前，首先梳理了当前信息系统（IS）研究中使用的主要理论和信息系统（IS）连续性研究中使用的理论（陈渝和路洋，2016；陈渝、毛姗姗和潘晓月，2014；吴锋和李怀祖，2004）。

移动银行用户持续使用意图的研究本质上属于信息系统（IS）的连续性研究。Bhattacherjee（2001b）提出了期望确认模型（ECM），将用户对信息系统（IS）的接受行为与持续行为分开来研究（Lee and Kwon，2011），这是该领域研究的一个里程碑。ECM 为研究人员研究信息系统（IS）的用户持续使用提供了理论支持，许多先前的研究已经使用此模型来研究移动技术的用户持续使用（见表 2-2），例如移动应用（Hew et al.，2015）、手机购物（Hung，Yang and Hsieh，2012）、移动网络（Hong，Thong and Tam，2006）、移动广告（Hsiao and Chang，2014）以及电子服务（皇甫青红，2013）。表 2-2

总结了用户使用移动服务持续性意图研究的主要模型、重要因素、研究国家和相关抽样。这些研究揭示了 ECM 在预测移动服务领域的用户持续性使用意图方面的有效性。在此基础上，本书采用 ECM 模型的因素来开发研究模型，以调查预测用户使用移动银行的持续性意图的因素。

表 2-2　用户使用移动服务持续性意图的研究

序号	研究文献	背景	理论	重要因素	国家/地区和采样数据
1	Chen（2012）	移动银行	自行开发的模型（从期望确认模型（ECM）中提取了持续性意图）	持续性意图，技术准备程度，服务质量，关系质量的影响	中国台湾地区（390）
2	Yuan et al.（2016）	移动银行	技术采纳模型（TAM），任务技术匹配模型（TTF），期望确认模型（ECM）	持续性意图，满意度，感知的有用性，感知的任务技术匹配性和感知的风险	中国大陆（434）
3	Susanto，Chang and Ha（2016）	智能移动银行	期望确认模型（ECM）	持续性意图，感知的有用性，满意度和自我效能感	韩国（301）
4	Hew et al.（2015）	移动应用程序	接受和使用技术的统一理论（UTAUT2）	行为意图（继续使用），性能预期，努力预期，便利条件，享乐动机和习惯	马来西亚（288）
5	Hong，Thong and Tam（2006）	移动网络	期望确认模型（ECM），技术采纳模型（TAM）	持续性意图，满意度，感知有用性	中国香港地区（1826）
6	Hung，Yang and Hsieh（2012）	手机购物	期望确认模型（ECM）	继续意图，满意度，信任，确认	中国台湾地区（244）
7	Hsiao and Chang（2014）	移动广告	期望确认模型（ECM）	持续性意图，感知价值，感知有用性，满意度	中国台湾地区（508）
8	Hsu and Lin（2016）	移动应用程序	期望确认模型（ECM）	购买意图，应用程序评级和免费替代产品	中国台湾地区（507）

资料来源：笔者根据相关资料整理所得。

除了 ECM 模型，Venkatesh，Thong 和 Xu（2012）提出的 UTAUT2 也被用于研究用户使用移动服务的持续性意图（Hew et al.，2015）。UTAUT2 由七个因素组成，分别是性能预期、努力预期、社会影响力、便利条件、享乐动机、价格价值和习惯（Venkatesh，Thong and Xu，2012）。相比于 UTAUT（Venkatesh et al.，2003），UTAUT2 增加了三个新的因素（享乐动机、价格价值和习惯）。如前所述，本书使用 UTAUT 的四个关键因素（性能预期、努力预期、社会影响力、便利条件）来发展研究模型，没有考虑 UTAUT2 中三个新的因素（享乐动机、价格价值和习惯）。这个选择是基于以下原因做出的。

首先，消费动机可以分为功利主义（功能性收益和生产力）和享乐价值（体验性收益和享乐性收益）（Babin，Darden and Griffin，1994；Chitturi，Raghunathan and Mahajan，2007）。Ahmad（2012）将移动金融服务（如移动钱包、移动货币、股票市场、电子银行、电子客票、在线购物）分为具有创造功利价值的服务，而移动娱乐服务（如社交网络服务、SNS、手机游戏、手机电视等）分为可创造享乐价值的服务。享乐动机是 UTAUT 2 中的一个关键因素（顾忠伟、徐福缘和卫军，2015）。由于移动银行创造的是功利价值，而不是 Ahmad（2012）提出的享乐主义价值，所以本书着重于考察功利动机在用户继续使用移动银行中的作用。因此，本书未使用 UTAUT 2 中的享乐动机因子。

其次，价格价值是指购买设备和服务的货币成本（Venkatesh，Thong and Xu，2012）。根据中国工商银行（ICBC）的服务说明，目前许多交易是免费的，但是服务运营商会收取费用，即使用手机访问互联网时产生的费用（ICBC，2018）。由于使用移动银行几乎不产生任何成本，因此 UTAUT2 中的价格值不被视为用户持续使用移动银行的决定因素，因此本书的研究模型中未包括该价格。

最后，习惯是指人们倾向于基于学习的自动执行行为的程度（Limayem，Hirt and Cheung，2007）。Zhou，Lu 和 Wang（2010）认为移动银行的主要优势是无处不在和即时性，人们之所以使用它是因为他们需要进行移动交易（尤其是经常出差的用户），否则他们可以选择传统银行和在线银行。因此，人们认为用户之所以使用移动银行，是因为他们有任务要求，而不是由于用户基于学习的自动执行行为。因此，本书未考虑 UTAUT2 中的习惯因素。

Alter（2003）认为，信息系统研究应将其重点重新转向技术与工作之间的关系。只有当信息系统（IS）的功能与其任务要求一致时，才能产生使用的连续性（Allen，1998；Ferratt and Vlahos，1998）。Goodhue 和 Thompson（1995）开发的任务技术适应模型（TTF）解决了任务与技术之间的这种关系。与 TAM 不同，TTF 更加关注任务特征和技术特征、利用率和性能影响之间的关系。在 TTF 中，技术满足任务要求的程度会影响技术利用率和工作效能（Goodhue and Thompson，1995）。移动银行可能会在其功能有助于用户完成任务的性能时被使用，并且会对用户的任务性能产生积极影响（Zhou，Lu and Wang，2010）。此外，TTF 在移动银行环境中显示出与 ECM 的良好互补性。例如，Yuan 等（2016）建议将 TAM 和 TTF 的因素集成到期望确认模型（ECM）中，以深入了解用户使用移动银行的持续性意图的驱动因素和挑战。他们的发现确定了满意度、感知的任务技术匹配度、感知的风险和感知的实用性是持续性意图的主要预测因素。为此，本书还将任务技术匹配模型的建构融入所创建的研究模型中。

综上所述，UTAUT、TTF 和 ECM 模型被认为是研究用户使用移动银行的持续性意图和使用新功能的行为意图最合适的模型，实证数据和研究结果也被认为能够为信息系统的采用和持续使用贡献理论价值。因此，这些模型的因素被本书用于构建新的研究模型。同时，本书在研究用户使用特定信息系统持续性意图的背景下扩展了 UTAUT、ECM 和 TTF 模型的应用领域。

第二节　本书使用的模型和理论

一、期望确认模型（ECM）

信息系统（IS）的使用行为可以分为采用前的行为和采用后的行为，其中持续的信息系统（IS）使用或信息系统（IS）连续性属于后者（Chea and Luo，2008）。近年来，随着信息系统的不断发展，越来越多的研究人员将注意力转移到信息系统（IS）持续行为的研究领域，因为持续性决定了信息系统（IS）的长期生存能力和最终成功与否（Bhattacherjee，2001b）。

期望确认理论（ECT）（见图 2-1）最初用于研究市场营销中消费者行为领域的客户满意度和购买后行为（Oliver，1980）。根据 ECT 理论，用户的最初期望是在其实际购买行为之前形成的。购买完成后，用户开始使用服务或产品，他们将逐渐了解产品并获得对产品或服务性能的感知，然后将其与他们的初始期望进行比较，以确定他们的期望得到确认的程度。消费者根据他们的期望及期望确认程度对产品进行评估，进而影响消费者的回购意图。

Bhattacherjee（2001b）认为，用户始终使用某种信息系统的决定与他们的回购决定相似。两种类型的决策都在初始决策后发生，这受初始使用经验的影响。与用户的最初决定相比，这些决定还可能产生完全不同的结果。因此，Bhattacherjee（2001b）将ECT（用于研究营销领域中的消费者行为）应用于信息系统（IS）中的连续性研究。

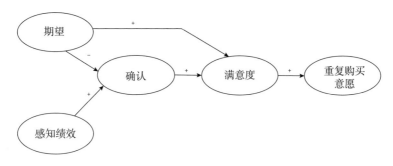

图2-1　期望确认理论（ECT）

资料来源：Oliver（1980）。

期望（Expectation）是影响满意度的重要因素，原因是期望为使用者评价产品或者服务提供了一个重要参考指标。所谓期望，指的是在购买产品之前，亲朋好友的转述以及导购人员的介绍使用户产生的对产品或者服务将来在使用中的效果的一个预期。Oliver（1980）认为，期望是对发生概率和发生的具体内容进行评估，使用者依据发生概率和发生内容评估进行个人的判断，个人的判断对期望产生影响。根据对这两个因素的评估可以将期望分为高度期望和低度期望。所谓高度期望指的是发生的事情和使用者的意愿是相符的，即希望发生的事情发生了，不希望发生的事没有发生；所谓低度期望指的是发生的事情和使用者的意愿是不相符的，即希望发生的事情没有发生，不希望发生的事情反而发生了。Fornell等（1996）经过研究得出，产品和服务的使用者在决定第一次使用或者购买产品和服务前会对产品和服务进行外部资料的收集整理，主要是亲朋好友的推荐、销售人员的介绍以及电视或者网络的宣传。当使用者决定再次使用或者购买该服务或产品时，其除了会进行外部资料的收集，还会参考自己第一次使用产品或者服务的效果和感受，这被称为内部信息。使用者在决定采用产品和服务前所进行的信息收集越充分，其对产品和服务的期望就会越高。所以，首次采用主要受间接经验的影响，而持续性采用主要受使用者自身直接经验的影响，两者是有较大区别的（Venkatesh et al.，2000）。

　　绩效（Performance）一般被认为是一种评价的标准，为使用者使用产品或服务后对产品性能的评价，该评价被用来与使用前的期望进行比较，用来评估期望确认的程度。使用者感知的绩效好于期望，则会对确认产生正向的作用，进而增加满意度；使用者感知的绩效差于期望，则会对确认产生反向的作用，进而降低满意度。所以，绩效与满意度是一个正向的关系。绩效主要可分为以下三类：第一，公平绩效（Equitable Performance）。公平绩效主要依据公平理论，表示的是个人的投入与预期回报的绩效规范标准。第二，理想绩效（Ideal Product Performance）。其主要依据使用者的偏好和理想的选择，表示只针对某特定使用者的最佳绩效。第三，预期产品绩效（Expected Product Performance）。预期产品绩效主要依据预期理论，表示的是某产品或服务最可能的绩效水平。

　　确认（Confirmation）是影响满意度的重要因素之一。确认（CNF）是用户在购买之前对产品或服务的期望与在实际使用之后对产品或服务的认知之间的反差程度。CNF 机制可描述如下：当产品/技术的实际性能低于用户最初的期望值时，用户对该产品/技术不满意；当产品/技术的实际性能超过用户最初的预期时，用户会感到满意。在本书中，CNF 被定义为用户在实际使用中对移动银行服务的初始期望的确认程度。在有关 ECM 的理论文献中，确认主要被分为以下三类：客观确认、感知确认以及推论确认。客观确认指的是在客观上评价产品预期与产品绩效间的差距，也就是客观产品绩效与预期间的差距，客观绩效一般被认为是已经存在并且相对固定的。感知确认是以使用者的主观感受来评价绩效表现与比较基准的差距，使用者的主观感受包括心理因素，其测量项目一般是绩效水平和预期接受的程度，常将优于预期或差于预期作为测量的尺度。推论确认是预期与绩效表现的差距，因此推论确认由研究者对使用者使用前与使用后的反应进行推测得出，其计算概念一般是整体的绩效水平或者某特定产品性质的绩效水平。

　　满意度（Satisfaction）是消费者的一种总体感觉。消费者对产品或服务有自己的评估标准。使用之后，他们将其与自己的预期标准进行比较。如果超过了他们自己的期望，他们就会感到满意。否则，他们认为这只是一般的水平。满意度也可以被定义为用户在购买技术或者产品后，对其表现出的喜欢或者不喜欢的整体态度，是一个基于用户对产品/技术的初始期望与实际使用后的心理状态之间的差距来衡量的变量。林家宝、鲁耀斌和徐勇（2012）以及成浩（2010）在其研究中充分肯定了满意度的重要作用。

　　借助 ECT 的理论框架和先前有关信息系统（IS）连续性研究的文献，

Bhattacherjee（2001b）提出了接受后模型（PAM）或期望确认模型（ECM）（见图2-2），发现用户的持续性意图由感知的有用性和用户满意度决定。反过来，用户满意度受用户以前信息系统（IS）使用和预期有用性的期望确认的影响。此外，用户的确认程度会影响用户的感知有用性。ECM模型专注于信息系统（IS）的连续使用，这有助于我们理解最初采用理论所不能解释的用户行为。此外，根据ECM，当用户基于感知的有用性形成采用后期望时，用户的初始期望会在实际使用后发生变化，这是对ECT的一个补充（Thong，Hong and Tam，2006）。

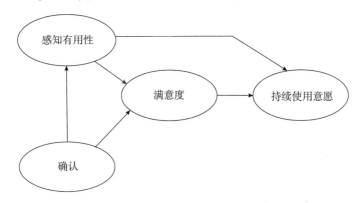

图 2-2 期望确认模型（ECM）

资料来源：Bhattacherjee（2001b）。

ECM模型是持续使用研究中使用较广泛的模型之一，也是研究满意度的一个基本的理论。学者通过描述认知心理学和认知行为，揭示了满意度如何影响用户持续使用的意图（毕新华、齐晓云和段伟花，2011）。国内外有关ECM模型的研究大多属于定量研究（Limayem and Cheung，2008；陈国维，2009；张璇和吴清烈，2010）。闵庆飞和李红云（2016）基于期望确认和满意度的理论，结合用户的心理机制，研究了微信软件用户持续使用的意图。结果表明，满意度和情感承诺对用户的使用意图具有明显的积极影响。满意度是指用户在购买技术或者产品后，对其表现出的喜欢或者不喜欢的整体态度。研究者发现，满意度对用户的持续性意图有积极的影响。这个结果在应用ECM模型的其他多个领域的研究中也得到了证实。赵青、梁工谦和王群（2013）在移动商务领域，利用ECM理论模型对客户的持续使用意图进行了研究。结果证明，感知花费、信任和满意度对用户持续使用意图都有积极的影响。杨涛（2016）把使用习惯和感知易用性两个变量加入期望确认模型中研究图书馆使用者的持续性意图，结果表明，满意度和感知易用性这两个因素能对图书馆使用者的持续性意图产生积极影响。

在 ECM 中，用户对信息系统（IS）实际性能的采用后期望是建立在对 IS 有用性的认识之上的。但是，用户的认知期望不单受自身对信息系统性能方面的看法的影响（Venkatesh et al.，2011）。更具体地说，用户对信息系统（IS）的性能预期对其接受更多的信息技术是十分重要的（Thong，1999；Venkatesh et al.，2003），但是它不一定是最重要的影响因素（Venkatesh，1999；Thong，Hong and Tam，2006）。换句话说，除了有用性影响用户的技术接受度之外，还有其他因素影响用户的技术接受度（Venkatesh，1999），至于这些因素具体是什么，是怎么影响的，需要进一步探索。

二、技术接受和使用的统一理论（UTAUT）

Venkatesh 等（2003）开发了 UTAUT 模型（见图 2-3），该模型提供了更多影响用户采用技术意图的因素，可以用作 ECM 的补充模型。该模型集成了信息系统（IS）研究中的八个重要的接受和使用模型，即理性行为理论（Theory of Reasoned Action，TRA）、计划行为理论（Theory of Planned Behaviour，TPB）、技术采纳模型（Technology Acceptance Model，TAM）、激励模型（Motivational Model，MM）、结合了技术采纳模型和计划行为理论的模型（A Model Combining Technology Acceptance Model and Theory of Planned Behaviour，C-TAM-TPB）、个人电脑利用率模型（Model of PC Utilization，MPCU）、创新扩散理论（Innovation Diffusion Theory，IDT）和社会认知理论（Social Cognitive Theory，SCT）。集成的 UTAUT 模型认为，影响用户 IS 接受和使用行为的关键因素有四个，即性能预期、努力预期、社会影响力和便利条件。性能预期指用户对性能方面的感知，具体来说就是使用者对技术为自己带来使用效率提高的期望。性能预期与感知有用性相似，但又不完全相同，其相当于在感知有用性的基础上加入了实用性和技术优势等因素。努力预期指的是使用者感知到的技术的易用程度。社会影响力指的是用户周围重要的人（用户认为的对自身重要的人）对其是否采用技术的影响。便利条件指的是用户自身或者周围的人和事物对其使用技术可以提供支持和帮助的条件，也就是用户在使用技术时得到各方面支持的程度。此外，该模型还包含四个对关键因素有较大影响的调节变量，分别是性别、年龄、经验和使用自愿性（谭春辉、张洁和曾奕棠，2014）。

不同的变量对不同的研究主题和不同的研究对象的作用也各有差异。

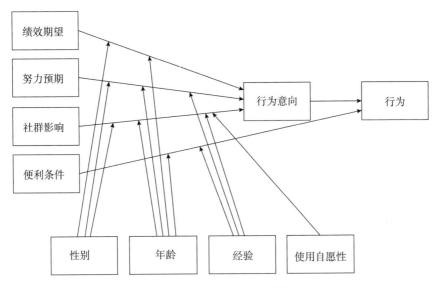

图 2-3 技术接受和使用的统一理论模型（UTAUT）

资料来源：Venkatesh et al.（2003）。

UTAUT 中的努力预期、社会影响力和便利条件分别描述了用户对与系统使用相关的其他重要方面的期望，即成本、人际关系和使用环境（Venkatesh et al.，2011）。集成的 UTAUT 模型通过四个影响用户信息系统（IS）接受和使用行为的关键因素，可以解释高达 70%的使用者意图，相对于其他常用的模型拥有更高的解释能力（陈洁和朱小栋，2015）。通过因素集成，UTAUT 模型已被广泛成功地应用于有关技术采用的各种研究中，例如在线股票交易（Wang and Yang，2005）、移动银行（Luo et al.，2010；Bhatiasevi，2016；Yu，2012）、移动支付（董婷，2013；易勇征，2013；曹媛媛和李琪，2009）和移动互联网广告（俞坤，2012）。在基于 UTAUT 模型的实证研究中，一些国内学者比较关注消费者对移动通信技术的采纳（何钦，2011）。

　　虽然 UTAUT 被认为是研究用户对信息系统（IS）的采用和使用的有效模型（Negahban and Chung，2014），但是它仅从用户对技术的看法和态度的角度研究影响用户接受新技术的因素（Tam and Oliveira，2016）。仅关注用户对技术的感知因素（例如性能预期和努力预期），可能无法确保足够的解释力（Zhou，Lu and Wang，2010）。一些研究者指出，即使用户认为信息系统是高级的，但如果受其他因素（例如技术与其工作任务之间的不一致）的影响，他们也不一定会采用此信息系统（Junglas，Abraham and Watson，2008）。因此，除了用户对技术的认知外，还应该探索从其他视角来解释用户对技术的采用。

三、任务技术匹配模型（TTF）

随着研究的发展，研究者开始关注用户和信息系统之间的关系，Goodhue 和 Thompson 于 1995 年在研究技术和任务之间的关系时提出了任务技术匹配模型（TTF）。该模型来源于感知适合理论，是信息技术研究中一个比较有影响力的模型，主要应用于对信息技术对工作任务的支持能力的解释，其通过描述个人的认知心理和认知行为来解释技术是怎样影响个人任务绩效的，表达了任务需求和信息技术之间的关系（曾雪鹏，2008）。TTF 模型有四个关键的要素：前两个要素就是任务特征和技术特征，这两个要素之间的关系影响第三个要素——任务技术匹配，任务技术匹配又会影响最后一个要素——使用者的行为。本书使用 TTF 模型，是因为该模型表达的关键思想是：一个技术是否被很好地应用，一方面取决于该技术是否被使用，另一方面取决于该技术和该技术所服务的任务是否有很好的匹配性。某项技术如果没有满足用户的任务需求，即使这项技术是先进的，使用者仍然不会感受到这项技术的有用之处，也就是没有感知有用性。所以设计任何技术，首先要弄清楚使用者的需要，根据使用者的任务需求去开发新的技术才可能有较高的任务技术匹配。

UTAUT 模型依赖于解释用户对技术的理解，而 Goodhue 和 Thompson（1995）提出的任务技术匹配模型（TTF）（见图 2-4）已用于扩展 UTAUT 模型（Zhou，Lu and Wang，2010；Afshan and Sharif，2016；陶洪和徐福缘，2012）。TTF 模型考虑任务如何影响技术的使用（Zhou，Lu and Wang，2010）。换句话说，用户采用率不仅取决于技术的感知程度，还取决于任务技术的匹配程度（Zhao et al.，2012）。从图 2-4 中可以发现，TTF 受任务和技术功能的影响，进而对性能和利用率产生影响。根据 TTF 模型，只有当用户采纳信息技术（简称 IT）满足个人当前任务的要求并以更好的结果改善任务性能时，个人才可能选择使用技术（Goodhue and Thompson，1995）。

事实证明，TTF 可以提高现有技术采纳模型的解释力（Goodhue，1995；Dishaw and Strong，1999）。一方面，该模型允许研究人员从因果链的角度研究因变量与自变量拟合的接近度（Dishaw and Strong，1998）。另一方面，事实证明 TTF 和 UTAUT 的组合使用在解释用户的技术接受度方面更为出色

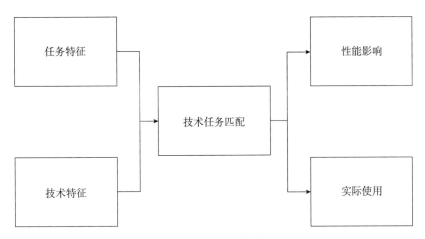

图 2-4 任务技术匹配模型（TTF）

资料来源：Goodhue and Thompson（1995）。

（Dishaw，Strong and Bandy，2004；张坤、张鹏和张野，2016）。由于具有较强的解释力，TTF 模型目前已被研究人员尝试应用在一系列特定情况下分析用户对信息系统（IS）的采用和使用行为（Benbasat and Barki，2007；Junglas，Abraham and Watson，2008）。信息系统（IS）领域中丰富的经验发现也表明，在分析 IS 对用户任务性能的影响时，TTF 具有更好的解释能力（Dishaw，Strong and Bandy，2004）。因此，TTF 的主要优点之一是预测 IS 成功的有效性。

TTF 模型经常被用来与其他模型（例如 TAM 和 UTAUT）相结合来解释用户对 IT 的采用意图（Dishaw and Strong，1999）。Zhou，Lu 和 Wang（2010）创新地整合了 TTF 和 UTAUT、以开发一种新的改进的解释用户使用移动银行意图的模型。他们得出的结论是，任务技术的匹配性、性能预期、社会影响力和便利条件极大地影响了用户采用该服务的意图。在这之后，Oliveira 等（2014）以及 Afshan 和 Sharif（2016）对 UTAUT 和 TTF 模型与初始信任模型（ITM）进行了集成，以研究用户对移动银行的最初采用，他们发现初始信任也对用户采用移动银行的行为意图产生影响。因此，研究人员若考虑改进现有模型（例如 ITM 和 UTAUT）以检查影响用户采用技术的因素，TTF 理论是首选。本书结合用户对技术的看法、功能与任务要求之间的契合度和分别通过 UTAUT 和 TTF 实现的技术的功能，为移动银行的用户持续使用提供了更好的解释。

金融业越来越多地将移动银行应用程序作为为用户提供融资服务的主要

渠道，供用户查询最近的交易以及余额，进行汇款和账单支付。同时，手机硬件的技术进步驱动移动银行设计人员不断增加新功能以满足用户需求，用户根据位置系统（GPS）定位器可找到最近的银行分行和自动柜员机，扫描快速响应代码可轻松地支付账单。特定银行渠道的适用性取决于特定的银行任务和即时便利性（Hoehle and Huff, 2012）。持续吸引用户的注意力并及时满足用户的需求对于移动银行应用程序的可行性至关重要。张成虎和金虎斌（2016）认为，互联网金融将技术进步与客户需求相融合，能够更切实地为客户创造价值。移动银行应用程序的设计，需要考虑银行渠道与用户银行任务的匹配度。由于TTF模型关注用户任务要求与技术功能的匹配度，所以能够调查技术和用户任务的匹配度，以及匹配度如何影响用户继续使用移动银行的意图。通过组合和扩展三个模型（UTAUT、ECM和TTF），模型的解释力更强。

第三节　填补的研究空白

许多研究人员调查了用户最初采用移动银行的主要影响因素（Tam and Oliveira, 2017；Baptista and Oliveira, 2017；Wang and Li, 2012；Zhou, 2011；Choi, 2018）。观察得到，当研究人员考虑改进TAM和UTAUT等现有模型以实现特定的研究目标时，TTF理论是首选（Zhou, Lu and Wang, 2010；Oliveira et al., 2014；Afshan and Sharif, 2016）。在此基础上，本书整合UTAUT和TTF模型中的因素，从技术感知和任务技术匹配的角度研究用户的采用情况。现有的研究都没有从技术认知和任务技术匹配的角度评估新功能的采用。为此，与上述有关移动银行采用的研究不同，本书旨在确定影响用户尝试新功能的行为意图而非采用移动银行意图的因素。

目前对服务最初采用的研究很多，而关于持续性意图的研究很少（Yuan et al., 2016）。ECM是一种可为研究人员研究信息系统的持续使用提供理论支持，并且已被应用于研究移动服务（Hew et al., 2015），如移动购物（Hung, Yang and Hsieh, 2012）、移动互联网（Hong, Thong and Tam, 2006）和移动广告（Hsiao and Chang, 2014）的持续使用的有效模型。先前的研究将ECM扩展到了移动银行的研究环境。在此基础上，本书将ECM模型的因素整合到本书的研究模型中，以调查用户使用移动银行的持续性意图的预测因素。

　　Yuan 等（2016）通过将 TAM 和 TTF 与 ECM 模型相结合，研究了影响用户使用中国移动银行持续性意图的因素。尽管在 TAM 和 ECM 模型中，用户对信息系统（IS）实际性能的期望是通过感知有用性来描述的，但用户对产品或服务的认知期望并不一定限于与性能相关的因素（Venkatesh et al.，2011）。因此，有别于 Yuan 等（2016）的研究，本书从 UTAUT 模型中选择了四个关键因素，即性能预期、努力预期、社会影响力和便利条件。这是因为它们不仅调查与性能相关的用户的看法（Venkatesh et al.，2003），而且还捕捉到了影响用户期望的其他方面，例如成本、人际关系的考虑和使用环境（Venkatesh et al.，2011）。此外，与 Zhou，Lu 和 Wang（2010），Oliveira 等（2014）以及 Afshan 和 Sharif（2016）保持一致，在讨论用户与产品性能相关的看法时，本书选择了性能预期，而不是它的同义词——感知有用。

　　综上所述，和以前主要针对移动银行的初次采用方面的研究不同，本书创新地对已有成熟模型，包括统一理论模型（UTAUT）、任务技术匹配模型（TTF）以及期望确认模型（ECM）中的多个关键因素进行集成使用，主要对影响用户使用移动银行的持续性意图和尝试移动银行新功能的意图的重要因素进行研究和讨论，最终完成对持续性意图和行为意图影响因素的挖掘和梳理。本书填补了持续性意图和行为意图影响因素方面的研究空白，在对移动银行使用后的研究上更进了一步，丰富了现有相关研究。

第四节　本章小结

　　本章通过对大量相关文献的调研和分析发现，移动银行作为一个新兴的银行服务对银行业务的扩展以及整个银行产业都起到了十分重要的作用，因此国内外的诸多学者都对移动银行进行了关注。总体来说，国外对移动银行的研究要早于国内，随着国外研究的日益增多，国内关于移动银行的研究也逐渐展开。国内早期关于移动银行的研究主要侧重于移动银行的技术方面，后来逐渐关注用户的行为方面。综合整个文献调研情况来看，目前国内外已有的研究中，对影响用户采用移动银行因素的研究较为广泛，但是对用户使用移动银行持续性意图的研究相对较少。目前，中国移动银行的采用率很高，对用户使用的持续性意图进行研究的重要性要明显大于对用户采用移动银行因素的研究，是推动移动银行向前发展的关键所在。

　　本书将 UTAUT 和 TTF 模型中的关键因素并入 ECM 模型中，从而使用户使用移动银行持续性意图的影响因素可以被充分检测。UTAUT、TTF 和 ECM

模型都有其优势和适用的范围，在实践中也都取得了不错的研究成果。但是，这些模型在研究用户使用移动银行的持续性意图时都有一定的局限性，单独使用 UTAUT、TTF 和 ECT 模型不能满足本书的研究目标并且不能解决第一章中提出的研究问题。例如，UTAUT 仅调查了四个因素（性能预期、努力预期、社会影响和便利条件）对用户行为意图的影响，而对任务技术在本书的研究环境中所扮演的角色缺乏了解。TTF 只是调查任务和技术特征，而无法深入了解影响用户持续性意图的所有可能因素。ECM 不包括本书打算讨论的 TTF 的重要结构。UTAUT、TTF 和 ECM 组合在一起时包含的因素要多于每个单独模型，这可以满足本书的研究需求。

考虑到银行对移动银行服务的实际需求以及用户使用银行服务的不断增长，本书参考了 UTAUT、ECM 和 TTF 模型提供的关键因素，并考虑了移动银行的主要服务特征，从而深入研究了影响用户满意度和使用持续性意图的因素。从文献综述中可以得知，之前没有针对用户使用移动银行新功能的行为意图进行的研究。因此，这是本书的一大创新之处，也是本书将要解决的另一个主要主题，将为银行推出更好的移动银行服务提供重要的战略信息。银行可从本书的研究结果中获得有价值的信息，进而提高移动银行服务的用户满意度及持续使用率，从而最终改善移动银行服务的整体利润。本书对于指导移动银行供应商来启动更有效的营销策略，更好地满足用户需求以增加活跃用户是有十分积极的实际意义的。

第三章　研究模型和研究假设

本章讨论本书的研究模型和研究假设。上一章在回顾国内外学者的研究的基础上，对研究信息系统的用户采用和持续性行为的常用理论模型进行了分析，明确了它们的特点和优势，为相关研究提供了几种可行的模型，这些模型已经被证实可以有效地预测用户的行为意图或持续性意图。但是，孤立地考虑这些模型不能完全满足本书的研究需要，所以本书开发了一个新的集成模型，该模型结合了多个模型的关键因素。本章第一节在此领域现有理论和观察的基础上，提出了该集成模型的假设；第二节将这些假设放在一起，并解释了这种新的研究模型的构建，该模型用于研究用户使用移动银行的持续性意图和尝试新功能的行为意图；第三节介绍了本书提出的所有研究假设。

第一节　研究假设

在确定研究主题之后，就要针对研究的主题提出适合的研究假设。研究假设是指研究人员根据以往总结得到的经验事实和对有关研究问题的规律或原因进行总结做出的一种推测性判断和假设解释。这是一个暂定的判断，是在正式研究之前构想的。简而言之，这是对研究问题进行预先判断的答案。在社会科学领域，假设可以被认为是抽象的科学理论和实证研究的结合。理论上，所有没有经过科学检验的研究判断和理论观点都应该属于假设的范畴（孙健敏，2004）。研究人员一般会在接下来的研究中，对这些假设进行验证，以排除错误假设并最终得到合理的科学结论。假设检验是实证研究的一个重要特征。常用的假设主要有描述性假设、预测性假设、解释性假设、内容性假设等。假设有以下几个基本特征：第一，假设是一种猜想；第二，假设是在科学原理的基础上提出的（董奇，1990）；第三，假设是可以被研究验证的；第四，假设是多种多样的。

假设是两个或者多个变量之间关系的一种陈述句的表达。假设从逻辑上给出两个或者多个变量之间的关系，该关系是可以通过数据分析和实验进行实证验证的。假设的提出有一定的规则和标准，合乎要求的假设应该具备以下三个标准（Kerlinger and Lee，2000）：第一，假设应该适合研究问题。具体来说，该假设是否展示了研究问题的条件；该假设是否清晰地界定了相关事实和无关事实；该假设是否具体量化了研究变量的分布、范围以及条件；该假设是否对研究问题给出了解答。第二，可以被验证。具体来说，该假设是否提供了组织结论的架构；该假设是否使用了已有的科学理论和技术；该假设是否解释了与现有科学理论不一致之处；该假设是否展示了从研究目的演绎出的结论。第三，优于其他结论。具体来说，假设应该简洁、限制条件较少；能解释较多的事实；有较广的应用范围；得到人们广泛认可。

研究中的假设有很多类型，按照研究假设的形成可以分为四类：第一，归纳假设，主要是基于对已观察到的现象的一种概括和总结提出的，是研究者通过观察某些局部特征获得一些经验并对其进行总结和推论得到的经验性的规律；第二，演绎假设，主要是应用现有的一些科学理论以及陈述推导得出特定假设（佟德，2006）；第三，研究假设，是对某两个变量之间所期望的相关或者不相关进行的一个陈述；第四，类比假设，是根据两类对象拥有类似的特征或要素，进而推断一类对象可能具有另外一类对象的某些特征或属性的假设（唐力和李佳，2005）。此外，按照性质以及复杂程度，研究假设也可以分成三类：第一，描述性假设，是在科学研究的初始阶段对认识对象结构的一种描述，该描述提供了研究对象的外部联系和大概数量的估计，是对研究对象大致情况和轮廓的一种描述；第二，解释性假设，对现象的本质进行了解释，说明了事物内部的联系，是一种揭示事物本质和原因的更丰富、更重要的假设形式；第三，预测性假设，对事物和现象在未来的可能趋势做出了科学的推断，是在对现有事物和理论进行深刻分析之后得到的关于事物未来趋势的一种更高级更具有难度的假设。

想要针对研究问题提出假设，一般要经过三个阶段：第一，观察分析阶段，对研究对象的特性、研究中的现象以及相关的科学理论进行全面的观察和分析；第二，推出假设阶段，针对已有现象和问题产生的原因，利用已有的科学理论，提出自己的研究假设；第三，表述假设，使用简洁而准确的语言，对提出的假设进行精确的表达。

假设的基本内容包括三部分：第一，研究题目的限制性条件，具体包括研究个体、研究总体的特性参数或者研究环境状态的参数；第二，自变量，指的是在整个研究过程中，研究者可以掌控的并按照研究计划变化的一些变量，是研究对象的结构变量，也是能够影响研究对象的输入性的变量；第三，因变量，是研究人员计划要观测和了解的研究对象对自变量的变化做出反应的各个因素，是研究对象反应输出的因素。

假设主要存在四种表达方式：第一，存在式表达，即"在 A 的情况下，B 拥有 C 的性质"；第二，条件式表达，即"在 A 的情况下，如果有 B，则有 C"；第三，差异式表达，即"在 A 的情况下，A 和 B 之间有差异"；第四，函数式表达，即"在 A 的情况下，随着 B 的改变，C 将发生某某变化"。关于研究假设应该如何表达，本书总结了以下几个要点：①研究假设一定是可以被验证的；②研究假设描述的是变量之间的关系；③研究假设的描述应该符合大多数的已知事实和研究理论；④语言应该简洁凝练，减少不必要的复杂概念；⑤研究假设可以直接解释研究中的现象和问题，不需要附加另外的假设；⑥研究假设应该尽量用量化的语言来表述；⑦研究假设应该限定适用范围；⑧研究假设应该具有相当的广度。

在社会科学领域的研究中，科学方法的具体作用不仅仅是收集和分析资料数据，更重要的是证明理论和观点。假设起着重要的指引作用，能对具体研究工作的方向做出规划；研究者可以从假设提出的变量间的一般关系推论得到特定关系，相关变量之间的具体关系可以通过设置指标并对指标加以测试而得到；通过测试一系列指标，可以证实或否定假设。对研究假设进行证明的过程最终可以促进科学理论的发展。

一、与 TTF 因子有关的假设

移动银行服务依赖于无线技术和协议，为用户提供超越常规的时间和位置限制的实时服务（Dahlberg et al.，2008；Mallat，2007）。与在线或传统的实体服务相比，移动银行在接入、移动性和就绪性方面具有优势，为用户提供了更多的便利（Oliveira et al.，2014）。用户对移动银行的能力最感兴趣，用户能够通过技术以便捷和可访问的方式使用常见的银行功能，例如账户管理、查询和管理服务（Oliveira et al.，2014）。因此，与在线或传统银行相比，移动银行的技术特征和移动银行的任务特征可以造就更高的任务技术匹配度（TTF）（Zhou，Lu and Wang，2010）。在以前的研究中，学者已经讨论并验证了任务特征和技术特征对任务技术匹配度（TTF）的影响。Zhou，Lu 和 Wang（2010）发现任务特征和技术特征会影响中国移动银行的任务技术匹配度。Oliveira 等（2014）也发现任务特征和技术特征对葡萄牙移动银行的任务技术匹配度产生了积极影响。Afshan 和 Sharif（2016）展示了任务特征和技术特征对促进巴基斯坦移动银行的任务技术匹配性的重大贡献。根据任务特征和技术特征是决定任务技术匹配度（TTF）的两个关键因素（Dishaw and Strong，1999；Goodhue and Thompson，1995），本书提出以下假设：

· 假设1：任务特征对任务技术匹配度有积极影响。

· 假设2：移动银行的技术特征对任务技术匹配度有积极影响。

任务技术拟合模型表明，任务技术匹配度（TTF）的水平将会对技术利用产生积极的影响（Goodhue and Thompson，1995）。利用率可被定义为用户采用率（Zhou，Lu and Wang，2010）。移动银行业务的公认优势之一是它支持在智能手机上办理传统银行的业务（Dahlberg et al.，2008；Mallat，2007）。用户执行银行业务的普遍需求，支撑了他们不断提高的满意度和继续使用移动银行技术的意图（Yuan et al.，2016）。如果用户没有这样的需求，他们对移动银行的兴趣就会降低，进而导致他们对其他类型的银行服务的偏好（Zhou，Lu and Wang，2010）。以往的研究也表明了任务技术匹配度（TTF）对用户满意度和持续性意图的重要性。Lin（2012）发现感知的契合度与对虚拟学习系统（VLS）的满意度及持续性意图正相关。Yuan 等（2016）发现感知TTF是影响用户与移动银行相关的持续性意图的主要因素。因此，本书提出以下假设：

· 假设3：任务技术匹配度对移动银行用户满意度有积极影响。

· 假设4：任务技术匹配度对移动银行用户的持续性意图有积极影响。

Zhou，Lu 和 Wang（2010）认为与移动银行相关的努力预期受技术特征的影响。移动银行凭借即时性和无处不在的优势，使用户可以随时随地使用银行服务，例如付款和转账，这大大降低了用户在这项技术上投入的时间和精力。此外，与在线银行复杂的用户界面相比，移动银行具有更加简洁的界面（Zhou，2012）。移动银行的界面可简化用户操作步骤，使用户易于使用这种技术。因此，移动银行的技术特征会影响用户的努力预期（Zhou，Lu and Wang，2010）。此外，Dishaw 和 Strong（1999）发现了任务技术匹配度对用户性能预期的影响。这个发现也被 Oliveira 等（2014）证实。Afshan 和 Sharif（2016）也发现，移动银行的任务技术匹配度会对性能预期产生积极影响。当移动银行技术满足用户的任务要求时，用户将认为移动银行是有用的，这将提高用户完成该任务的性能体验。因此，本书提出以下假设：

·假设5：技术特征对努力预期有积极影响。

·假设6：任务技术匹配度对性能预期有积极影响。

二、与 UTAUT 因子有关的假设

性能预期是用户认为他们通过使用移动银行从执行银行任务中受益的程度（Venkatesh et al.，2003）。当用户期望获得积极成果时，他们倾向于使用技术（Compeau and Higgins，1995）。性能预期被确定为移动银行采用意图的关键预测指标之一（Luo et al.，2010；Oliveira et al.，2014）。此外，性能预期与移动银行的持续性意图有着显著的正相关关系（Baptista and Oliveira，2015）。因此，本书提出以下假设：

· 假设 7：性能预期对使用移动银行应用程序的用户的持续性意图有积极影响。

· 假设 8：性能预期对使用新移动银行功能的用户的行为意图有积极影响。

在研究中，Venkatesh 等（2003）以及 Venkatesh，Thong 和 Xu（2012）发现行为意图有许多重要的决定因素，努力预期就是其中之一。Leong 等（2013）认识到，当一项技术易于使用时，其采用率会更高。因此，假设如果用户发现移动银行易于使用，则他或她将具有更高的持续使用移动银行的意图，并且将更愿意尝试新的移动银行功能。UTAUT 模型表明，努力预期对性能预期有积极的影响（Venkatesh et al.，2003）。当用户认为移动银行技术非常方便时，就会产生更高的性能预期（Zhou，Lu and Wang，2010）。否则，性能预期会降低。因此，本书提出以下假设：

· 假设 9：努力预期对用户使用移动银行应用程序的持续性意图有积极影响。

· 假设 10：期望工作量对用户使用移动银行新功能的行为意图有积极影响。

· 假设 11：努力预期对用户性能预期有积极影响。

Venkatesh 等（2003）认为行为意图有一个直接的前因，即社会影响力，提出了环境因素对用户决策的影响，例如朋友、家人和上司等亲密朋友的意见（López-Nicolás，Molina-Castillo and Bouwman，2008）。移动银行相关研究已经确定了社会影响力对用户采用移动银行的影响（Zhou，Lu and Wang，2010）。此外，使用移动银行业务往往会使用户感到专业和时尚（Oliveira et al.，2014）。因此，本书提出以下假设：

· 假设 12：社会影响力对使用新的移动银行功能的行为意图具有积极影响。

作为 UTAUT 的关键因素，便利条件对用户采用移动银行的意图产生了重大影响（Afshan and Sharif，2016）。要使用移动银行服务，用户必须具备操作该技术的能力和知识，例如操作手机、选择移动服务和运营商的技能、无线互联网连接、应用程序安装等知识（Zhou，Lu and Wang，2010）。当用户可以使用有利的便利资源时，他们更倾向于使用技术（Baptista and Oliveira，2015）。YenYuen 和 Yeow（2008）揭示了便利条件对网上银行用户行为意图的影响。Afshan 和 Sharif（2016）发现便利条件会影响用户采用移动银行的意图。在此基础上，本书提出以下假设：

· 假设 13：便利条件对使用新的移动银行功能的行为意图具有积极影响。

三、与 ECM 因子有关的假设

使用 ECM 可知，用户对以前使用信息系统（IS）的期望进行确认会影响用户的满意度（Bhattacherjee，2001b）。在使用移动银行服务的过程中，用户会刷新对服务的最初期望。当移动银行服务的性能好于用户的最初预期时，用户的采用后期望将被确认。与之相反，如果移动银行服务表现不佳，用户的采用后期望将无法被确认。因此，用户满意度受期望确认的影响（Yuan et al.，2016）。基于此，本书提出以下假设：

· 假设 14：期望的确认与用户对移动银行的满意度呈正相关。

当用户通过下载应用程序完成对移动银行的注册时，假设用户会继续使用它，主要是由于该用户在应用程序中发现了价值，其中可能包括体验价值、满意度和感知的实用性（Tang and Chiang，2010）。如果用户发现应用程序无法满足他或她的最初期望并为其提供了更少的价值，则用户将没有继续使用它的意图。相反，当用户确认应用程序的价值并对使用体验感到满意时，该用户很可能尝试与该应用程序相关的新功能。由此，本书提出以下假设：

· 假设 15：期望的确认对持续性意图有积极影响。

· 假设 16：期望的确认对行为意图有积极影响。

根据 ECM 模型，满意度是决定持续性意图的主要因素（Bhattacherjee，2001b）。用户对信息系统（IS）整体的满意度表明对其情感反应（Lam et al.，2004）。对信息系统（IS）连续性的研究已证实，用户满意度是用户使用 IS 连续性意图的主要决定因素（Thong，Hong and Tam，2006；Kim and Han，2009；Kim，2010）。可以相信，用户满意度会积极影响持续性意图，这对于移动银行也同样适用。因此，本书提出以下假设：

· 假设17：满意度对使用移动银行应用程序的持续性意图有积极影响。

四、持续性意图和行为意图

在本书中，持续性意图是用户继续使用已经使用过的功能的意图，而行为意图是用户尝试之前从未使用过的新功能的意图。现有文献很少将这两个因素组合进一个模型。但是，持续使用移动银行服务的用户也可能会在此过程中尝试新功能。相反，不打算继续使用该技术的用户将不太可能打算尝试新功能。从这个角度出发，本书提出以下假设：

· 假设18：持续性意图对行为意图有积极影响。

第二节　研究模型的构建

本书整合了UTAUT、TTF和ECM模型的因素，以探讨哪些因素影响了用户使用移动银行的持续性意图和使用新的移动银行功能的行为性意图。为了创造性地为相关研究领域做出贡献，本书试图在模型中同时考虑行为和技术两个决定因素，以便尽可能多地研究用户持续性意图的决定因素。本书提出的模型在这两个方面与该领域先前的研究应用的模型并不相同。

一方面，之前的研究有使用集成模型来实现其与移动银行相关的研究目标的尝试。例如，一些研究人员尝试将UTAUT与TTF集成（Oliveira et al.，2014；Zhou et al.，2010），研究移动银行的最初采用。他们的研究目的与本书应用UTAUT和TTF模型的目的是不同的。不同于针对移动银行最初采用的研究，本书选择UTAUT和TTF模型来研究移动银行采用后的情况。另一方面，在研究移动银行采用后的情况方面，以前的研究人员采用了多种模型。比如，Baptista和Oliveria（2015）提出了一个基于UTAUT的模型。然后，Yuan等（2016）集成了TAM、TTF和ECM模型以研究用户使用移动银行的持续性意图。然而，移动银行的持续性意图并不是本书唯一的研究对象。本书的主要目标是调查用户使用移动银行的持续性意图和尝试新的移动银行功能的行为意图。不同的研究目的使本书最终基于UTAUT、TTF和ECM模型中的关键因素构建了新的集成模型。

本书选择UTAUT、TTF和ECM模型的原因有很多。首先，根据前一章对信息系统（IS）研究中使用的主流理论和模型的文献综述可知，ECM是一种可以解释IS持续性采用行为的模型，着重于IS的连续使用，可以解释最初采用理论无法解释的用户行为。先前的研究已经证实，ECM 是解释用户使用 IS 持续性意图的可靠模型。在 ECM 中，用户对 IS 实际性能的采用后期望是建立在对 IS 有用性的认识之上的。但是，用户的认知期望不仅受到性能方面的用户看法的影响（Venkatesh et al.，2011）。除了感知有用性之外，还有其他因素影响用户的行为（Venkatesh，1999）。其次，UTAUT 提出了感知有用性以外的其他因素，这些因素是可以增强 ECM 检测效果的关键因素。UTAUT 包含影响用户接受度和使用行为的四个核心因素，即性能预期、努力预期、社会影响力和便利条件。性能预期类似于感知到的有用性，指的是用户对性能方面的看法。UTAUT 的其他三个因素分别抓住了用户对系统使用的其他重要方面的期望，即成本、人际关系和使用环境（Venkatesh et al.，2011）。此外，UTAUT 模型是八个技术使用理论/模型的综合，并且与其他理论/模型相比具有更大的解释力。但是，ECM 和 UTAUT 仅从用户对技术的看法角度解释了持续性意图。用户使用技术的持续性意图不仅取决于他们对技术的看法和态度，还取决于任务技术匹配。TTF 认为，用户只有在信息技术适合手头的任务并提高用户性能的情况下才会采用该信息技术（Goodhue and Thompson，1995）。许多学者在与移动银行服务用户使用意图有关的研究领域中应用了 UTAUT、TTF 和 ECM 模型，通过假设检验得到了令人满意的结果。例如，TTF 与 UTAUT 集成研究移动银行在中国的采用情况（Zhou，Lu and Wang，2010）；TAM 和 TTF 的关键因素集成到 ECM 模型中研究中国移动银行用户使用的持续性意图（Yuan et al.，2016）。因此，相信将 UTAUT、TTF 和 ECM 模型的关键因素集成在一起的模型在研究影响和移动银行相关的用户意图的因素时会很有效。

本书中省略了 UTAUT 模型中的四个调节变量，即性别、年龄、经验和使用自愿性。以前的一些研究者也忽略了这些调节变量。例如，Zhou 等（2010）在研究移动银行业务的用户采用情况时，并未将这四个调节变量纳入 UTAUT 模型。Oliveira 等（2014）质疑性别和年龄两个因子在行为意图采用方面对性能预期、努力预期、社会影响力和便利条件影响的调节作用，从而在研究中也省略了这两个调节变量。本书不包括性别和年龄这两个调节变量。同时，任何用户都没有有关新功能的先前经验，所以研究中包括经验调节变量是没有意义的。此外，用户使用移动银行的服务是没有强制性的，这完全取决于用户选择是否继续该服务或者尝试新的功能。因此，本书未考虑使用的自愿性。基于上述原因，本书省略了 UTAUT 模型中的四个调节变量。

本书的集成模型如图 3-1 所示。

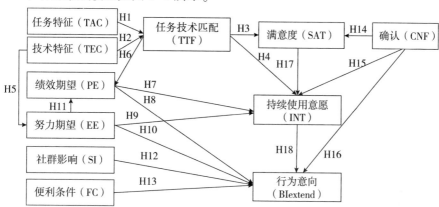

图 3-1 本书构建的研究模型

图 3-1 显示了研究模型中包含来自 TTF 的三个因素：任务特征（TAC）、技术特征（TEC）和任务技术匹配度（TTF）。本书赞同任务特征和技术特征对任务技术匹配度的影响，这是由 Goodhue 和 Thompson 研究使用的任务技术匹配度模型指定的关系。图 3-1 中的假设 1 和假设 2 描述了原始 TTF 模型中的关系；假设 3 到假设 6 解决了与 TTF 相关的已经被先前的研究所证实的扩展关系（Zhou，Lu and Wang，2010；Lin，2012；Yuan et al.，2016）。

研究模型中包含来自 UTAUT 的多个结构，分别是性能预期（PE）、努力预期（EE）、社会影响（SI）、便利条件（FC）和行为意图（BIextend）。图 3-1 中的假设 8、假设 10 和假设 12 说明了 Venkatesh 等（2003）提出的原始 UTAUT 模型中的关系。此外，假设 7、假设 9、假设 11 和假设 13 扩展了 UTAUT 的关系（Hew et al.，2015；Zhou，Lu and Wang，2010；Afshan and Sharif，2016）。

确认（CNF）、满意度（SAT）和持续性意图（INT）这些因素来自 Bhattacherjee（2001b）提出的 ECM 模型。图 3-1 中的假设 14 和假设 17 展示了原始 ECM 模型中的关系，假设 15、假设 16 和假设 18 扩展了 ECM 的关系。换句话说，这三个假设是本书中最新提出的。这些假设的论点已在前文讨论过。值得注意的是，本书没有原始 ECM 模型中与感知有用性相关的关系。由于此研究模型不包含感知有用性，因此原始 ECM 模型中与感知有用性相关的关系也不包含在此模型中。UTAUT 模型中的性能预期包含了感知有用性。与 Zhou，Lu 和 Wang（2010）、Oliveira 等（2014）以及 Afshan 和 Sharif（2016）的移动银行研究相一致，本书选择性能预期和 UTAUT 模型中与性能预期相关的关系来建立研究模型并发展研究假设。因此，涉及来自 ECM 的感知有用性的关系不包含在本书中。

第三节　研究假设

根据本章第一节中的文献讨论以及第二节中对提出新的 UTAUT、TTF 和 ECM 集成模型的原因的解释，本节介绍了构成研究模型基础的 18 个假设。所有假设均已使用从 533 位之前曾使用过移动银行的中国移动银行用户那里收集的经验数据进行了检验，结果将在第五章中详细介绍。18 个假设的具体表述如下：

假设 1：任务特征对任务技术匹配度有积极影响。

假设 2：移动银行的技术特征对任务技术匹配度有积极影响。

假设 3：任务技术匹配度对移动银行用户满意度有积极影响。

假设 4：任务技术匹配度对移动银行用户的持续性意图有积极影响。

假设 5：技术特征对努力预期有积极影响。

假设 6：任务技术匹配度对性能预期有积极影响。

假设 7：性能预期对使用移动银行应用程序的持续性意图有积极影响。

假设 8：性能预期对使用新的移动银行功能的行为意图有积极影响。

假设 9：努力预期对使用移动银行应用程序的持续性意图有积极影响。

假设 10：期望工作量对使用移动银行新功能的行为意图有积极影响。

假设 11：努力预期对性能预期有积极影响。

假设 12：社会影响力对使用新的移动银行功能的行为意图具有积极影响。

假设 13：便利条件对使用新的移动银行功能的行为意图具有积极影响。

假设 14：期望的确认与用户对移动银行的满意度呈正相关。

假设 15：期望的确认对持续性意图有积极影响。

假设 16：期望的确认对行为意图有积极影响。

假设 17：满意度对使用移动银行应用程序的持续性意图有积极影响。

假设 18：持续性意图对行为意图有积极影响。

第四节　本章小结

本章提出的模型基于对信息系统（IS）研究中广泛使用的现有模型的分

析和比较。行为和技术的决定因素都被考虑在内，以便对持续性意图的决定因素进行全面的了解。三个模型（UTAUT、TTF 和 ECM）的关键因素被集成在一起，构成了本章所提出的模型。

本章提出的模型在两个方面与先前该领域研究应用的模型不同。第一，对移动银行业务采用的关注点。事实上，一些研究尝试了对集成模型的使用，将 UTAUT 与 TTF 集成在一起（Oliveira et al., 2014；Zhou, Lu and Wang, 2010）。这些研究针对的是首次采用移动银行的情况，而本书的重点是采用移动银行后的情况，也就是用户采用后的持续性意图。第二，关注持续性意图和行为性意图及其相互作用。实际上，已经有一系列模型被集成在一起来研究移动银行采用后的情况。例如，Yuan 等（2016）集成 TAM、TTF 和 ECM 来研究移动银行的持续性意图。但是这些研究仅关注了用户使用移动银行的持续性意图，而本书还包含了用户的行为意图以及持续性意图和行为意图之间的联系。不同的研究目的导致本书选择基于 UTAUT、TTF 和 ECM 构建新的集成模型。

总而言之，本章总共制定了 18 个假设，这 18 个假设将使用在中国收集的经验数据进行检验。也就是说，使用问卷调查的方式在中国收集数据，并对数据进行测试和分析，依据最终的结果对假设的正误进行判断。具体的数据分析和测试将在第五章中介绍。

第四章 研究方法

第一节 引言

本章中将仔细解释本书采用的方法论和具体方法，以证明采样、数据收集程序和数据分析方法等的合理性。作为研究知识的一个过程，方法论指明了研究者将怎样决定寻找、收集和分析数据以及如何展示结果。第二节阐述了研究哲学，解释了本书研究的本体论和认识论。具体来说，本节阐明了选择客观主义作为本体论立场和实证主义认识论立场的原因。第三节解释和阐明了演绎法、归纳法和外展法，并指出本书选择了演绎法作为合理的研究方法。第四节对社会科学研究的定量和定性方面进行了说明，并为当前的研究选择了定量方法。第五节对本书研究的研究设计进行了说明，包括探索、测试和评估三个主要阶段。第六节详细讨论了总体、样本、样本单位和样本大小的选择。第七节重点介绍了问卷内容的设计和工具开发。第八节解释了研究中使用的量表。第九节详细说明了数据收集的过程，并说明使用在线问卷调查进行数据收集的合理性。第十节解释了使用 PLS-SEM 进行数据分析的原因。第十一节介绍了本书研究采用的伦理考虑因素。最后，第十二节对整个章节的结论进行介绍。

第二节 研究哲学

根据 Saunders, Lewis 和 Thornhill（2015）的定义，研究哲学指的是"关于知识发展以及与研究有关的知识的性质的信念和假设系统"。研究哲学通常包括许多重要的假设，研究人员可以通过研究哲学或这些假设来表达他们看待世界的方式。几乎研究项目的所有方面都是通过这些假设形成的。与此想法类似，Bajpai（2011）认为研究哲学是关于某现象的特定数据是如何收集、分析和解释的一个信念。但是这不仅与来源有关，还与这些原始数据的性质及其进一步发展有关。

Guba 和 Lincoln（1994）将研究哲学分为本体论、认识论和方法论三个主要方面。正如 Patton（2002）所讨论的，"研究哲学涉及研究知识本身的性质、知识是如何形成的以及知识是如何通过语言传播的"。"检验知识的本质"等于进一步探索知识的精髓。换句话说，研究哲学试图回答"什么是知识或知识观?"（本体论）的问题；"它是如何形成的"是指知识的形成方式。它也可以理解为在一门学科（认识论）里所得到的知识；"通过语言传播"是指知识如何通过语言表达（方法论）。换句话说，它是指发现和创造知识的方法（Creswell, 1994；Creswell et al., 2003）。

一、本体论

在对研究哲学有更好的理解之后，我们也有必要进一步了解本体论、认识论和方法论。本体论被定义为关于"存在"的研究，是探究世界的本原或基质的哲学理论，是研究哲学的重要分支之一（Holden and Lynch, 2004）。"本体论"一词是由 17 世纪的德国经院学者 P. 戈科列尼乌斯首先使用的。从广义上说，它指一切实在的最终本性，这种本性需要通过认识论而得到认识，因而研究一切实在最终本性为本体论，研究如何认识则为认识论，这是以本体论与认识论相对称。从狭义上说，则在广义的本体论中又有宇宙的起源与结构的研究和宇宙本性的研究之分，前者为宇宙论，后者为本体论，这是以本体论与宇宙论相对称。本体论也被定义为对社会实体的本质和社会现实结构的关注的研究（Crotty, 1998）。因此，本体论的主要关注点是研究真理的本质（Guba, 1990；Saunders, Lewis and Thornhill, 2015）。所有研究都从本体论开始，然后是认识论和方法论方面，这构成了研究人员在研究中寻找新知识的基础（Grix, 2002）。

作为一门争论"存在"是主观还是客观的科学，本体论包括两个主要的对立分支，即主观主义和客观主义（Saunders, Lewis and Thornhill, 2015）。主观主义是哲学的一个理论。主观主义的观点是：观察主体的感觉、观念、经验以及意志是世界一切事物的基础和根源，而观察主体之外的一切事物是这些主观意志派生的，是主观精神的外在显现。英国学者贝克莱的观点"存在即被感知"以及中国南宋哲学家陆九渊的观点"吾心即是宇宙"就是典型的主观主义观点。主观主义认为"社会现实是由社会行为者（人）的感知和后续行为构成的"（Saunders, Lewis and Thornhill, 2015）。而客观主义认为：现实存在是独立于人的精神之外的，独立于观察者的感觉、观念、经验以及意志的。Saunders，Lewis 和 Thornhill（2015）认为"社会现实是独立于关注其存在的社会行为者的，并且在关注其存在的社会行为者之外的"。根据 Jonassen（1991），客观主义与主观主义有着不同的哲学假设，因为把对知识的疑问识别为研究者对个体知识表征的积极解读与建构。Jonassen（1991）根据客观主义的观点认为存在的本质是客观的，研究者们像面镜子一样对这些存在进行反思和分析。

本书中的本体论立场是客观主义，这意味着本书同意社会现实是独立于人们思想之外的。本书选择客观本体论立场的原因主要有两个：首先，该立场使笔者能够以独立于社会行为者意志的方式去研究社会现象并解释现象背后的含义。在本书研究中，移动银行服务被视为一种社会现实，而服务提供商、银行和用户都是社会活动参与者。移动银行服务在更改或替换了所有参与者的情况下仍保持不变（真实）。换句话说，任何一个社会行为者都不能自由地更改、修改或删除移动银行服务。现在，它以移动银行应用程序的形式存在于社会现实结构中。为了研究这个客观的社会实体，本书需要一个客观的立场来了解一个确定的现实世界。因此，第一个原因就是需要一个可以以明确方式来理解的世界，这样像移动银行这类的社会实体就可以不被任何社会参与者的意志来衡量。其次，这一立场对以下的选择包括实证主义的认识论、研究策略以及数据收集、筛选和分析方法都具有重要影响。站在客观主义者的立场通常需要定量数据收集来为现象的解释提供证据，因此它通常在信息系统（IS）研究的现有文献中使用，并通过定量研究方法（尤其是问卷调查）实现（Orlikowski and Baroudi，1991）。因此，本书也选择客观主义作为本体论立场。

二、认识论

认识论（Epistemology）是指个人的知识观，即个人对知识和知识获取的信念，主要包括对知识结构和知识本质的信念，以及这些信念在个人知识建设和知识获取过程的调节作用和影响作用，长久以来其一直是哲学研究的核心问题。在心理学领域中对认识论进行的研究相对较短，其最早可以追溯到皮亚杰（王婷婷和吴庆麟，2008）。认识论的一个定义是"它是哲学的一个分支，它涉及关于知识的假设、什么是可接受的、有效和合法的知识以及我们如何与他人交流知识"（Saunders，Lewis and Thornhill，2015）。在另一种定义中，认识论是哲学最重要的分支之一，它通过与研究方法、假设或者其他方法的验证来询问社会现实的知识（Grix，2002）。

此外，Orlikowski 和 Baroudi（1991）以及 Irani 等（1999）进一步将认识论分为三种方法，包括实证主义、解释主义和批判主义。在信息系统（IS）的研究领域中，主要采用实证主义方法，该方法与定性和定量研究方法都相互关联（Galliers and Land，1987；Walsham，1995；Straub，Boudreau and Gefen，2004）。实证主义（Positivism）又被称为实证论，是西方哲学派别之一，它强调感官体验并拒绝形而上学的推理空谈。实证主义来源于经验主义哲学。实证主义认为主体和客体是两个完全不同的实体，世界中的事物是先于研究主体的存在而存在的，并且独立于主体的主观意识而存在，不受主体的主观意识影响。认为整个客观世界中所存在的规律是不受主观意识影响的。世界所有事物的关系、科学理论的本质以及知识都是不以人的意志为转移的客观存在。研究者的任务是去揭示真实和真理。实证主义的代表人物是法国的孔德。

实证主义的基本特征主要有以下三个：第一，实证主义从现象论的角度出发，认为现象就是现实，现象是确定的、精确的、有用的，并且是有机的和相对的，对应于现象的这些属性，"实证"一词具有相同的含义。实证主义认为所有的知识都是对这些现象的描述。实证主义者将现象视为所有知识的根源，并要求科学知识具有"实证性"。第二，实证主义将哲学的任务归于现象的研究，以现象学的观点为出发点，拒绝通过理性来把握感性材料，并认为科学定律可以通过现象归纳而获得。强调了科学理论中经验实证性的重要性。第三，实证主义把处理哲学与科学之间的关系作为其理论的中心问题，并试图将哲学融入科学中。实证主义具有一定的科学至上性和科学万能倾向性。实证主义强调，只有具有现实根据的知识和理论才是科学的知识和理论，这是人类认识发展的最高形式；对人类心理和行为以及社会辩论的研究取决于实证主义的科学方法；科学以及科学方法将哲学转变为实证。

实证主义被定义为"自然科学家的哲学立场，需要与可观察的社会现实一起作用以产生类似法律的概括。重点是使用高度结构化的方法来促进其具备可复制性"（Saunders，Lewis and Thornhill，2015）。对于实证主义者而言，人们普遍认为世界是真实的，实体是客观的，这使研究人员能够选择适当的方法来接近现实（Avison and Pries-Heje，2005）。在实证主义的指导下，研究人员对某种理论进行测试就可以获得或增加他们对现象的理解。Orlikowski 和 Baroudi（1991）认为，如果研究是由正式命题构成的，变量是使用可量化的度量设计的，假设是检验过的，推论是用代表特定或预定义总体的样本进行开发的。那么可将信息系统研究领域中的研究定义为实证主义者的研究。

解释主义的哲学基础源于唯心主义。它认为人类对世界的体验不是对外部物质世界的被动感知和接受，而是对外部物质世界的主动理解和解释。解释主义经常被用于社会科学，也就是涉及人类的学科。解释主义被定义为一种研究，它主张形成世界知识的社会语境，只有意识、意义和文献等社会结构才能产生知识（Myers，2008）。换句话说，解释主义者认为"人类与物理现象不同，因为人类创造了意义"（Saunders，Lewis and Thornhill，2015），因此，不能用研究物理现象时所使用的方法来研究世界和人类。解释主义的认识论认为，实证主义较为古板，不能准确理解人类在交流和互动过程中的细小和丰富的变化。对复杂世界的认识应该是通过研究生活在这个世界上的人们的经验和观点来实现的。研究者个人的生活经历、世界观以及价值观的不同，都会对其研究的结果产生较大的影响。研究人员应该深入现实生活，以科学的手段和语言来理解、解释和重构这些概念和意义。解释主义者认为，研究的主体和客体不是互相孤立的，两者互为主客体，一直是"你中有我，我中有你"的关系。研究者作为主体对客体进行研究，其本质上就是主体在与客体互动的过程中实现对客体的重新解析与构建。在采用解释性认识论的研究中，人们通过赋予它的普遍共有的含义来探索和理解一种现象。在信息系统的研究领域中，解释主义旨在帮助理解这一领域中的现象，这受社会环境的影响，并且它也影响着这种理解的形成过程（Walsham，1995）。

批判主义来源于黑格尔的辩证哲学、弗洛伊德的潜意识理论以及马克思的批判哲学理论。批判主义被定义为"一种哲学立场，即我们所经历的是现实世界中事物的某些表现形式，而不是现实事物"（Saunders，Lewis and Thornhill，2015）。采用这种认识论的研究人员认为，社会现实是人类历史生产和繁衍的结果（Avison and Pries-Heje，2005），认为主体和客体不是完全对立的关系。人们可以有意识地采取行动，在社会和经济上影响周围的环境。但是批判主义研究者指出，人们改变环境的能力受到社会、政治和文化等因素的制约。因此，批判性研究的首要目标是探讨人在某一情境中的制约因素（Myers and Avison，2002）。

三种主要的认识论各有优势和劣势，需要根据研究的实际情况选取合适的方法。本书研究选择了一个实证主义的认识论立场，这与客观本体论立场是一致的。实证主义使研究人员能够利用一套工具或结构展开对可衡量的社会现象的研究，并用类似于物理或科学研究中使用的方法得出可概括的发现（Saunders，Lewis and Thornhill，2015）。在本书研究中，预期结果是对从移动银行用户那里得到的可信赖和可衡量结果进行分析并得出可概括的发现，这样便可了解影响中国移动银行使用的因素。

为了促进中国移动银行的发展并丰富现有的关于移动银行使用的文献，本书研究有必要采取实证主义立场。因为这种认识论立场认为在任何研究背景下都只有一个客观现实，这排除了研究人员个人因素（如信念或观点）对研究的影响（Hudson and Ozanne，1988）。在移动银行的这一研究背景下，应该以可靠和客观的数据来理解关于移动银行某些用户为何拒绝继续使用该服务的一个客观现实，而不是以研究人员的个人观点来理解。本书研究只有在具有普遍性、客观性和可信赖的发现的前提下，才能对现有研究领域以及社会行为者，特别是银行和服务提供者来说是有价值的。本书研究在实证主义的指导下可以以理性、逻辑和情感中立的方式展开，而不受研究人员的影响。因此，本书研究选择了实证主义者的认识论立场。

第三节　研究方法

演绎法、归纳法和外展法是理论发展的三种主要途径（Saunders，Lewis and Thornhill，2015）。演绎法被定义为"为了达到特定的情况而提出的一个总的想法，是用某种理论提出一个假设"（Hussain and Khuddro，2016）。演绎法实质上是由一般到特殊的推理方法，这与"归纳法"是相反的。其推论的前提与结论之间的关系是必然的，演绎方法是一种确实性推理。运用演绎法研究问题，首先，要正确掌握作为指导思想的普遍原理和原则；其次，要充分了解需要研究问题的主题、实际情况和特殊性；最后，我们可以得出一般原则适用于特殊事例的结论。如图4-1所示，按照"自上而下"的顺序，推论从一个理论的创立开始，从与该理论相关的假设的提出到变量之间关系的提出。从理论推论得出的假设需要加以检验以确认或否定该理论（Gummesson，2000）。演绎法主要用于实证主义范式（Crowther and Lancaster，2008）。

演绎推理的形式主要包括三段论推理、选言推理和关系推理。三段论推理使用两个含有共同项目的性质判断句作为前提，推导得出一个新的性质判断的演绎推理过程。三段论演绎推理一般包含三个部分，即大前提——已知的常用原理，小前提——研究中的特定情况，结论——根据前提推论，对特殊情况做出判断。如：劳动人民都是应该被尊重的，清洁工属于劳动人民，所以清洁工是应该被尊重的。在例子中，结论"清洁工是应该被尊重的"包含的主语项是"清洁工"，叫作小项；结论中的谓语项"被尊重"被称为大

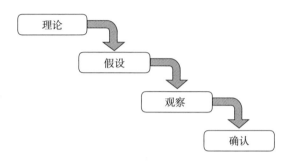

图 4-1 演绎法

资料来源：改编自 Trochim and Donnelly（2001）。

项；例子中的两个前提"劳动人民都是应该被尊重的"和"清洁工属于劳动人民"的共有项"劳动人民"被称为中项。例子中含有大项的是大前提，含有小项的是小前提。三段论推理就是根据两个前提中揭示的中项与大项和小项的关系，以中项为中介，推论得出小项和大项之间的关系。

选言推理形式使用选言判断为推理前提，主要包括相容选言推理形式和非相容选言推理形式。相容选言推理即大前提为一个相容的选言判断，小前提用来否定相容判断的一部分，而结论是肯定未被小前提否定的部分。如：某患者出现呼吸困难，可能是心脏功能的问题，也可能是肺部功能的问题；因为患者的心脏功能是没有问题的，所以患者的肺部功能有问题。非相容选言推理即大前提为不相容的选言判断，若小前提肯定判断的一部分，则结论是否定剩余的部分，若小前提否定判断的一部分，则结论是肯定剩余的部分。如下面两个句子：①某个人，要么是中国人，要么是日本人，要么是韩国人。这个人被证实是中国人，所以这个人不是日本人也不是韩国人。②某个三角形，要么是直角三角形，要么是钝角三角形，要么是锐角三角形。这个三角形不是直角三角形和钝角三角形，所以它是个锐角三角形。

关系推理形式的前提中至少有一个关系命题的推理。下面简单介绍几种常见的关系推理：①对称关系推理，如张三的身高等于李四的身高，所以李四的身高等于张三的身高；②反对称关系推理，如张三比李四高，所以李四比张三矮；③传递性关系推理，如张三比李四高，李四比王五高，所以张三比王五高。

归纳法是指"通过观察经验数据发展理论的方法"（Saunders, Lewis and Thornhill, 2015）。如图 4-2 所示，按照"自下而上"的顺序，这种方法从观察特定的事件或过程、分析数据和概括的发现开始，以推断假设并设计理论（Gummesson，2000）。苑成存（1996）认为归纳法是以特殊实例为出发点，总结和推导得到一个一般性的结论，和演绎法相反，这是从个别到一般的一种推理，是从对单个事物的某种程度的观点到广泛的观点，从特定的事例到一般原理的一种解释方法。自然界和社会中的一般存在于个体和特殊中，并通过个体表现出来。一般都存在于特定的对象和现象中。因此，只有了解个别，才能了解一般。归纳法常与解释哲学相联系（Saunders，Lewis and Thornhill，2015）。

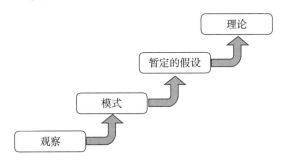

图 4-2 归纳法

资料来源：改编自 Trochim and Donnelly（2001）。

　　归纳法主要分为材料收集、材料整理和归纳三个具体步骤。首先，归纳推理的前提是对个体对象的了解，为了获得对个体对象的了解，就需要对经验材料进行收集，收集材料的方法主要分为观察和实验两种。所谓观察需要从客观的视角对客观事物进行如实描述。实验就是按照一个科学理论使用特定的科学仪器使观察对象在研究中按照研究设计的方向变化，同时，通过观察和思考这种变化以达到正确认识观察对象的目的。

　　其次，上一步通过观察和实验得到的数据需要进行整理和加工，以形成最终的科学的结论，对材料进行整理和加工的方法有以下几种：①比较和归类，所谓比较就是在差异较大的对象中寻找相同之处，或者在较为相似的对象中寻找不同之处。所谓归类就是根据对象的不同特点，把所有对象分为几类，使材料整理更有条理，更系统化。②分析和综合，分析就是把对象分为几个相对简单的部分进行研究，综合就是把几个简单的要素组合起来进行研究。换而言之，就是先把事物分解成几个部分进行研究，研究完之后再把这几个部分组合起来进行研究。③抽象与概括，抽象就是在研究过程中，从对象中抽出能代表本质的因素，排除次要因素，从而认识对象的方法。概括就是把从对象中获得的认识和规律推广到其他事物的过程。

一般来说，根据假设前提所观察的对象的不同范围，归纳推理被分为完全归纳推理和不完全归纳推理两部分。完全归纳推理研究某种事物的所有对象，而不完全归纳推理仅研究某种事物的某些对象。此外，根据前提是否揭示对象和其属性之间的因果关系，可以把不完全归纳推理分成简单枚举归纳推理和科学归纳推理两类。归纳推理的前提是归纳推理结论的必要条件，但不是充分条件，所以说如果归纳推理的前提是真的，那么结论未必是真实的。

外展法通过主题识别、事件探索和模式解释产生了一个新的理论或修正的理论。然后通过数据收集和分析来检验理论（见图4-3）（Saunders，Lewis and Thornhill，2015）。就像演绎法和归纳法的组合一样，仅对观测中不完整的数据集进行处理，并根据可用数据提供最佳信息。它类似于演绎法和归纳法，因为使用它的目的是发展理论和逻辑推论。与演绎法中的发现始终是正确的不同，外展法的发现只是基于不完整的观测的最佳预测，这可能是正确的，也可能是错误的。它采用务实的观点，使研究人员能够对经验事件做出最佳预测，这超出了任何现有理论的范围（Saunders，Lewis and Thornhill，2015）。

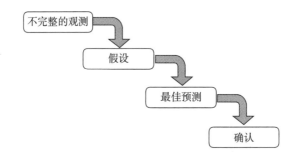

图4-3　外展法

资料来源：改编自 Trochim and Donnelly（2001）。

总体来说，三种方法各有其优势。演绎法使研究者能够专注于假设和理论的确认。归纳法使研究人员能够分析观察的结果并提出一个可推广的理论。外展法使研究人员能够创造性地通过基于不完全数据的预测以及对这些预测的确认来解释现有理论无法解释的事件（Saunders，Lewis and Thornhill，2015）。

考虑到本书研究采用实证主义范式，那么演绎法及其自上而下的性质被认为是最适合当前研究的方法论。通过假设和测试发现理论并确认理论的有效性的演绎过程已经被许多先前的研究者所采用，他们对移动银行的用户行为进行了深入的研究（如 Glavee-Geo，Shaikh and Karjaluoto，2017；Mehrad and Mohammadi，2017；Sampaio，Ladeira and Santini，2017）。更具体地说，在信息系统采用和信息系统持续性研究中，已有大量成熟的理论和模型，如技术接受和使用的统一理论模型（UTAUT）和期望确认模型（ECM），这些理论和模型可以为当前研究者研究其感兴趣的领域（即移动银行的用户持续性意图和行为意图）提供理论支持。然后，通过发展几个假设来应用和具体化该理论，这些假设将对当前研究收集的经验数据进行检验。这样，在实证主义范式下演绎法的优势将促进整个研究的发展。

第四节 研究方法：定量或定性

选择适当的研究方法之后，本节对将要使用的研究方法进行讨论。在学术研究中，有两种主要的方法选择，即定性研究和定量研究（Denzin and Lincoln，1994）。定性研究方法是指根据社会现象或事物的属性，以及运动中的矛盾变化从事物的内在规律研究事物的方法或角度。在定性研究中，应根据一定的理论和经验直接掌握事物特征的主要方面，暂时忽略数量上同质性的差异。定性研究指的是一种能够洞察问题的方法，是一种能够深入理解现象背后的根本原因和动机的知识（Ragin，1987）。定性研究方法的目的是定性地了解潜在的原因和动机，以获得对事物或现象的初步理解。定性研究方法具有探索、诊断和预测等特征。它不追求准确的结论，而只是了解问题、发现情况并获得感知知识。定性研究的优点主要是：定性方法可以深入了解人们的意图；可以随着项目的发展更改研究重点；耗时短，成本低；更适合进行探索性研究。定性研究的缺点主要是：无法推测整体的情况，很难在宏观上下结论；研究者自身的能力和经验对实验结果有较大影响；提供的信息为软性信息，不是硬性信息。

定性研究的特点主要有以下几个：第一，该方法主张整个研究的过程应该在自然情境之中，而不应该在人为控制的环境。第二，定性研究对研究人员与研究对象之间的关系比较关注。该方法认为研究人员与研究对象之间的关系是一种"主体间性"的关系，研究过程中二者互动、共同理解，研究人员对研究问题的理解存在于与研究对象的相互作用中。第三，该方法主张从当事人的角度去解释其行为的意义和其对事物的观点，并且以此为基础构建理论。第四，主张使用访谈、观察以及实物收集等多元的方法，从而得到对研究问题的全面深入理解。第五，方法更加注重用文字语言对现象进行深刻描述，而几乎不使用较为复杂的统计方法（如路径分析、回归分析等）来获得发现。第六，定性研究是一个不断发展的过程。在此过程中，数据收集的方向、研究抽样、数据分析的重点以及结论构建的方式都将不断变化。

定性研究的具体方法有很多，其中最常用的是以下三种：第一，观察法，观察法是按照特定观察目的，利用相应手段对研究对象的各种资料进行系统性收集。按照观察者是否深入调查对象可以将观察法分为参与式观察法与非参与式观察法；按照过程控制的程度，观察法可以分为结构式观察和非结构式观察；根据观察者与被观察者是否接触，观察法可以分为直接观察和非直接观察。第二，访谈法，指的是为了特定调查目标，研究人员与被调查人员进行封闭式或者开放式的交谈，以获得被调查者对于某特定事物的认知、态度和观点。常用的访谈形式包括非正式会话式访问、标准化开放式访问以及引导式访问。根据观察者与被观察者是否接触，访谈法可以分为直接访问和间接访问；根据被观察者的人数，访谈法可以分为个别访问和集体访问；根据访谈过程中是否存在访问指引，访谈法可以分为结构式访问和无结构式访问。第三，个案研究，该方法是对某个研究对象的某种特定行为或者问题进行的深入探索研究。该方法的一般步骤是研究对象的确定——获得许可——取得对象信任——进行资料收集——对资料进行整理分析——得到研究结果。

与定性研究对应，定量研究通常是对特定研究对象的总体进行数量上的统计以得出结果，定量研究方法可以帮助研究者得到关键指标的指标估计值（岳昌君，2016）。定量研究主要是对经验数据进行量化，这对于从特定样本到某一类别的所有对象得出普遍的结论是特别有价值的（Payne and Williams，2011）。定量研究指的是确定事物某一方面的数量的一种科学研究。该方法用数量来表达问题或者描述现象，然后对其进行分析、测试和解释，从而获得意义的过程和方法。定量研究就是基于数字符号去测量。在定量研究中，通过观察研究对象的特征来比较测量对象的特征值，或者获得某些因素之间的量的变化规律。因为该方法的目的是解答事物及其运动的数量的属性，所以被称为定量研究。定量研究与科学实验密切相关，可以说科学的定量研究伴随着实验方法。定量研究的优点主要是：定量研究的研究结论可以用来推测整体形势；利用统计分析可以找出主要影响因素；可以进行跟踪对比分析；定量研究的结果能作为决定的依据。定量研究的缺点主要是：成本高，耗费时间以及人力物力；可操控性不高；无法深挖本质原因；在操作过程中，内容不能更改。

在定量研究中，数据都是用数学形式来表达的。在对这些数字形式的数据进行处理和分析时，首先要做的就是确定这些数据是用哪种尺度来测量和加工的。目前在定量研究中常用的尺度主要有四种，分别是名义尺度、顺序尺度、间距尺度和比例尺度。名义尺度用于表示其是否属于同一个人或物。顺序尺度使用的数值表示的是研究对象的特定顺序。如在统计样本收入时，给高收入组、中高收入组、中等收入组、中低收入组和低收入组分别标值为"5、4、3、2、1"或"2.5、2、1.5、1、0.5"就是顺序尺度。这个值只表示样本的顺序，并不是样本的真实值。间距尺度的值不仅表示样本某个性质的具体的量，同时还表示了它们的间隔的大小，最常见的就是温度的测量。这种间距尺度的原点是可以根据研究需要自行设定的，但是这并不意味着原点处某种性质的量是"无"。如0摄氏度表示的不是没有温度，而是指代了一个温度的量。前面提到的名义尺度和顺序尺度由于不代表某个量的具体值，所以是不能进行四则运算的。间距尺度是可以进行加减运算的，但是由于其原点设置的任意性，所以不能进行乘除计算。比如5℃和10℃之差，与15℃和20℃之差是相等的，但是不能说20℃是10℃温度的两倍。比例尺度代表了一个绝对的量，其原点值为"无"。常用的长度、物体质量等都是比例尺度的测量范畴。该尺度是可以进行加减乘除运算的尺度，比如10kg和5kg之差等于20kg和15kg之差，10kg是5kg的两倍。

定量研究的方法主要包括三种，分别是调查法、相关法和实验法。调查法是一种相对古老的定量研究方法，该方法是按照特定研究目的，利用相应技术手段对研究对象的各种资料进行系统性的全面收集。并对收集的资料进行综合和分析，最终得到某特定结论的一种定量研究方法。相关法指的是利用相关系数来探索变量之间关系的一种定量研究方法。该方法的主要研究目的在于对变量之间关系的程度和方向进行确定。变量关系的程度具体包括完全相关、高相关、中等相关、低相关或不相关；变量关系的方向包括正相关和负相关。实验法指的是在控制研究环境的情况下，操作一个及以上的变量，用以评估自变量与因变量间的因果关系的一种定量研究方法。实验法主要包括自然实验法和实验室实验法两种。

定性研究侧重于研究人员从其内部观点去理解其所观察到的世界。该方法强调在自然情况下的自然探索，并在自然情况下当场收集事件的信息。定性研究认为研究者本人才是最重要的研究工具。在自然情况下，他们与参与者交谈，与受测试者进行长期接触，观察他们的日常生活，自然而直接地接触受测试者的内心世界，从而在自然情况中获得受测试者的第一手研究数据。而在定量研究中，为了客观、公正地研究社会现象，研究人员必须与研究完全分开，以免产生偏见。实际上，在社会研究者对社会现象进行定量研究之前，他的研究问题、建立假设的理论基础以及对社会事实的提取和分析都隐含着他的价值取向。因此，不可能将研究人员与研究完全区分开来。研究人员无法将社会现象与自然界隔离开来，因为他们有意识或无意识地参与到了社会情境之中。

定性研究方法和定量研究方法有着非常本质的不同，总体而言，定性研究用语言文字去描述现象，而定量研究用数学语言去描述现象。定量研究的范式是属于实证主义以及后实证主义，而定性研究范式是属于建构主义/阐释主义。它们的不同主要体现在三个方面。第一是哲学体系不同。定量研究方法的研究对象是独立于研究者的客观存在；而定性研究方法的研究对象和研究者之间有着十分紧密的联系。研究者观察研究对象时是十分主观的，研究者自己也是整个研究过程的有机组成部分。定量研究人员认为，研究对象可以被分解为多个部分，并且可以通过观察这些部分来获得对整体的理解。定性研究人员认为研究对象作为一个整体是不可分割的，研究者是通过研究事物的整体来获得认知的。第二是对人的认识不同。这两种研究方法对于人的本身的认知是有区别的，定性研究者强调每个人的个性以及每个人的差别，每个人都是特殊的，不应该把人简简单单地分为几类；而定量研究者强调人们的共性，所有的人可以按着这些共性被分为几类。第三是研究目的不同。定量研究主要研究共性，其目的在于通过一些观察到的现象来解释世界上事物的普遍规律，并对生活中观察的事物做出带有普遍性的、规律性的解释；与之相反的是，定性研究试图对特定情况或事物做出特殊解释。换句话说，定量研究旨在扩大范围，而定性研究则试图探索深度。

两种方法虽然有着本质的不同，但是在实际应用中，两者还是紧密配合、相互联系、相互补充的。在定量分析之前，研究对象的性质必须用定性的方法来确定；在定性分析中，应使用定量研究的方法来确定量变到质变的临界点，并用定量分析来确定引起质变的原因。定性和定量虽然不同，但是两者还是有内在的联系，性质和数量是所有事物相互联系的两个方面（陈启达，1999），量变的积累会引起质变。从定性方法中得出的结论将被认为对以后的定量研究提出想法和假设特别有价值（Given，2008），这揭示了两种方法的联系。

两种研究方法都有其各自的优缺点。定性研究的优势是：增强理论的发展；促进对准备在研究中探索的问题和主题的深入见解和理解；采访的问题和研究人员在此过程中的指导作用不受限制；产生新发现后能够迅速修改研究方向或框架的能力；赋予参与者权力，并强调参与者观点的价值（Neuman，2013）。但是它也有很多缺点而受到批评：最主要的是由于研究人员不可避免地参与研究过程而导致偏见和主观干预的增加；测量过程中的模糊性；主观设计的"非科学"性质；样本数量非常有限，可能会损害调查结果的普遍性；耗时的数据（如采访内容）的解释和分析；概括仅限于相似的环境和条件（Neuman，2013）。定性研究由于相对缺乏统一的理论系统和可以量化的研究方法，该方法很长时间在各个研究领域备受冷落，随着社会科学家们对该方法的不断深入和充实，研究者们渐渐意识到定性研究方法的价值。由于定量方法也有其局限性，定性方法依然在很多领域里有很重要的应用价值（陈向明，1996）。张梦中和 MarcHozer（2001）认为定性研究并不是没有数据，定性研究也不乏评价标准。

当使用定量研究时，可以避免定性研究中研究人员的主观影响。可以用更少的时间来收集和分析数据。此外，定量研究可使研究人员更准确地测量变量（Neuman，2013）。由于它可以确保处理大量数据（通常使用计算机软件），因此在定量研究中支持更大的样本容量，从而为研究提供了可以扩展到更大人群的有价值的数据（Payne and Williams，2011）。但是，定量研究也有其自身的缺陷，如不能有效地解释无法衡量的社会现象，片面强调社会实体的客观性，对人类存在及其与社会实体的主观互动的考虑较少，无法包括影响社会现象的所有重要因素，以及对发现中呈现的社会现象无法完全理解。这些主要是由于各种因素的局限性造成的（Neuman，2013）。

由于以下三个原因，本书研究选择了定量研究方法。第一，就研究哲学而言，定量研究方法以实证主义为指导，实证主义认为世界是真实的，社会事实可以独立于个人的主观影响而进行衡量（Taylor and Bogdan，1984）。另外，解释主义构成了定性研究的基础，它强调对世界的社会建构本质的看法。解释主义者认为，个人的主观信念与世界的解释或建构有关（Taylor and Bogdan，1984）。此外，Creswell 等（2003）和 Bryman 等（2007）认为定量方法论是在客观本体论、实证主义认识论和演绎方法的指导下进行的。因此，选择定量方法与第二节和第三节中选择的研究理念和研究方法一致。

第二，就定量研究的目的和目标而言，本书研究主要采用变量的客观测度和定量分析来查询社会现象变化背后的原因（Avison and Pries-Heje，2005）。相反，定性研究更多地是从主观的角度来解释社会现象的变化，也就是社会行为者对该现象的参与 (Taylor and Bogdan, 1984)。本书研究选择了一个客观的本体，该本体基于文献综述确定了有关移动银行使用影响因素的假设，验证了这些假设并通过统计评估建立了影响因素之间的相互作用。在此基础上，建立了继续使用移动银行的适当模型。由于本书研究的目的是检验基于文献综述得到的假设并检查变量之间的关系，因此本书研究选择了定量方法。

第三，定量研究方法具有不可替代的优点，而定性方法无法满足这些优点。定量研究方法相对于定性方法最明显的优势在于，其通过研究过程得到更加准确的结果，而这些过程很少受到研究者主观的干预或影响 (Neuman, 2013)。此外，其通过度量和分析工具得到了可信的结果，这对于试图理解和改进研究主题的研究人员而言是重要的数值证据 (Payne and Williams, 2011)。本书研究旨在加深对影响我国移动银行用户持续性和行为意图的各个因素的认识。因此，这需要一种能够提供可信发现和更大样本容量的定量研究方法，以确保发现具有普遍性。因此，本书选择了一种定量研究方法。

第五节　研究设计

如图 4-4 所示，本书的研究设计在经过探索、测试和评估三个主要阶段后最终确定。在探索阶段，通过大量的文献调研，尤其是对现有的对影响移动银行用户行为意图和持续性意图的因素进行研究的文献进行梳理，了解了相关的研究理论和研究模型，为整个研究奠定了基础。在此基础上确定了如第二章所述的研究空白。因此，本书研究的目的是通过深入的研究填补这些空白。此外，在这一探索阶段，对信息系统（IS）研究中使用的理论和模型进行了仔细的回顾，如第三章所说，这些理论和模型是开发本书中应用的研究模型和假设的基础。

在测试阶段，重点讨论了如何用有效的方法对第一个探索阶段提出的研究假设进行测试。本章确定了假设检验的数据收集技术和主要工具，即客观主义本体论、实证主义认识论和定量方法论指导下的在线问卷调查。此外，还进行了一项试点研究（n=96），以测试之前所决定的措施是否合适（如第五章所示）。一项试点研究的目的是在将该研究应用到较大样本之前测试其信度和效度。此外，试点研究中所用的样本不应包含在正式的研究中。试点研究的结果验证了所选工具的信度和效度，同时对初始版本的调查问卷进行修订，这也有助于问卷调查最终版本的形成。

在评估阶段，要对研究假设和研究模型采用定量方法进行评价。数据是在先前试点研究的基础上，通过对测试项目进行修订而得到最终版本的调查问卷，并通过此问卷以在线的形式进行收集。主测试样本容量较大，其中有598名受访者具有中国移动银行的使用经验，并在这些问卷中筛选出了533份合格的问卷。接下来对所有假设进行了实证分析，并对研究模型进行了评估，如第五章所示。第六章讨论了数据分析的发现和结果。本书的研究设计如图4-4所示。

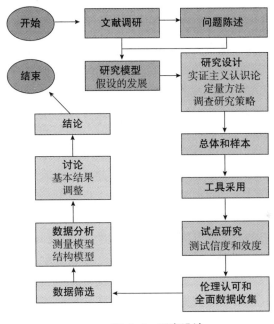

图4-4　研究设计

第六节　总体与样本

Sekaran 和 Bougie（2016）把"总体"定义为"研究者希望调查的整个人群、事件或感兴趣的事物"，并将"样本"定义为总体的选定子集。研究人员从整个总体中挑选一定数量的样本进行分析，得出的结论可应用于广大总体（Bryman et al.，2007）。在本书研究中，目标总体具体是中国的移动银行用户，包括现有用户和以前曾经使用过移动银行的用户，而样本范围则缩小到曾经使用过移动银行应用程序并且对调查问卷做出自愿回复的用户，也就是能参与问卷调查的中国移动银行用户。

社会科学研究中常用的抽样方法有两种：概率抽样和非概率抽样。概率抽样又被称为随机抽样，在抽样时总体中每一个抽样个体被抽入样本的概率是相同的。概率抽样具有完备的统计学理论基础，概率抽样数学理论主要来自概率理论，是一种科学而客观的抽样方法。Saunders，Lewis 和 Thornhill（2015）认为，概率抽样是指一种抽样技术的选择方式，在这种抽样技术中，从较大的总体中选择的每一种情况的概率都是已知的，并且永远不会为零。

总体来说，概率抽样调查主要分为单阶段抽样和多阶段抽样两大类。其中多阶段抽样是指当总体数量很大时，先将整体进行分区，然后再逐区抽取样本的过程。单阶段抽样是指在抽样过程中只需要一次抽样，主要包含以下四种抽样方式：第一，简单随机抽样，该方法是使用的最为广泛的一种概率抽样方法，其纯粹的概率抽样按照等概率的原则从总体中抽取一定数量的样本，每个样本被抽取的概率均等。该方法比较适合样本量不大的情况，当样本量较大时，由于样本分散和相对缺乏代表性，一般不直接采用该方法。第二，系统抽样，也被称为等距抽样，首先把总体中所有样本进行编号排序，然后根据总样本量以及要抽取的样本量计算得到抽样间隔，最后按照间隔抽取样本。该方法简单易行，样本分布更加均匀，与简单随机抽样相比误差更小。但是当总体中的样本分布呈现一定规律性时，系统抽样可能会出现较大误差。第三，分层随机抽样，首先对样本总体进行分析，按照性质差别将样本总体分为若干不同的类别，然后在每个类别中分别采取简单随机抽样或者系统抽样方法对样本进行抽取，最后把各个类别样本抽出来的子样本进行合并，这就是最终抽取的样本。该方法在不增加样本量的情况下降低了抽样误差。第四，整群抽样，该方法又被称之为集体随机抽样，总体由多个小的群体单位组成，抽取过程中抽取的是这些群体单位，最后所有被抽出的群体样本就组成了最终的调查样本。比如，为了调查某地小学生的营养状况，可以在当地以班为单位抽取样本。该方法适合范围大、总体多的社会调查，优点是抽取过程中不需要知道所有样本的详细列表，只需要知道群体单位的列表即可，抽样成本较低。但是在该方法中，样本分布不广泛、不均匀，对总体的代表性较差。无论使用何种随机抽样方法，抽取的样本都只能被看作是总体的近似而不是总体本身。概率抽样的原则是：抽样数量越多则抽样误差越小，但是相应的抽样成本会随着抽样数量的增加而增加。但是抽样误差随着样本量增加的平方根而降低，简单来说就是要想降低一点抽样误差就需要大量增加样本量。考虑到研究成本的问题，这显然是不合适的，所以在研究中应在误差控制和成本控制之间取得一个平衡点。综上所述，概率抽样是一个客观而科学的抽样方法，该方法能够保证样本对总体的代表性；但其缺点是，该方法在操作过程中花费较高并且更加耗时耗力，经济性不好。

相比之下，非概率抽样定义是指调查人员依据自己的便利或主观判断进行的抽样方法。Saunders，Lewis 和 Thornhill（2015）认为，非概率抽样是指抽样技术的选择方式，其中所选的每个案例的变化是未知的。该方法没有严格遵循抽样的随机原则执行抽样过程，因此大数定律的基础不存在，进而无法确定抽样误差，也无法正确解释样本的统计值是否适合总体的情况。尽管根据抽样调查的结果，我们也可以在一定程度上判断总体的性质和特征，但是我们不能从数量上推断总体情况。概率抽样比非概率抽样要昂贵和复杂得多，因为后者可以对任何可用的人进行（Doherty，1994）。然而如表 4-1，所示概率抽样通常可以声明样本的代表性，但这通常不是非概率抽样所具备的。非概率抽样方法的优势是：相对来说更加简单，可操作性强并且研究成本较低，也能节省研究者更多的时间和精力，统计上相比概率抽样也更简单。非概率抽样方法主要用于探究性、预备性研究以及总体边界不清晰、很难进行概率抽样的研究。实际上，非概率抽样通常与概率抽样相结合以解决实际中的问题。

表 4-1　概率抽样与非概率抽样的比较

抽样类型	样本的代表性	子类别
概率抽样	样本具有代表性	· 随机抽样 · 系统抽样 · 分层随机抽样 · 整群抽样
非概率抽样	样本通常不具有代表性	· 方便抽样 · 配额抽样 · 维度抽样 · 目的抽样 · 雪球抽样

结合上文对概率抽样和非概率抽样的分析和比较，本书以非概率抽样作为抽样策略，选择非概率抽样的原因是，首先，如上所述，与概率抽样相比，非概率抽样花费的时间和金钱更少。本书研究的总体是中国移动手机用

户，该总体的数量是以亿为单位计量的。在总体非常庞大的情况下进行概率抽样几乎是不可能的。由于本书的研究无法深入中国广大的相关群体中，因此可以采用非概率抽样的方法来解决这一问题。然而，这种选择可能会导致一些问题，如整个总体样本代表性的不确定性（Sarle，1938）。为了尽量减少样本误差，本书研究将目标样本局限于中国目前和以前的移动银行用户，以追求样本对目标人群的代表性，目标人群包括中国所有拥有移动银行使用经验的个人。

在非概率抽样的框架下，主要有五种抽样方法，即方便抽样法、配额抽样法、维度抽样法、目的抽样法和雪球抽样法（Suen，Huang and Lee，2014）。根据 Emerson（2015），方便抽样又被称为随意抽样，是指研究人员以最方便的方式采集样本的一种抽样方法。在方便抽样中，研究人员于特定时间和特定地点在配合研究目的的前提下随意选择样本。配额抽样是一种非概率抽样程序，它能确保样本代表研究者所选择的人群的某些特征（Saunders，Lewis and Thornhill，2015）。维度抽样法，具有多维性更为复杂，所有以变量形式存在的关于目标群体的维度需要先指定，然后成对随机组合。维度抽样应测试成对变量，以确保每个组合至少通过一个样本案例得出具有代表性的结果。目的抽样，即依据研究目的来抽取能够为研究提供尽可能大的信息量的抽样样本，涉及研究者更多的主观判断，因为研究者需要选择最符合研究目的的样本（Emerson，2015）。雪球抽样是一种非概率采样方法，通常是由线索触发的，逐个采样并对样本进行组织（米子川，2015）。在雪球抽样中，最初的调查对象提供的信息决定了后续调查对象的选择。它是专门为社区研究和观察研究设计的。使用这种方法，样本具体包含什么取决于在第一阶段抽样中从参与者身上识别出的特征。

本书研究所采用的抽样方法是方便抽样，即研究者选择那些容易获得的样本个体。Emerson（2015）认为，维度抽样符合只涉及小样本的研究的细节要求。目的性抽样依赖于研究者的主观判断和样本选择，从而涉及客观研究过程中的偏差和主观干扰等问题。雪球抽样要求研究人员组织一轮又一轮的采访来组织抽样。与方便抽样相比，限额抽样对抽样提出了更严格的要求，这在缺乏中国以前移动银行用户的目标人群信息的背景下显示出相当大的困难。方便取样除了具有较低的成本和较高的效率外，还有许多优点。它使用方便，可提供样本的原始数据（Emerson，2015）。研究者试图通过覆盖不同职业的参与者，而不仅仅是大学生，来降低随机性以确保这个样本是更大群体或人群的准确代表。因此，本书研究选择方便抽样。

分析单元是数据汇总的级别，包括个人、二元组（两人组）、组、组织和文明（Sekaran，2006）。单元类型的选择取决于研究兴趣和研究问题。在本书研究中，采用了个体单元分析，因为本书研究的目的是从个体层面调查影响中国移动银行使用的因素。问卷调查中的问题是针对中国移动银行用户个人设计的，目的是收集每个受访者的详细信息。由于个人无论年龄、性别、文化程度和职业、对继续使用移动银行或尝试新功能有不同的看法，因此，本书研究旨在通过考虑每个参与者的反应，以进一步探讨影响因素。

样本容量也就是样本规模，指的是采集样本中的个体数量。在设计问卷调查时，样本容量的设计是重要环节之一（李曼，2013）。所以应该仔细考虑到一个合适的样本容量，如果样本容量合适，研究者更有可能得到可信和可靠的结果（Sekaran，2006）。一方面，样本容量小于估计的样本容量将导致解决方案不正确以及参数准确性降低（Hair et al.，2006）。另一方面，样本容量大于估计的样本容量将导致更多的支出、时间和精力成本（Bryman，2015）。样本容量的大小和总体是一个缓慢的曲线表达的关系。范伟达（2001）给出了样本容量和总体的关系，给后来的研究者设计样本容量时提供了一个较为可靠的参考。对于 PLS 路径模型估计（用于假设检验），经验法则建议样本大小应等于以下较大的一个（Barclay，Higgins and Tompson，1995）：①规则 1：10 倍于针对测量模型任何结构的最大路径数；②规则 2：10 倍于针对结构模型的特定构面的结构路径的最大数量。样本容量应大于等于这两个规则中较大的一个。在本书研究中，每个构面最多包含 4 个项目（如图 5-2 中的测量模型所示）。根据规则 1，根据"10 倍"经验法则，样本数量应为 40。根据规则 2，有 6 条针对 BIextend（行为意图）的路径（如图 5-1 中的结构模型所示），所以根据样本容量应为"10 倍"的经验法则，样本数应为 60 个。也就是说，根据"10 倍"规则，最小样本容量为 60。本书研究收到了用于预测试的 96 个有效调查问卷和用于主要测试的 533 个有效调查问卷，因此本书研究的样本容量大于用于可靠的 PLS 路径建模估计的最低要求的 60 个。

第七节　量表开发

在确定了合适的样本单元和样本尺寸后，工具的开发是整个研究设计的另一个重要组成部分。为了实现研究目标，研究者必须开发出一种精确的、具有竞争力的相关工具（Sekaran and Bougie，2016）。为了测试图 3-1 所示的模型，本书研究基于现有文献开发了一个调查工具，以保持内容的有效性。TTF 结构的量表（即任务特征、技术特征和任务技术匹配）改编自 Zhou，Lu 和 Wang（2010）的研究。对于 UTAUT 结构（即性能预期、努力预期、社会影响、便利条件和行为意图），其量表项目改编自 Venkatesh 等（2003），Venkatesh 等（2011），Venkatesh，Thong 和 Xu（2012）和 Oliveira（2014）的研究。对于 ECM 结构（即满足、确认和持续性意图），量表项目来自 Bhattacherjee（2001b）。

此外，本书的研究目标是探讨影响使用者使用新功能而非使用移动银行的行为意图的因素。所以，除了确认、满意度和持续性意图之外的几乎所有的因素都包含了至少一个旨在搜索新功能的使用的项目。在本书研究中，新功能是指用户以前未使用过的功能。只有在用户使用了某个功能之后，他们才能确认期望和满意度并声称他们是否愿意继续使用该功能。如果用户以前没有使用过某个功能，则用户不可能有确认、满意度或继续性意图。这就解释了为什么这三个结构（确认、满意度和持续性意图）不包括任何关于新功能的项目。因此，在现有量表的基础上，对每个量表中的因素（除确认、满意、持续性意图外）开发了三个项目，并增加了一个研究新功能的使用的项目。

因此，所有的测量项目都在先前的研究中得到了验证，并进行了轻微的修改，以适应移动银行研究的特定背景，同时也适应对影响尝试新功能的行为意图的因素进行研究的需要。此外，还开展了一项试点研究，以检验所有这些措施是否有效。试点研究有助于检验用于检测本研究假设的测量量表的信度和效度。附录 A 中列出了所有的量表中的项目。每个变量的操作定义及本书研究使用的所有涉及变量的操作问题的设计将在下一部分进行详细讨论。

一、任务特征（TAC）

在移动银行服务的背景下，任务特征被定义为"用户任务需求的一些关键方面，包括无处不在的账户管理、汇款和实时账户信息查询"（Zhou，Lu and Wang，2010）。此变量用于帮助测量使用技术或产品时用户任务需求的关键方面。在本书研究中，当移动银行使用者使用此项服务时，TAC 被用来识别任务需求的关键方面。在前人研究（Zhou，Lu and Wang，2010）的基础上，针对该变量设计的调查问题见表 4-2。

表 4-2 TAC 测试

影响因素	项目		来源
任务特征（TAC）	任务特征（TAC1）	我需要随时随地管理我的账户	Zhou, Lu and Wang（2010）
	任务特征（TAC2）	我需要随时随地转账	
	任务特征（TAC3）	我需要实时获取账户信息	
	任务特征（TAC4）	我需要目前移动银行没有覆盖的额外的功能	

二、技术特征（TEC）

在移动银行服务的背景下，技术特征（TEC）被定义为"移动银行技术的一些关键方面，包括普遍、即时性和安全性"（Zhou, Lu and Wang，2010）。其中，相比于普遍性、即时性，安全性有必要重点突出一下。刘以研和白璐（2012）认为移动银行的安全性是在复杂的市场环境中获得用户认知的最基本要求，是其他技术特征的前提。白璇、赵倩茹、朱坤昌等（2010）认为对手机银行使用意向影响最大的因素就是安全性。移动银行所面临的安全性问题主要包括三方面，即技术风险、来自市场环境的风险以及信誉风险。此变量用于标识技术或产品的关键方面。在本书研究中，我们使用TEC 来衡量使用者感知到的移动银行技术的关键特性。在前人研究（Zhou, Lu and Wang，2010）的基础上，针对该变量设计的调查问题见表4-3。

表 4-3 TEC 测试

影响因素	项目		来源
技术特征（TEC）	技术特征（TEC1）	移动银行提供无处不在的服务	Zhou, Lu and Wang（2010）
	技术特征（TEC2）	移动银行提供实时服务	
	技术特征（TEC3）	移动银行提供安全服务	
	技术特征（TEC4）	技术提供了未充分开发的功能	

三、任务技术匹配（TTF）

任务技术匹配（TTF）是从理性的角度定义的技术和任务之间的一致性程度。一致性越高，技术越有可能有助于优化任务的完成（Oliveira et al., 2014）。任务技术匹配（TTF）表达的关键思想是：一个技术能否被很好地应用，一方面取决于该技术是否被使用，另一方面取决于该技术和该技术所服务的任务是否有很好的匹配性。这个变量是由"任务的性质和完成任务的技术的实用性"决定的（Oliveira et al., 2014）。它用于确定用户对某项技术满足其任务需求的期望与该技术的实际功能之间的一致性。在当前的研究中，它被用来确定移动银行服务在多大程度上满足了用户对该服务是否能够完成其目标任务的期望。在前人研究（Oliveira et al., 2014；Zhou, Lu and Wang, 2010）的基础上，针对该变量设计的调查问题见表4-4。

表4-4 TTF测试

影响因素	项目		来源
技术任务匹配（TTF）	技术任务匹配（TTF1）	移动银行的功能已经足够了	Zhou, Lu and Wang（2010）
	技术任务匹配（TTF2）	移动银行的功能非常适合我的银行业务	
	技术任务匹配（TTF3）	移动银行的功能完全满足我的银行需求	
	技术任务匹配（TTF4）	新的技术能力满足了我无法满足的需求	

四、性能预期（PE）

性能预期（PE）是指"个人认为使用该系统将有助于他或她在工作表现上获得收益的程度"（Venkatesh et al., 2003），具体来说就是使用者对技术为自己带来使用效率提高的期望。与TAM的感知有用性变量不同，性能预期在感知有用性中增加了更多的因素，如MM的外在动机、IDT的相对优势和MPCU的工作适合性（Venkatesh et al., 2003）。性能预期用于衡量技术或产品对用户的帮助程度。在这项研究中，性能预期被用来衡量移动银行对用户的帮助程度。根据以往研究（Venkatesh et al., 2003；Venkatesh et al., 2011；Venkatesh，Thong and Xu，2012），针对该变量设计的调查问题见表4-5。

表4-5　PE测试

影响因素	项目		来源
性能预期 （PE）	性能预期 （PE1）	我发现移动银行在我的日常生活中很有用	Venkatesh et al. （2003）； Venkatesh et al. （2011）； Venkatesh，Thong and Xu（2012）
	性能预期 （PE2）	使用移动银行帮助我更快地完成银行交易	
	性能预期 （PE3）	使用移动银行提高了我的工作效率	
	性能预期 （PE4）	在使用移动银行时，我发现许多新功能非常有用	

五、努力预期（EE）

努力预期（EE）是"与系统使用相关的易用程度"（Venkatesh et al.，2003），应将其与技术采纳模型中的易用性区分开来。努力预期集成了三个先前的结构，即TAM的感知易用性、MPCU的复杂性和IDT的易用性。此变量用于衡量用户接受技术或产品所花费的努力程度。在本书研究中，我们努力预期被用来衡量用户操作移动银行服务所花费的时间和精力。根据以往研究（Venkatesh et al.，2003；Venkatesh et al.，2011；Venkatesh，Thong and Xu，2012），针对该变量设计的调查问题见表4-6。

表4-6　EE测试

影响因素	项目		来源
努力预期 （EE）	努力预期 （EE1）	我发现移动银行易于使用	Venkatesh et al. （2003）； Venkatesh et al. （2011）； Venkatesh，Thong and Xu（2012）
	努力预期 （EE2）	我很容易熟练地使用移动银行	
	努力预期 （EE3）	移动银行比其他银行平台更易于使用	
	努力预期 （EE4）	学习如何使用移动银行提供的新功能对我来说很容易	

六、社会影响（SI）

UTAUT 模型将社会影响定义为 "用户周围重要的人（用户认为的对自身重要的亲人、朋友或者同事）对其是否采用技术的影响"（Venkatesh et al., 2003）。该变量包括社会因素、主观规范和公众形象等因素，主要用于衡量社会群体对用户的影响。当周围的群体或有影响力的人使用某种技术或产品时，那么用户使用该技术或产品的个人意愿将相应增加。因此，此变量很容易受到年龄、性别和经验等变量的影响。UTAUT 模型中的 "社会影响力" 整合了先前的因素，包括 TRA 的社会规范、MPCU 的社会因素和 IDT 的形象。它用于衡量用户受到社会群体影响的程度。在本书研究中，社会影响主要用于衡量移动银行用户的意图是如何受到社交团体及其熟人的影响的。基于以前的研究（Oliveira et al., 2014；Venkatesh et al., 2003；Venkatesh et al., 2011），针对该变量设计的调查问题见表4-7。

表4-7　SI 测试

影响因素	项目		来源
社会影响 （SI）	社会影响 （SI1）	影响我行为的人认为我应该使用移动银行	Venkatesh et al.（2003）； Venkatesh et al.（2011）； Oliveira et al.（2014）
	社会影响 （SI2）	对我很重要的人认为我应该使用移动银行	
	社会影响 （SI3）	在银行的推广下，我将尝试移动银行的新功能	
	社会影响 （SI4）	移动银行很流行，所以我会尝试新的功能	

七、便利条件（FC）

便利条件（FC）指的是用户自身或者周围的人和事物对其使用技术可以提供支持和帮助的便利条件，也就是用户在使用技术时得到的更方便的支持的程度。Venkatesh 等（2003）认为便利条件是指 "个人认为存在组织和技术基础以支持系统的使用的程度"。便利条件主要由一些因素（如系统的前景及其兼容性等因素）来决定。该变量集成了一些因素，如来自 TPB 的感知行为控制和来自 IDT 的兼容性。它用于衡量用户对技术或产品支持带来的促进效果的感知程度。这个变量衡量了个人能感觉到的、对技术和产品的支持程度。用户认为自己可以很容易使用新技术，而新技术或新产品在技术环境的支持下不断更新，用户更愿意使用该技术。在本书研究中，便利条件被用来衡量用户如何感知移动银行的便利效应。基于以前的研究（Venkatesh et al.，2003；Venkatesh et al.，2011；Venkatesh，Thong and Xu，2012），针对该变量设计的调查问题见表4-8。

表4-8 FC测试

影响因素	项目		来源
便利条件（FC）	便利条件（FC1）	我有必要的有利于移动银行的资源，如移动设备和网络	Venkatesh et al.（2003）；Venkatesh et al.（2011）；Venkatesh，Thong and Xu（2012）
	便利条件（FC2）	我有使用移动银行的必要知识	
	便利条件（FC3）	当我使用移动银行有困难时，我可以从别人那里得到帮助	
	便利条件（FC4）	当我使用新功能有困难时，我可以从别人那里得到帮助	

八、行为意图（BIextend）

行为意图是指消费者对某一产品或品牌所采取的特定行为或倾向（Engel，Blackwell and Miniard，1995）。行为意图是用来衡量消费者是否真的会使用某一产品或技术来实施行为。行为意图越强，代表消费者购买某项特定产品或者某项特定技术的可能性越大（白凯、陈楠和赵安周，2012）。行为意图一般分为正向和负向两种，正向代表消费者或用户购买和使用的可能性增加，负向代表消费者或用户购买和使用的可能性降低。在本书研究中，行为意图被认为是使用者尝试他们从未使用过的新功能的意图。这是本书提出的不同于以往的一个研究视角，本书研究用户的行为意图特指用户尝试手机银行新功能的意图，它可以用来衡量一个用户想要尝试他们以前从未使用过的移动银行服务的新功能的程度。该因素的设计也基于Venkatesh等（2003）以及Venkatesh，Thong和Xu（2012）的行为意图这一因素的项目，如表4-9所示。

表 4-9　BIextend 测试

影响因素	项目		来源
行为意图 （BIextend）	行为意图 （BI1）	我打算在未来探索更多的移动银行功能	Venkatesh et al. （2003）； Venkatesh, Thong and Xu （2012）
	行为意图 （BI2）	我预测未来我会探索更多的移动银行功能	
	行为意图 （BI3）	我计划经常探索更多的移动银行功能	
	行为意图 （BI4）	我会在日常生活中不断尝试探索更多的移动银行功能	

九、确认（CNF）

Oliver（1980）将确认（CNF）定义为用户在购买行为之前对产品或服务的期望与在实际使用行为之后对产品或服务的确认的认知之间的反差程度。CNF 机制的描述如下：当产品/技术的实际性能低于最初的期望值时，用户对该产品/技术不满意。当产品/技术的实际性能超过最初的预期时，用户会感到满意。在本书研究中，CNF 被定义为用户在实际使用中对移动银行服务的初始期望的确认程度。Bhattacherjee（2001b）开发的测试项目为本次 CNF 测试设计的参考，如表 4-10 所示。

表 4-10　CNF 测试

影响因素	项目		来源
确认 （CNF）	确认（CNF1）	我使用移动银行的体验比我预期的要好	Bhattacherjee （2001b）
	确认（CNF2）	移动银行的服务水平比我预期的要好	
	确认（CNF3）	移动银行带来的好处比我预期的要好	
	确认（CNF4）	总体来说，我对使用移动银行的大部分期望都得到了实现	

十、满意度（SAT）

满意度（SAT）是指用户的消费体验和消费前期望的心理状态之和（Oliver，1980）。Johnson（1991）认为，满意度是消费者的一种总体感觉。消费者对产品或服务有自己的评估标准。使用之后，他们将其与自己的预期标准进行比较。如果超出了他们的期望，他们就会感到满意。否则，他们认为这只是一般的水平。满意度也可以定义为用户在购买技术或者产品后，对其表现出的喜欢或者不喜欢的一个整体态度。它是一个基于产品/技术的初始期望与实际使用后的心理状态之间的用来比较衡量满意度的变量。林家宝、鲁耀斌和徐勇（2012）以及成浩（2010）在其研究中充分肯定了满意度的重要作用。在本书研究中，满意度被用来测量用户使用移动银行服务后的整体心理状态。这一因素将有助于研究者来判断移动银行服务是否能够满足用户的需求并为用户产生心理上的满意感受。Bhattacherjee（2001b）开发的问卷项目作为本次满意度测试设计的参考，如表4-11所示。

表4-11　SAT测试

影响因素	项目		来源
满意度（SAT）	您对移动银行整体的使用体验有何感想？		Bhattacherjee（2001b）
	满意度（SAT1）	非常不满意–非常满意	
	满意度（SAT2）	非常不高兴–非常高兴	
	满意度（SAT3）	非常沮丧–非常满足	
	满意度（SAT4）	非常糟糕–非常高兴	

十一、持续性意图（INT）

持续性意图（INT）是指用户选择某项技术或产品的主观倾向（Bhattacherjee，2001b）。它是一个可以用来预测行为意图和持续行为的结构。持续性意图是产品和技术公司在竞争环境中能否成功的关键（刘文俊、丁琳和王翠波，2015）。本书研究中，使用持续性意图来衡量使用者使用移动银行的主观倾向。具体来说，它可以用来调查用户在首次使用移动银行后继续使用移动银行的意图。Bhattacherjee（2001b）开发的测试项目作为本次持续性意图测试设计的参考，如表4-12所示。

表4-12　INT 测试

影响因素	项目		来源
持续性意图（INT）	持续性意图（INT1）	我打算继续使用移动银行，而不是停止使用	Bhattacherjee（2001b）
	持续性意图（INT2）	我的意图是继续使用移动银行，而不是使用任何其他方式	
	持续性意图（INT3）	如果可以的话，我想继续使用移动银行	
	持续性意图（INT4）	我将继续使用移动银行的相同功能	

第八节　使用的量表

李克特（Likert）量表是评分加总式量表中应用最广泛的一种，该量表由美国学者李克特在原有总和量表的基础上改良而来，该量表由多个陈述组成，对每个陈述有5个回答，分别是"非常赞同""赞同""不一定""不赞同""非常不赞同"，7级量表是将5级量表更细化。本书研究采用的就是李克特（Likert）七级量表。也就是说，每一项都是以7分制来衡量的，范围从1分（强烈反对）到7分（强烈赞同），1分到7分的具体含义是强烈反对、反对、略微反对、中立、略微赞同、赞同以及强烈赞同。使用李克特量表代替其他量表的原因如下：李克特量表是最著名、最直接、最实用的量表，也是研究人员收集数据时常用的量表（Viswanathan，Sudman and Johnson，2004）。此外，还可以找到大量关于信息系统研究的文献来支持这一量表（Venkatesh et al.，2003；Venkatesh，Thong and Xu，2012；Bhattacherjee，2001b）。由于这些原因，本书研究采用了李克特（Likert）七级量表。此外，问卷调查还包括一些人口统计信息，即用户的性别、年龄、受教育程度、职业和收入等因素。这些因素是通过象征量表来测量的（见附录B）。

第九节 数据收集程序

问卷调查指的是预先制定详细的问卷问题，并把这些问卷发放给被测试者，要求被测试者回答问卷上的问题以实现资料收集的一种方式。McDaniel 和 Gates（2013）将问卷调查定义为一种数据收集方法，它由一组预先设计好的问题组成，可以为研究目标收集证据。该方法的优点是：节约成本，节省时间和精力，能较好保证调查参与者的隐私性，可以尽量避免主观的偏见，可以有效获取大量样本以减少统计误差，问卷调查收集的数据便于定量研究和分析。该方法的缺点是：调查参与者须有一定的知识文化水平，否则很难完成问卷的所有问题，很难保证调查参与者的回答率，对问卷的设计水平提出了较高的要求，很难保证参与者填写和回答问卷的环境以及问卷的质量。

问卷调查的问卷一般包含以下结构：第一，封面信，主要用于介绍研究者的基本信息、研究者的研究目的以及对调查参与者隐私保护的承诺和感谢语。第二，指导语，主要作用是指导调查参与者如何正确填写问卷，一般包含卷首指导语和卷中指导语，如本问卷中所有题目均为单选题，多选和不选均视为无效；本题为多项选择，请您勾选您认为合适的选项。第三，测试问题以及测试选项，这是问卷的主体部分，问卷问题从形式上可以分为开放式和封闭式两种。从内容上看，问卷问题可以分为事实性问题、断定性问题、敏感性问题、假设性问题以及意见性问题等。第四，编码，所谓编码就是给每一份问卷以及问卷内的每一个问题及答案设置一个代码，该工作可在调查之前设计，也可以在调查之后设计，编码主要是为后期的数据统计分析提供方便。一般情况下，不是所有问卷都须进行编码。当问卷数量较大并需要使用计算机进行分析时，需要把所有问卷数量化，此时需要在问卷上加上问卷编码，用以填写答案代码。

问卷设计的原则一般包含以下两点：第一，问卷设计的出发点应该是为被调查者着想。问题不能过于复杂，题量应适中，问题难度不应太大，不能占用答题者太多时间。否则非常容易导致答题者放弃答卷。第二，应该充分考虑问卷调查过程中的障碍。如答题者主观上的障碍：为难情绪、顾虑情绪、毫无兴趣以及回答不认真。客观上的障碍：回答者的阅读理解能力、表达能力、记忆能力以及计算能力。其他因素：工作繁忙，急事外出以及意外情况等。问卷问题设置上应该注意：语言上要简洁明确，不能有歧义；大众很难理解的专业术语要少用；尽量少用抽象的概念；不问答题者不知道的问题。

　　本书研究之所以采用问卷调查的研究策略，是因为该方法能以高效、低成本和准确的方式从样本中测量得到所需变量（Zikmund，2003）。如果某研究具有以下三个特点，那么使用问卷调查作为一种研究策略是收集数据的适当、首选和常用的方法（Pinsonneault and Kraemer，1993）。这三个特点包括可以用定量方法来研究的课题，在问题的提出和数据呈现阶段对预设的结构化工具进行选择是必须的，以及从一部分目标人群中获得可应用于整个人群的普遍发现的研究（Pinsonneault and Kraemer，1993）。

　　第一个特征是研究的课题可以用定量方法来研究，特别是关于假设和变量之间的可度量关系的主题 。在文献调研的基础上，我们发现移动银行的使用是一个可以用数字工具来衡量的研究课题，以前的研究者（Zhou，Lu and Wang，2010；Bankole and Brown，2011；Yu，2012；Oliveira et al.，2014；Bhatiasevi，2016）都使用了这种方法。为了达到研究关于中国移动银行持续使用的影响因素的目的，需要识别关键变量并提出相关假设。探讨影响用户持续性意图的变量与影响用户行为意图的变量之间的交互关系也是本书研究的主要目标之一。由于本书研究旨在衡量用户对移动银行业务持续性意图的假设与变量之间的关系，因此它符合通常以问卷调查为主要量化研究策略的研究的第一个特点。该调查被认为能有效地为结果分析提供必要的数据和信息，从而检验假设并确定这些假设和变量之间的关系。

　　第二个特征是在问题的提出和数据呈现阶段必须对预设的结构化工具进行选择。研究模型是在现有理论和模型的基础上建立和完善的，即技术接受与使用统一理论模型（UTAUT）、任务技术匹配模型（TTF）和期望确认模型（ECM）。研究工具来源于这三种成熟的研究模型和理论。换句话说，这些工具并非都是新设计的。相反，绝大多数是成熟的，并且已经在以前的研究中被证实是合适的。因此，在适当的情况下，预制结构化工具是从现有的工具中改编而来的，并且在中国移动银行研究的背景下得到了增强和应用。

　　第三个特征是从一部分目标人群中获得可应用于整个人群的普遍发现的研究。在这一研究背景下，收集了关于533个移动银行用户在中国的持续性意图和行为意图的信息和数据作为深入了解中国移动银行用户群体的基础。通过比较样本中的性别、年龄和受教育程度与中国人口的比例之后发现，样本与中国总人口在性别和年龄方面没有显著差异。然而，与中国人口相比，这一样本的平均受教育程度更高，这可以用一个相对较新的移动银行应用技术的具体研究背景来解释。使用技术需要人们接受更好的教育，技术的使用随着用户的高等教育而增加（Antoun，2015）。本书研究的结果旨在推广到中国现有的更庞大的移动银行应用程序的用户群体。新用户不包括在可归类的组中，因为本书的研究主题针对的是中国已有的移动银行用户，这些用户可能被该研究鼓舞而继续使用移动银行。此外，考虑到本书研究样本所呈现的高等教育水平，建议研究结果的概括性也应考虑到研究总体的高等教育背景以使结果更加精确。也就是说，这一庞大的移动银行应用用户群体应该是受过高等教育的用户。由于研究结果受到样本和研究背景特征的限制，因此将本书研究结果应用于不同国家的其他样本组，或应用于主要使用短信银行或 WAP 银行的用户将不太准确。本书研究希望从目前的样本群体中获得更广泛的发现，这符合使用问卷调查作为主要研究策略的研究的第三个特点。

本书研究设计的调查问卷问题主要包括两部分内容。第一部分是调查样本的人口统计学信息，包括被调查的移动银行用户的个人基本信息和移动银行使用的基本情况。主要包括用户的性别、年龄、职业、收入以及教育背景。此外还包括用户使用移动银行的时间、频率以及业务构成等基本使用情况。第二部分是与本书研究提出的集成模型的重要结构相关的假设设计的问题项，主要包括各个变量的测试问题。除了这两部分之外，调查问卷还包括对本次问卷的内容和研究目的的相关说明。

进行调查有多种方法，包括面对面访谈、电话访谈、在线调查和邮寄问卷（Bhattacherjee，2001b；Bourque and Fielder，2003）。在这些方法中，本书研究选择了在线问卷调查。在线调查具有成本效益，特别是对于涉及大样本容量和大地理区域的研究而言（De Vaus，2002）。中国人口众多，在全球范围内也拥有大量的移动银行用户（KPMG，2015）。因此，在处理受访者的大量答复时，要考虑在线问卷调查的成本效益（Gilbert，2001），对于本书研究的数据收集而言，这是一种有吸引力且合适的研究策略。

此外，在线调查为地理分布广泛的大量人口提供了巨大的调查潜力。它还帮助研究人员克服了收集数据时的空间和时间限制（Lefever，Dal and Matthiasdottir，2007）。对于研究人员来说，这对接触到可能位于不同地理区域的成百上千的目标受访者是非常省时的。本书的目标受访者为中国的手机银行用户，而笔者身处国外，所以本研究不可能在中国花费大量时间进行线下数据收集，因此在线调查问卷可以解决距离和时间上的难题（Bachmann，Elfrink and Vazzana，1996）。因此，基于在线问卷的上述优势，本书研究选择在线进行数据收集。在附录 B 中，提供了中文和英文版本的在线调查问卷设计。

但是，在线问卷调查具有不可避免的缺点。首先，在线调查中的一个关键问题是受访者是否可以代表整个人群（Mehta and Sivadas，1995）。为了确保本书研究中被调查者的代表性，本次调查向不同省份、不同人口特征的参与者发送了在线调查的链接，如第五章第三节中的人口信息表所示。从人口信息表可以看出，性别、年龄、教育、职业和收入分布良好，因此这些变量的分布令人满意，表明受访者的代表性很好。

其次，在线问卷的另一个缺点是无法对受访者诚实、正确和认真回答问题进行指导（Wright，2002）。为了避免这一问题，此在线问卷包含了一封说明了本书研究目的、并解释了移动银行的定义的封面信。为了鼓励受调查者诚实地填写问卷，向参加者保证了问卷的自愿性和匿名性。为避免问卷填写不正确，本书研究选择了一个在线调查的技术设置，该技术设置不允许参与者跳过任何问题以避免遗漏值。

与被调查者对问卷内容的理解能力有关的问题被认为是在线问卷调查的不利条件（Flaherty，Pearce and Rubin，1998）。本书研究调查表的措辞和布局均经过精心安排，经过中英文来回互译，问卷中的各种表达都十分准确，避免了理解上的分歧。为了确保有效的沟通和理解，问卷以非常简明易懂的英语和汉语编写。问题的措辞简洁明了，不包括任何技术术语。在问卷的布局方面，设计中采用了如良好的介绍、清晰的说明和问题的正确排列等重要的要素。

最后，一般来说参与者出于隐私的考虑通常很难提供其个人信息（Bachmann，Elfrink and Vazzana，1996）。为了获得足够的有关参与者的人口统计学数据，本书研究以多项选择的形式设计了有关人口信息的问题，而非使用填空的形式。换句话说，这项研究要求被测试者提供的信息是年龄范围和收入范围，而不是确切的数字，以尽可能规避提供个人信息的困难。

具体来说，本书使用的是 Qualtrics 在线问卷调查，并在此基础上开发了一个数字问卷。Qualtrics 具有三个方面的优势：第一，它是免费的，并提供中英文两种语言选择（Qualtrics，2018）。这样就可以用两种语言创建调查问卷。第二，中国人可以很容易地获得 Qualtrics 的在线调查，所以在中国开放和填写问卷没有问题。第三，它是一个值得信赖的在线调查服务提供商，被许多大学推荐用于学术研究（CSULB，2015）。

而且，Qualtrics 创建的在线问卷链接被发布在中国流行的社交网络平台上，包括微信、微博和 QQ 空间等移动互联网平台。微信、微博、QQ 空间是中国的三大社交媒体网站。微信每月的活跃用户超过 10 亿（China Internet Watch，2018a）。微博是 Twitter 的中文版本，每月有 3.92 亿的活跃用户（China Daily，2017）。QQ 空间每月有 6 亿的活跃用户（China Internet Watch，2018b）。考虑到这些平台在中国社交媒体行业中的主导地位，本书研究将这些平台纳入问卷链接的分发范围，以实现对更多潜在受访者的广泛接触。此外，还将链接发送给研究人员的亲戚朋友，要求接受者填写问卷，并将链接发送给尽可能多的人，以确保有足够的有效答复。结果显示，在2017年3月23日至2017年3月27日的5天内，试点研究共收到139份调查报告，其中96份有效；在2017年5月15日至2017年6月18日的35天内，主体试验共收到598份调查报告，其中533份有效。

第十节　数据分析过程

数据分析过程包括模型构建和验证两部分。模型构建（即试点研究）使用了96个样本进行构建。而模型验证（即主测试）使用了533个样本进行验证。此外值得注意的是，数据收集是使用不同的样本分别用于模型构建和模型验证。具体来说，模型构建中使用的96个样本不包括在模型验证的533个样本中。也就是说，参与试点研究的受访者是不允许参加主测试的。

此外，还需要对用于本书研究数据分析的步骤和技术进行说明。首先，本书研究对试点研究进行了初步分析。更具体地说，初步分析使用SPSS 23来计算人口统计的频率（即年龄、性别、受教育程度、职业和收入）并用SmartPLS3软件对测量结果进行了信度和效度检验。经过初步分析，测试了测量的信度和效度。然后对问卷问题进行修订，去除信度或效度不合格的测试项目，最终形成主测问卷的最终版本。

其次，本书研究对所收集的数据进行了主测试。具体来说，本书研究进行了包括检查缺失值、检测多元异常值、用SPSS测试多重共线性以及检查所有项目的因子载荷在内的数据筛选，得到最终的经过筛选的数据，以确保使用SmartPLS3进行测量的可靠性。在完成数据筛选后，本书研究对主要调查数据进行了分析。主要调查数据的分析包括使用SPSS 23计算人口统计频率（即年龄、性别、受教育程度、职业和收入），以及使用SmartPLS3分析测量模型和结构模型。

如前所述，本书研究采用SPSS 23和SmartPLS3进行数据分析。更具体地说，SPSS用于数据筛选（即检查缺失值、检测多变量异常值、检查多重共线性）和计算人口统计频率（即年龄、性别、受教育程度、职业和收入）。本书研究之所以选择SPSS进行统计分析原因如下：首先，SPSS实现了有效的数据管理，并且因为程序对事件和变量的位置很清楚使数据分析更加快速。其次，SPSS提供了更广泛的选择，使研究人员能够根据自己的具体需要选择统计方法 。最后，SPSS 表现出令人满意和清晰的结果。SPSS 生成的分析结果与数据本身是分离的，而数据本身无法通过 Excel 等软件实现（Daniel，2012）。

此外，还采用偏最小二乘结构方程模型（PLS-SEM）方法检验了测量结果的信度和效度，并对提出的研究模型进行了检验。结构方程模型（SEM）是一种基于统计分析技术的研究方法，可以处理复杂的多变量研究数据，因此广泛应用于经济学、社会学、行为科学等研究领域，它同时也是一种分析潜在结构之间因果关系的统计技术，常用于市场营销和管理研究中（Fornell，1987；Hair，Ringle and Sarstedt，2011）。一般来说，SEM 有两种方法，包括基于协方差的结构方程建模（CB-SEM）分析（使用 LISREL、AMOS 和EQS 等软件）和基于方差的结构方程建模（PLS-SEM）分析（使用 SmartPLS、PLS-Graph 和 VisualPLS 等软件）（Urbach and Ahlemann，2010）。如表 4-13 所示，在不同的情况下，研究人员更喜欢使用 PLS-SEM 和 CB-SEM。

表 4-13　CB-SEM 和 PLS-SEM 的比较

	CB-SEM（LISREL，AMOS 和 EQS 等）	PLS-SEM（SmartPLS，PLS-Graph 和 VisualPLS）
方法	基于协方差	基于方差
目的	面向参数	面向预测
理论	理论检验、理论确认或理论比较	理论发展
模型复杂性	很难处理大型模型	能处理大型模型
样本容量	大（200~800）	小（30~100）
假设	典型的多元正态分布和独立观测（参数）	规范预测（非参数）
构面指标	主要是反应性	反应性和形成性

资料来源：改编自 Chin 和 Newsted（1999）。

协方差分析理论认为，可观测变量（显变量）的协方差关系可以用来反映潜在变量之间的关系。一般认为在理想情况下，真实的协方差结构应该和通过模型得到的协方差结构一致。所以应该以协方差结构之间的差异作为进一步优化的标准。偏最小二乘的理论认为，在已经考虑到潜在变量结构的情况下，最优的潜在变量应该与对应的观测变量是最接近的。所以，应该以最小二乘法（OLS）为进一步优化的标准。一般来说，当样本量不大、数据不符合正态分布或者理论基础不充足时，PLS 是最适合的方法（黄永春等，2012）。所以，当研究目标是预测关键目标结构或识别关键驱动结构，且研究目标是对现有结构理论的探索或延伸时，PLS-SEM 是首选方法。相反，如果研究目标是理论测试、理论验证或理论比较时，则将使用 CB-SEM（Hair, Ringle and Sarstedt，2011）。在本书研究中，如果只是为了测试移动银行环境下的 ECM、TTF 或 UTAUT 模型，则应选择 CB-SEM。然而，本书研究并没有在移动银行的背景下对现有的理论或模型进行检验，而是延伸了现有理论。具体来说，它利用这三个模型的构面，为移动银行的持续使用和扩展使用开发了一个新的预测模型。本书的研究目标是预测持续性意图和行为意图的关键因素。因此，使用的是 PLS-SEM 而不是 CB-SEM。

　　PLS-SEM 可以应用于具有大量因素和指标的复杂模型（Hair, Ringle and Sarstedt，2011）。综合研究模型复杂，包含 11 个构面和 42 个指标。因此，PLS-SEM 能够对本书研究中的复杂模型进行分析。此外，PLS-SEM 对样本量的要求比 CB-SEM 低（Hair, Ringle and Sarstedt，2011）。本书研究的样本容量为 533，足以满足 PLS-SEM 研究的需求（Barclay, Higgins and Tompson，1995）。另外，PLS-SEM 对数据的限制较小。换句话说，PLS 不需要正态分布的输入数据。因此，使用 PLS-SEM 方法代替 CB-SEM 方法对研究模型进行检验。

第十一节　研究伦理的考虑

　　科技研究的伦理指的是在科学技术的研究和发展中，人与人、人与社会以及人与自然之间关系的思想和行为规范和要求。研究伦理规定了科学技术的研究人员以及团队在科研活动中应该遵守的世界观、价值观以及行为准则、社会责任和规范。有研究人员认为，研究伦理和研究者的社会担当以及责任是整个社会向前发展的保证。科学研究伦理是研究者在观念和道德方面的行为准则。研究伦理的最关键的问题是让科技和人类文明、生态文明和谐发展，让科技发展在不损害生态和人类健康的前提下为全人类提供更多的福祉，保障整个世界的可持续发展。科学技术是推动社会发展的强大力量，是物质文明和精神文明建设的保障，同时，科学技术也承担着重要的道德责任以及社会责任。所以，开展一切科学项目都必须遵守研究伦理的要求，这也是社会发展所必需的，所有不符合研究伦理的科学研究行为都应该被反对。违反研究伦理而造成严重后果的，应当被追究法律责任。

　　研究伦理主要分为以下几部分：第一，生命伦理，主要讨论克隆技术的研究伦理问题。研究人员普遍认为，克隆技术属于无性生殖的范畴，是一种低级的繁殖方式。在人类有性生殖的情况下，再去使用克隆生殖这种低级的方式是一种倒退，容易引发伦理问题。治疗性的克隆，如家畜的繁殖和濒危动物的繁殖，是有广阔的发展前景的。克隆技术在促进科学和社会发展中起着重要作用，但是必须把克隆限制在一定的范围内，否则就是伦理灾难。中国政府以法律形式规定了克隆技术的范围和条件，并把人类胚胎的克隆控制在规定的法律和伦理范围之内。

　　第二，基因伦理，主要是做基因伦理的前沿研究。研究人员认为应该在科研伦理的角度和方法之外建立一个道德哲学的维度。基因伦理的前沿研究主要面临了三个基本课题：①基因技术的伦理本质是什么，是"技术革命"还是"道德哲学革命"？②基因伦理的文化反思是提供伦理批评、伦理策略还是为道德哲学做准备？③基因伦理学的研究范围是"传统伦理学"还是"发展伦理学"？伴随着基因科技的逐渐进步，未来的伦理世界和道德世界将呈现自然人到技术人与自然家庭到人工家庭的一种混合共生的过渡形式。道德哲学应当以创造性的价值智慧卓越地调和与解决这个矛盾。所以，必须为道德哲学的创新做好理论准备。

　　第三，生态伦理，主要讨论的是技术发展中人与自然和谐共处的问题。人与自然环境的关系自人类诞生以来就一直存在。人类不仅依靠自然生存，而且也是改变自然环境的力量。人与自然界存在着依存、适应、冲突以及和谐的关系。随着人类科学技术的进步和生产力的提高，人已经从自然的奴隶变成了某种程度上的自然的主人，人与自然的关系逐渐成为转化与被转化、征服与被征服的关系。人类在自然世界中的作用越来越强，出现了很多过分强调人的作用的思想，如"人胜于天""人类中心主义"。人类认为自己是自然的主人，按照人的主观意志或需要片面地改造自然，往往会不顾自然界的客观规律，这会造成环境的恶化和自然资源的枯竭。

　　第四，新材料伦理，主要讨论新材料对自然以及人类健康的危害。自从20世纪90年代纳米科技以及产品逐渐走入人们的生活，目前纳米材料已大量应用于人们生活的各个方面，展现出巨大的优势和效能。然而，近年来，纳米技术对人类健康的影响以及对自然环境的破坏已成为科学界十分关注的研究课题。人们发现，一旦纳米技术渗入生物学领域，它将迅速改变当期农业和医学的形势，并且人类生活的方式也将在纳米科技、计算机以及基因生物学的共同作用下出现翻天覆地的变化。与此同时，它将在人类健康、社会道德、自然环境以及可持续发展方面引起许多问题。

第五，信息伦理，主要关注数字、信息和网络技术发展过程中，个人隐私的保护问题。人类社会在数字科技、多媒体科技以及网络科技为代表的现代信息科技的推动下迅速从后工业社会转变为信息社会，导致了现代的信息传播技术在媒体形式、受众地位、报道手段、受众行为等方面产生了一系列深刻的变化。这些变化发生的同时，信息伦理问题也随之而来。网络社会是一个无比开放的社会，让处于不同文化背景的、拥有不同价值观的人都得以参与到网络中来。人们在网络中互相交流，首先面临的一个巨大问题就是个人隐私的安全性。如何保护每个人的隐私不被泄露，如何防止不法分子利用偷取他人隐私来获取非法利益，这是网络时代中重要的伦理问题。信息伦理仅仅是社会控制的一种软手段，其实施取决于人们的自觉性和自主性，因此，当面对各种严重的网络信息犯罪时，信息伦理规范就会显得很薄弱。信息安全的第一道防线只能通过信息立法来构建，以及时将那些成熟和普遍的道德规范转变为法律法规。

第六，军事伦理，主要涉及军事领域的研究伦理。地球上所有最新研发的高精尖科技，往往最先在军事领域进行应用。高新科技是一把双刃剑，既能造福人类，也能为人类带来灾难，科学技术在帮助人类创造大量物质和精神财富的同时，也为武器——这一战争的最基本要素的设计和生产提供了巨大的支持。近代以来，武器发展日新月异，其杀伤力和破坏力随着科技的发展而成指数性增长。核武器和生化武器等大规模杀伤性武器的问世，使人类以及人类赖以生存的环境变得无比脆弱，一旦这些大规模杀伤性武器无法被有效控制，那么人类文明将不复存在。因此，必须在科技伦理的框架下制定相关法律法规对武器的研制和发展进行约束。

对于旨在研究人类行为的研究，在收集数据之前、期间和之后，研究的伦理问题的考虑是至关重要的（Zikmund，2003）。本书研究涉及的主要伦理问题就是问卷调查参与者的隐私保护问题。对于那些在数据收集过程中忽略道德问题的研究，受访者的反应往往缺乏合理性或合规性，这使收集数据变得困难（Sekaran and Bougie，2016）。根据 Crow 和 Wiles（2008）的研究，在社会研究中，被调查者的保密性和匿名性是一个核心的伦理问题，这也是影响参与者对于数据调查的态度的关键因素，很多参与者可能会因为保密性得不到保证而无法给出真实客观的调查数据，或者直接放弃问卷调查。因此，研究人员应确保所有参与者知道研究者将尽一切努力保护参与者的隐私。

在本书研究中，所有参与者都收到了一封说明信（见附录 B），其中详细说明了本书研究的目的和移动银行的定义，以确保每个参与者都知道本书研究的主题和目的。此外，参与者会被告知，他们的参与是自愿的，他们有权随时退出且不用承担任何后果。此外，所有受访者的个人信息均受到保护，仅用于学术研究。受访者还被告知他们提供的信息不会用于营销和销售活动。

第十二节　本章小结

综上所述，本章阐述了本书研究所选择的具体方法和技术的各个方面，这些方法和技术可以概括为实证法、演绎法、定量法和调查法。本章具体阐述了本书研究的研究哲学、具体方法、定性和定量研究的选择、问卷调查的具体方法以及工具开发。在研究的具体设计方面，本章还讨论了数据的收集、数据的分析过程以及研究伦理。图4-5展示了本书研究的理念。本章为下一章的数据分析奠定了基础。

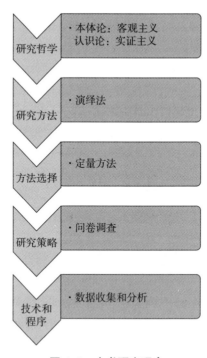

图 4-5　本书研究理念

第五章 数据分析和结果

第一节 引言

第三章给出的研究模型需要对其效度、信度和意义进行全面的评估和衡量。本章由七节组成。第二节介绍了 SmartPLS 的测量模型和结构模型。第三节提供了初步分析的信息，包括来回翻译和试点研究分析。来回翻译有助于纠正问卷的初始措辞和布局，并检查其可行性。试点研究旨在评估量表的信度和效度。在初步研究的基础上，编制了最终的问卷。第四节详细介绍了数据筛选，包括缺失值、异常值、多重共线性检验和详细的因素载荷评估。数据筛选后，第五节阐述了研究的人口统计信息，这一节也致力于数据分析，包括测量模型的信度和效度结果、结构模型的结果和中介效应的解释。第六节为本章最后一节，对本章的内容进行了总结。其中，本书研究采用 SPSS 23 和 SmartPLS 3 软件对数据进行分析。

第二节 PLS 路径建模方法

本书采用偏最小二乘结构方程模型（简称 PLS-SEM）对研究模型进行分析。结构方程建模（SEM）方法可以解决传统统计方法无法解决的问题。SEM 是一种允许同时建模多个独立和从属结构之间的关系的技术。由于这种特性，SEM 方法有效地弥补了传统研究过程中的缺陷，并成为社会科学研究领域的主要研究方法，特别是在处理多元数据方面。1983 年，伍德（S. wold）和阿巴诺（C. Albano）首次提出 PLS 方法。该方法是将主要因素分析和多元回归方法结合起来的一种迭代估计，是一种因果建模的方法，该方法对不同潜变量所对应的显变量抽取主因素，用这些主因素建立回归模型，然后使用调整因素权重的方式对参数进行估计。方法的主要思想就是通过对隐变量的测量算子的子集抽取主要因素来估计潜变量的值，最后使用最小二乘法计算载荷值和路径系数（张军，2007）。

因子载荷是指每一个因子得分与其对应的原始变量之间的关系。因子载荷 a_{ij} 的统计意义就是第 i 个变量与第 j 个公共因子的相关系数即表示 X_i 依赖 F_j 的分量（比重）。所谓路径系数，就是在路径分析中，两个变量之间的相关性。路径系数是一个标注化的回归系数，本书研究结构模型潜变量之间的路径系数代表一个潜变量对另一个潜变量的直接影响。PLS 方法对于数据的分布没有很严格的要求，该方法能够克服多重共线性的问题（罗海成，2006）。所以，当样本量很大并且每个隐变量都有很多显变量时，PLS 方法估计具有良好的一致性。换句话说，如果样本数量增加，那么内部关系、区组结构以及因果关系估计量很有可能会接近所估计的总体参数（凌元辰、曹力和白京，2009）。

PLS-SEM 方法通常是使用迭代的方法来展开的（孙立成、梅强和周江华，2013）。PLS-SEM 方法通常用于检查测量的信度和效度，并测试所提出的研究模型。PLS-SEM 已被证明是信息系统（IS）研究中常用的有效技术（Gefen and Straub，1997；Venkatesh and Morris，2000；Ahuja and Thatcher，2005）。该方法能通过建立潜变量的因果网络来处理非正常数据、有限样本和形成性指标，由于该方法在这方面的优势，该方法经常被使用（Tenenhau et al.，2005）。

潜变量也称为结构，是研究人员为了理解研究主题而构建的假设结构（Bentler，1980）。由于其不可观察的假设性质，无法直接测量潜变量。但是，有了适当的模型，研究人员可以使用指标变量（也称为显变量）来估计潜变量，这些指标变量可以凭经验进行观察和测量。因此，在研究这些关系时，可以使用一系列的理论结构，如收益、满意度、感知和意图。因此，可以利用潜变量来构建研究模型，以指导不可测量理论结构的使用（Urbach and Ahlemann，2010）。结构方程的模型主要由两部分组成，一个是结构模型，一个是测量模型（王济川、王小倩和姜宝法，2011）。潜变量之间的关系是由结构模型来表示的，而测量模型则用来表示潜变量和显变量之间的关系。

如图 5-1 所示，本书研究共包含 11 个潜变量（黑色圆圈表示），分别是任务特征（TAC）、技术特征（TEC）、任务技术匹配（TTF）、性能预期（PE）、努力预期（EE）、社会影响（SI）、便利条件（FC）、行为意图（BIextend）、确认（CNF）、满意度（SAT）和持续性意图（INT）。这 11 个变量都是从 UTAUT、TTF 和 ECM 模型中选择的。ECM 模型中的感知有用性被排除在外，因为 UTAUT 模型中的性能预期涵盖了 ECM 模型中的感知有用性（Venkatesh et al., 2003）。另外，与 Zhou，Lu 和 Wang（2010），Oliveira 等（2014）以及 Afshan 和 Sharif（2016）的移动银行研究一致，本书研究从 UTAUT 模型中选取性能预期来参与研究模型的建立，因此，本研究不包括 ECM 中的感知有用性。这 11 个潜变量的定义见表 5-1。

表 5-1　本书中潜变量的定义

潜变量	定义
任务特征（TAC）	任务特征被定义为用户任务需求的一些关键方面，包括无处不在的账户管理、汇款和实时账户信息查询等（Zhou, Lu and Wang, 2010）
技术特征（TEC）	技术特征是指移动银行技术的一些关键方面，包括普遍性、即时性和安全性（Zhou, Lu and Wang, 2010）
任务技术匹配（TTF）	任务技术匹配性是一种理性观点，即新技术可以优化工作。它受任务的性质和完成任务的技术的实用性的影响（Oliveiraa et al., 2014）
性能预期（PE）	个人认为使用该系统有助于其提升工作能力的程度（Venkatesh et al., 2003）
努力预期（EE）	与使用系统相关的易用程度（Venkatesh et al., 2003）
社会影响（SI）	对某人来说比较重要的人认为其需要使用新系统的程度（Venkatesh et al., 2003）
便利条件（FC）	个人认为存在组织和技术基础以支持其信息系统的使用的程度（Venkatesh et al., 2003）
行为意图（BIextend）	尝试用户以前从未使用过的新功能的意图（Venkatesh et al., 2003）
确认（CNF）	用户对电子银行使用预期与实际绩效一致性的看法（Bhattacherjee, 2001b）
满意度（SAT）	电子银行使用后用户的感受（Bhattacherjee, 2001b）
持续性意图（INT）	继续使用用户以前使用过的功能的意图（Bhattacherjee, 2001b）

如图 5-2 所示，PLS-SEM 包含两组模型，即测量模型和结构模型（Hair et al., 1998）。测量模型由黑色圆圈表示的潜变量与灰色长方形表示的测量项目之间的关系组成。结构模型只包括黑色圆圈表示的潜变量以及连接它们的路径箭头。本书研究的重点是检验结构模型中潜变量之间的关系（假设）。

通过在 PLS-SEM 中应用这两个模型，可以使所有因变量的方差最小（Chin, 1998）。由于潜变量被更多的指标解释，模型的质量可以得到更好的改善，因为有一个规则被称为"总体一致性"（Huber et al., 2007）。换句话说，更多的指标有助于更好地解释所有潜变量的方差（Lyttkens, 1973）。然而，当潜变量被估计为其相应指标变量的集合时，可能会出现测量误差

（Chin and Newsted, 1999）。在这种情况下，由于 PLS 估计与经验数据之间的紧密性，会产生不一致性（Fornell and Cha, 1994；Huber et al. , 2007）。因此，指标过多可能导致不一致的问题。相反，当研究中包含的指标太少时，潜变量的方差就无法改善。有学者的研究已经证明，更多具有更高质量和更大样本容量的指标可以有助于实现更好的收敛、更少的参数偏差和更好的潜变量方差的解释力（Wurpts and Geiser, 2014）。因此，指标太少可能会导致潜变量的较大方差以及潜变量与实际情况之间的显著的不一致性。在本书研究中包括 11 个指标，其中 11 被认为是确保潜变量质量的适当数量。

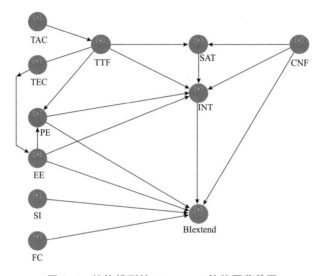

图 5-1　结构模型的 SmartPLS 软件屏幕截图

如上所述，本书研究的主要焦点在于由 11 个无法直接测量的潜变量构成的结构模型。因此，可观察变量（也称为显性变量、测量项目或指标）构成了特定项目，这些项目代表了问卷中提出的特定问题可以进行测量。可观察变量是一组由李克特（Likert）七级量表从"1"（强烈不同意）到"7"（强烈同意）测量的反应。在本书研究中，测量模型中的测量项目包括 TAC1、TAC2、TAC3、TAC4、TEC1、TEC2、TEC3、TEC4、TTF1、TTF2、TTF3、TTF4、PE1、PE2、PE3、PE4、EE1、EE2、EE3、EE4、SI1、SI2、SI3、SI4、FC1、FC2、FC3、FC4、BI1、BI2、BI3、BI4、CNF1、CNF2、CNF3、CNF4、SAT1、SAT2、SAT3、SAT4、INT1、INT2、INT3 和 INT4。因此，如图 5-2 所示，测量模型中共有 44 个可观测变量（用灰色长方形表示）用于估计潜变量。

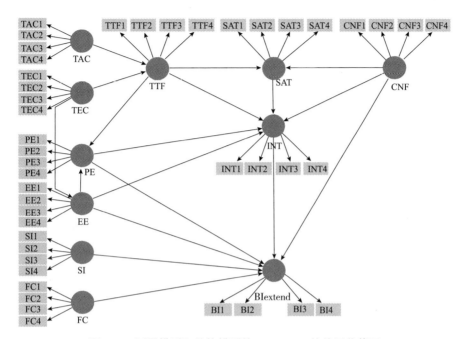

图 5-2　测量模型和结构模型的 SmartPLS 软件屏幕截图

图 5-3 展示了潜变量"任务特征"的测量。"任务特性被定义为用户任务需求的一些关键方面，包括无处不在的账户管理、汇款和实时账户信息查询等"（Zhou，Lu and Wang，2010）。任务特征是一种构面，用户在移动银行程序进行金融服务时，任务特征被用来确认任务需求的关键方面。它是根据李克特（Likert）七级量表测量的。其中，四个测量项目是根据 Zhou，Lu 和 Wang（2010）的研究设计的，现介绍如下：

（1）TAC1——我需要随时随地管理我的账户。

（2）TAC2——我需要随时随地转账。

（3）TAC3——我需要实时获取账户信息。

（4）TAC4——我需要额外的目前的移动银行没有覆盖的功能。

（量表：1＝强烈不同意，……，7＝强烈同意）

图 5-4 显示了潜变量"技术特征"的测量。"技术特征是指移动银行技术的一些关键方面，包括普遍性、即时性和安全性"（Zhou，Lu and Wang，2010）。它是一个用来衡量用户感知到的移动银行技术关键特征的结构。技术特性是根据李克特（Likert）七级量表测量的。其中，四个测量项目是根据 Zhou，Lu 和 Wang（2010）的研究设计的，现介绍如下：

（1）TEC1——移动银行提供无处不在的服务。

（2）TEC2——移动银行提供实时服务。

（3）TEC3——移动银行提供安全服务。

（4）TEC4——技术提供了未充分开发的功能。

（量表：1＝强烈不同意，……，7＝强烈同意）

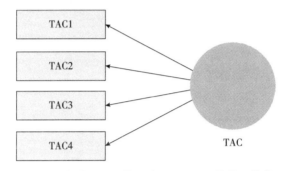

图 5-3　任务特征测量模型的 SmartPLS 软件屏幕截图

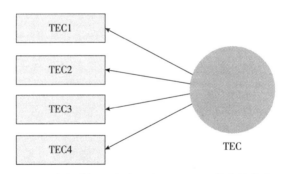

图 5-4　技术特征测量模型的 SmartPLS 软件屏幕截图

图 5-5 显示了潜变量 "任务技术匹配" 的测量。"任务技术匹配性是一种理性观点，即新技术可以优化工作。它受任务的性质和完成任务的技术的实用性的影响" (Oliveira et al. , 2014)。任务技术匹配是一种用来确定移动银行服务技术满足用户任务的程度的结构。它是根据李克特（Liket）七级量表测量的。其中，四个测量项目是根据 Zhou，Lu 和 Wang（2010）的研究设计的，现介绍如下：

（1）TTF1——移动银行的功能已经足够了。

（2）TTF2——移动银行的功能非常适合我的银行业务。

（3）TTF3——移动银行的功能完全满足我的银行需求。

（4）TTF4——新的技术能力满足了我无法满足的需求。

（量表：1＝强烈不同意，……，7＝强烈同意）

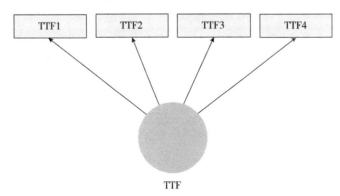

图 5-5 任务技术匹配测量模型的 SmartPLS 软件屏幕截图

图 5-6 显示了潜变量"性能预期"的测量。性能预期指"个人认为使用该系统有助于其提升工作能力的程度"（Venkatesh et al.，2003）。性能预期是一种认知结构，用来衡量移动银行对用户的帮助程度。它是根据李克特（Likert）七级量表测量的。其中，四个测量项目是根据 Venkatesh 等（2003），Venkatesh 等（2011）以及 Venkatesh，Thong 和 Xu（2012）的研究设计的，现介绍如下：

（1）PE1——我发现移动银行在我的日常生活中很有用。

（2）PE2——使用移动银行帮助我更快地完成银行交易。

（3）PE3——使用移动银行提高了我的工作效率。

（4）PE4——在使用移动银行时，我发现许多新功能非常有用。

（量表：1＝强烈不同意，……，7＝强烈同意）

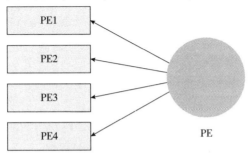

图 5-6 性能预期测量模型的 SmartPLS 软件屏幕截图

图 5-7 显示了潜变量"努力预期"的测量。努力预期指"与使用系统相关的易用程度"（Venkatesh et al.，2003）。它也是一种认知结构，用于衡量用户在操作移动银行服务时花费的时间和精力。努力预期是根据李克特（Likert）七级量表测量的。其中，四个测量项目是根据 Venkatesh 等（2003），Venkatesh 等（2011）以及 Venkatesh，Thong 和 Xu（2012）的研究设计的，现介绍如下：

（1）EE1——我发现移动银行很容易使用。

（2）EE2——我很容易熟练地使用移动银行。

（3）EE3——移动银行比其他银行平台更容易使用。

（4）EE4——学习如何使用移动银行提供的新功能对我来说很容易。

（量表：1＝强烈不同意，……，7＝强烈同意）

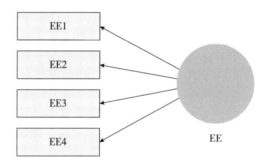

图 5-7　努力预期测量模型的 SmartPLS 软件屏幕截图

图 5-8 显示了潜变量"社会影响"的测量。社会影响指"对某人来说比较重要的人认为其需要使用新系统的程度"（Venkatesh et al.，2003）。社会影响力是一种认知结构，用来衡量移动银行用户是如何受到社会群体和熟人的影响的。它是根据李克特（Likert）七级量表测量的。其中，四个测量项目是根据 Oliveira 等（2014），Venkatesh 等（2003），Venkatesh 等（2011）的研究设计的，现介绍如下：

（1）SI1——影响我行为的人认为我应该使用移动银行。

（2）SI2——对我很重要的人认为我应该使用移动银行。

（3）SI3——在银行的推动下，我将尝试移动银行的新功能。

（4）SI4——移动银行很流行，所以我会尝试新的功能。

（量表：1＝强烈不同意，……，7＝强烈同意）

图 5-9 显示了潜变量"便利条件"的测量。便利条件是指"个人认为存在组织和技术基础以支持其信息系统的使用的程度"（Venkatesh et al.，

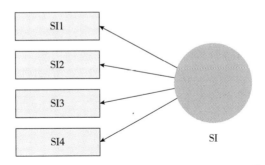

图 5-8　社会影响测量模型的 SmartPLS 软件屏幕截图

2003)。便利条件是一种认知结构,用来衡量移动银行用户对移动银行便利效果的感知。它是根据李克特(Likert)七级量表测量的。其中,四个测量项目是根据 Venkatesh 等(2003),Venkatesh 等(2011)以及 Venkatesh,Thong 和 Xu(2012)的研究设计的,现介绍如下:

(1)FC1——我有必要的有利于移动银行的资源,如移动设备和网络。

(2)FC2——我有使用移动银行的必要知识。

(3)FC3——当我使用移动银行有困难时,我可以从别人那里得到帮助。

(4)FC4——当我使用新功能有困难时,我可以从别人那里得到帮助。

(量表:1=强烈不同意,……,7=强烈同意)

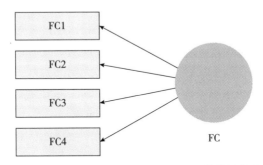

图 5-9　便利条件测量模型的 SmartPLS 软件屏幕截图

图 5-10 显示了潜变量"行为意图"的测量。行为意图指的是"尝试用户以前从未使用过的新功能的意图"(Venkatesh et al.,2003)。行为意图是一种因素,用来衡量用户想要尝试以前从未使用过的新功能的程度。它是根据李克特(Likert)七级量表测量的。其中,四个测量项目是根据 Venkatesh 等(2003)以及 Venkatesh,Thong 和 Xu(2012)的研究设计的,现介绍如下:

（1）BI1——我打算在未来探索更多的移动银行功能。

（2）BI2——我预测未来我会探索更多的移动银行功能。

（3）BI3——我计划经常探索更多的移动银行功能。

（4）BI4——我会在日常生活中不断尝试探索更多的移动银行功能。

（量表：1＝强烈不同意，……，7＝强烈同意）

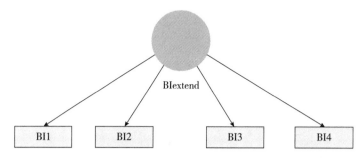

图 5-10　行为意图测量模型的 SmartPLS 软件屏幕截图

图 5-11 显示了潜变量"确认"的测量。确认是"用户对电子银行使用预期与实际绩效一致性的看法"（Bhattacherjee，2001b）。确认是衡量用户在实际使用过程中对移动银行业务初始期望的确认程度。它是根据李克特（Likert）七级量表测量的。其中，四个测量项目是根据 Bhattacherjee（2001b）的研究设计的，如下所示：

（1）CNF1——我使用移动银行的体验比我预期的要好。

（2）CNF2——移动银行的服务水平比我预期的要好。

（3）CNF3——移动银行带来的好处比我预期的要好。

（4）CNF4——总的来说，我对移动银行的大部分期望都得到了实现。

（量表：1＝强烈不同意，……，7＝强烈同意）

图 5-12 显示了潜变量"满意度"的测量。满意度指的是"电子银行使用后用户的感受"（Bhattacherjee，2001b）。满意度是一个用来确定移动银行服务是否满足用户需求，并使用户产生心理上满意的感觉的因素。它是根据李克特（Likert）七级量表测量的。其中，四个测量项目是根据 Bhattacherjee（2001b）的研究设计的，如下所示：

（1）SAT1——您对移动银行的整体使用体验有何感想？

（量表：1＝非常不满意，……，7＝非常满意）

（2）SAT2——您对移动银行的整体使用体验有何感想？

（量表：1＝非常不高兴，……，7＝非常高兴）

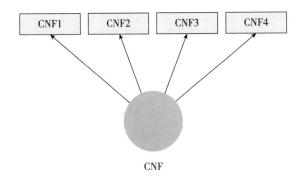

图 5-11　确认测量模型的 SmartPLS 软件屏幕截图

（3）SAT3——您对移动银行的整体使用体验有何感想？
（量表：1＝非常沮丧，……，7＝非常满意）
（4）SAT4——您对移动银行的整体使用体验有何感想？
（量表：1＝非常糟糕，……，7＝非常高兴）

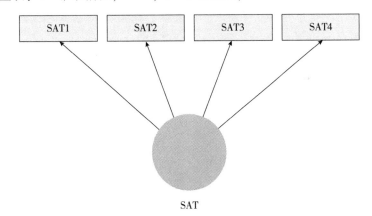

图 5-12　满意度测量模型的 SmartPLS 软件屏幕截图

图 5-13 显示了潜变量"持续性意图"的测量。持续性意图指"继续使用用户以前使用过的功能的意图"（Bhattacherjee，2001b）。持续性意图是研究用户在首次使用移动银行应用程序后继续使用移动银行应用程序的意图。它是根据李克特（Likert）七级量表测量的。其中，四个测量项目是根据Bhattacherjee（2001b）的研究设计的，如下所示：
（1）INT1——我打算继续使用移动银行，而不是停止使用。
（2）INT2——我的意图是继续使用移动银行，而不是使用任何其他方式。

（3）INT3——如果可以的话，我想继续使用移动银行。

（4）INT4——我将继续使用我的移动银行的相同功能。

（量表：1＝强烈不同意，……，7＝强烈同意）

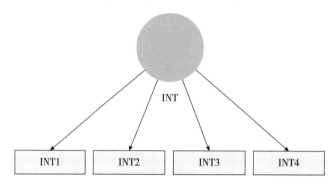

图5-13　持续性意图测量模型的 SmartPLS 软件屏幕截图

综上所述，用 PLS-SEM 建立的研究模型包括测量模型和结构模型，测量模型表示了潜变量和测量项目之间的关系，而结构模型反映的是不同潜变量之间的关系。如图 5-2 所示，在以下章节中，采用两步法（Vinzi et al.，2010）报告结果。具体来说，第一步是分析测量模型；第二步是采用 PLS 路径建模方法对结构模型进行分析。

第三节　试点研究

试点研究是正式研究开始之前的一个预研究，其主要作用是用较小的样本量对实验模型进行测试以评估正式实验的可行性并对测试项目进行修订。

一、问卷翻译

设计调查问卷时，首先考虑了问卷翻译的问题。在全球化已经形成的今天，在很多的社会科学研究领域，跨文化跨语言的问卷调查出现的概率越来越高（董丹萍，2016）。本书研究用英语设计了一个调查问卷，其内容的有效性由一组大学教职员工仔细评估和审查。接下来，问卷由商业管理专业的一名博士候选人独立翻译成中文。之后，另一位具有博士学位的专业翻译人员将中文翻译回英语。这样，翻译和回译就得到了确认。在来回翻译的过程中，对应中英文的语义在几个独立的翻译人员的翻译下进行了来回对照，这个过程可以识别、讨论和修改某些项中的不明确的表达方式。经过这些修改，所有翻译的项目都表述无误，很容易被参与者理解，并正确表达了原始项目的含义。最终项目及其来源见附录 A，调查问卷的最终版本（中英文）见附录 B。

在来回翻译的过程中，没有发现什么特殊困难。中文版问卷的翻译考虑了其他有用资源的帮助，以尽量减少表达的歧义和不确定性。在中国，在线调查服务由许多网站提供，如 SurveyStar（https：//www. wjx. cn）和 Survey-Web（https：//www. wenjuan. com）等。在线调查服务提供商 Qualtrics 展现出了很有吸引力的优势，例如支持用户创建多语言版本的问卷，并允许用户在英国接受在线问卷调查。因此，本书研究选择 Qualtrics 平台进行问卷的创建、分发和收集。尽管未被采用，但中国的在线调查服务提供商（如 SurveyStar 和 SurveyWeb）为问卷调查提供了很好的参考价值。在 SurveyStar 和 SurveyWeb 上，研究人员可以免费访问大量的中国调查问卷，包括有关移动银行用户的消费行为和意图的调查。通过参考相关文献的调查问卷，研究人员和翻译人员合作完成了本书研究问卷中文版中所使用因素的翻译。这保证了本书研究问卷的最高精确度和用户对问卷的正确理解。编制最终调查表的整个过程涉及我国研究人员、翻译人员和试点实验调查表（以发现任何问题或歧义）。这确保了最终的问卷在使用 Qualtrics 在线之前已经过彻底的检查。

二、初步分析

本节讨论了试点研究及其结果。试点研究是正式研究的一个预备性的研究。它在程序上包含了正式研究的所有程序环节，只是样本数量要远远小于正式研究。试点研究的目的是评估所有因素测量的信度和效度，以便在正式的大批量调查开始前对问卷进行最终的修改和完善。具体来说，试点研究的作用可以概括为以下几点：①针对现有资料收集方法进行改进，根据试点研究结果，可以增加或者减少测试项目。②对研究提出的假设进行预检测，使假设更加准确。也可根据情况用新的假设来代替原有假设。③得到有利于正式研究的观点和结果。④对已经设计好的数据收集和检验步骤进行试验，以验证整个流程是否适合于研究目标。⑤通过试点研究，对正式研究的研究成本进行估算，对正式研究在成本上的可行性进行判断。⑥通过试点研究获得相关的自变量强度和指导语等方面的反馈。综上所述，可以看出试点研究对于整个研究过程来说是十分关键和必不可少的一步。

在本书研究中，进行了一项在线调查。试点调查为期 5 天（2017 年 3 月

23 日至 2017 年 3 月 27 日）。结果，共收集到 139 份来自国内的调查结果，经过分析和筛选，其中 96 份有效。问卷调查要求确保所有受访者都有使用移动银行服务的经验，因此研究人员在问卷中通过要求被测试者回答几个确认性问题来强调和保证这一点。

本书研究根据三个标准来确定收集的问卷的有效性：①问卷中有四个验证性问题。不包括非中国移动银行应用用户的受访者。②所有问卷答案均须填写完毕。如果一个或多个问题没有得到回答，则问卷无效。③如果十个或更多的问题的答案相同，则问卷是无效的。例如，如果一个被调查者在十个或更多的问题中选择"7"（强烈同意），则该问卷将被视为无效并丢弃。很多人可能会对填写问卷感到厌烦，然后在一个点之后开始提供相同的答案，或者他们甚至可能都没有读过这个问题。如果符合这些标准中的任何一个，调查问卷将被视为无效且不适合使用。数据分析采用 SPSS 23 和 SmartPLS3。

1. 试点研究人口统计学概况

本节描述了预测试期间受访者的人口统计特征。如前所述，共得到了 96 份有效调查。表 5-2 总结了受访者的人口统计学信息，包括性别、年龄、教育背景、职业和月收入。

表5-2　试点调查样本的人口统计学频率

		频率	百分比（%）
性别	男	51	53.1
	女	45	46.9
	总计	96	100.0
年龄	18~25 岁	21	21.9
	26~35 岁	24	25.0
	36~45 岁	23	24.0
	46~60 岁	27	28.1
	60 岁以上	1	1.0
	总计	96	100.0

续表

		频率	百分比（%）
教育背景	初中及以下	1	1.0
	高中	14	14.6
	大专	23	24.0
	学士学位	49	51.0
	硕士学位及以上	9	9.4
	总计	96	100.0
职业	学生	5	5.2
	公司职员	57	59.4
	公务员	3	3.1
	事业单位职员	16	16.7
	个体工商户	8	8.3
	失业/下岗	3	3.1
	其他	4	4.2
	总计	96	100.0
月收入	低于3000元	14	14.6
	3000~5000元	18	18.8
	5001~8000元	22	22.9
	8001~10000元	19	19.8
	10001~15000元	12	12.5
	高于15000元	11	11.5
	总计	96	100.0

注：N=96。

结果显示，男性受访者（51，53.1%）多于女性（45，46.9%）。年龄方面，18~25岁年龄组21人（21.9%），26~35岁年龄组24人（25.0%），36~45岁年龄组23人（24.0%），46~60岁年龄组27人（28.1%），60岁以上年龄组1人（1.0%）。教育背景方面，约半数受访者持有学士学位（51.0%），其次是大专学位（24.0%）。仅有1名受访者为初中及以下学历（1.0%）。此外，有14名受访者拥有高中学历（14.6%），9名受访者拥有硕士及以上学历（9.4%）。就职业而言，受访者中有大量是公司员工

（59.4%）。月收入方面，月收入 3000 元以下组的有 14 人（14.6%），3000～5000 元组的有 18 人（18.8%），5001～8000 元组的有 22 人（22.9%），8001～10000 元组的有 19 人（19.8%），10001～15000 元组的有 12 人（12.5%），15000 元以上组的有 11 人（11.5%）。

2. 测量验证

对测量的信度和效度进行评估是进一步模型试验的必要条件。因此，对测量的信度和效度检验如下：

（1）信度。信度检测指的是对实证研究中的测量结果的可靠性进行检测。信度能够反映模型的稳定性、可靠性和一致性。一般来说，利用相同的方法对实验模型进行多次测试，如果多次测试的结果基本一致，则认为该模型是可靠的，具有很好的信度。系统误差一般不会降低信度，因为系统误差在每次测量中总会以相同的形式影响测量结果，并不会产生不一致性。然而，随机误差有产生不一致性的可能，从而可能会降低信度。

指标负载值应大于 0.7（Chin，1998），以保证测量的信度。从表 5-3 可以看出，三个指标 TAC4、TEC4 和 INT3R 的加载值低于 0.7。具体来说，INT3R 的指标载荷为 -0.214。INT3R 的问题是 "如果可以，我想停止使用移动银行"。这是一个相反的问题，它是根据 Bhattacherjee（2001b）的研究改编的持续性意图的测量项目。由于 INT3R 的指标负载低于 0.7，所以无法满足信度要求。因此，将预测试中的指标 INT3R 更改为用于主测试的 INT3。INT3 是一个正问题，"如果可以，我想继续使用移动银行"。INT3 的因子载荷超过 0.7，满足信度要求，最终用于主试验。TAC4 的指标载荷为 0.195，TEC4 的指标载荷为 0.585。显然，TAC4 和 TEC4 的指标载荷不符合 0.7 的基准值，无法保证测量的信度。因此，TAC4、TEC4 和 INT3R 这三个项目被删除，不再用于进一步的分析。其他指标的载荷值均大于 0.7，显示了令人满意的指标信度，可供进一步分析。

表 5-3　指标载荷

因素	项目	载荷	因素	项目	载荷
BIextend	BI1	0.934	SAT	SAT1	0.904
	BI2	0.842		SAT2	0.880
	BI3	0.910		SAT3	0.880
	BI4	0.922		SAT4	0.889

续表

因素	项目	载荷	因素	项目	载荷
CNF	CNF1	0.846	SI	SI1	0.844
CNF	CNF2	0.862	SI	SI2	0.840
CNF	CNF3	0.903	SI	SI3	0.855
CNF	CNF4	0.885	SI	SI4	0.805
EE	EE1	0.934	TAC	TAC1	0.884
EE	EE2	0.942	TAC	TAC2	0.835
EE	EE3	0.862	TAC	TAC3	0.871
EE	EE4	0.900	TAC	TAC4	0.195
FC	FC1	0.898	TEC	TEC1	0.790
FC	FC2	0.880	TEC	TEC2	0.823
FC	FC3	0.881	TEC	TEC3	0.898
FC	FC4	0.742	TEC	TEC4	0.585
INT	INT1	0.897	TTF	TTF1	0.885
INT	INT2	0.945	TTF	TTF2	0.909
INT	INT3R	−0.214	TTF	TTF3	0.818
INT	INT4	0.919	TTF	TTF4	0.771
PE	PE1	0.910	PE	PE3	0.932
PE	PE2	0.918	PE	PE4	0.806

注：BIextend＝行为意图；CNF＝确认；EE＝努力预期；FC＝便利条件；INT＝持续性意图；PE＝性能预期；SAT＝满意度；SI＝社会影响；TAC＝任务特征；TEC＝技术特征；TTF＝任务技术匹配。

Cronbach's alpha 是最流行的研究人员用来测量数据信度的技术（Rosnow and Rosenthal，1998）。根据 Nunnally 和 Bernstein（1994），Cronbach's alpha 值的判别标准是：Cronbach's alpha 值越接近1则信度越高，当 Cronbach's alpha 值小于0.35时，则认为信度较低；当 Cronbach's alpha 值在0.35和0.7之间时，则认为信度中等；当 Cronbach's alpha 值大于0.7时，则认为信度高。所以 Cronbach's alpha 值大于等于0.7则被认为是可以接受的，可以进行进一步分析。如表5-4所示，分析结果表明，所有剩余的测量值都是可靠的，因为 Cronbach's alpha 值都高于0.7。

组合信度（CR）指的是某个组合变量（两个或者多个变量组成的新变

量）的信度。组合信度（CR）法也可用于评估信度。Nunnally 和 Bernstein （1994）认为组合信度的可接受值为 0.7 或更高。Cronbach's alpha 和组合信度结果如表 5-4 所示，所有数值均高于 0.7，表明指标可靠度良好。

表 5-4　Cronbach's alpha 和组合信度结果

	Cronbach's Alpha	组合信度
BIextend	0.924	0.946
CNF	0.897	0.928
EE	0.930	0.951
FC	0.873	0.914
INT	0.910	0.944
PE	0.914	0.940
SAT	0.911	0.937
SI	0.859	0.903
TAC	0.831	0.899
TEC	0.806	0.886
TTF	0.868	0.910

注：BIextend = 行为意图；CNF = 确认；EE = 努力预期；FC = 便利条件；INT = 持续性意图；PE = 性能预期；SAT = 满意度；SI = 社会影响；TAC = 任务特征；TEC = 技术特征；TTF = 任务技术匹配。

（2）效度。效度通常指的是测量结果的正确性。测试结果和测试目标之间的差异一般被用来表示效度。信度受测试随机误差的影响，而效度则受与测量目的无关的变量引起的系统误差的干扰。在对指标信度进行检测之后，还需要对指标的效度进行检测。在本书研究中，效度的检测主要是对收敛效度和区别效度进行测量。评估区别效度的一种方法是检查每个指标的因子载荷（Chin，1998）。因子载荷应大于相应的交叉载荷。表 5-5 中的因子载荷以粗体标记。因子载荷是测试区别效度的重要参数，一般认为当因子载荷大于交叉载荷时，区别效度是可接受的。表 5-5 显示了因子载荷大于交叉载荷，从而证明了区别效度。

表 5-5 结果的效度——交叉载荷

	BIextend	CNF	EE	FC	INT	PE	SAT	SI	TAC	TEC	TTF
BI1	**0.934**	0.671	0.612	0.640	0.708	0.558	0.628	0.661	0.525	0.635	0.686
BI2	**0.842**	0.669	0.613	0.609	0.668	0.500	0.597	0.557	0.558	0.636	0.654
BI3	**0.910**	0.630	0.556	0.610	0.655	0.499	0.576	0.616	0.451	0.548	0.635
BI4	**0.922**	0.642	0.601	0.640	0.618	0.496	0.590	0.673	0.512	0.541	0.641
CNF1	0.672	**0.847**	0.562	0.526	0.667	0.512	0.645	0.541	0.532	0.569	0.714
CNF2	0.628	**0.862**	0.606	0.582	0.635	0.627	0.660	0.605	0.490	0.669	0.694
CNF3	0.605	**0.903**	0.614	0.639	0.764	0.695	0.716	0.591	0.541	0.692	0.703
CNF4	0.630	**0.885**	0.656	0.629	0.747	0.647	0.749	0.643	0.558	0.649	0.707
EE1	0.580	0.617	**0.934**	0.787	0.675	0.713	0.744	0.616	0.612	0.661	0.677
EE2	0.598	0.652	**0.942**	0.849	0.726	0.695	0.768	0.640	0.608	0.663	0.688
EE3	0.595	0.655	**0.862**	0.692	0.752	0.715	0.798	0.666	0.666	0.613	0.672
EE4	0.630	0.613	**0.900**	0.756	0.588	0.666	0.720	0.661	0.567	0.640	0.628
FC1	0.580	0.614	0.784	**0.898**	0.684	0.658	0.690	0.593	0.490	0.638	0.638
FC2	0.677	0.599	0.780	**0.880**	0.648	0.568	0.675	0.628	0.561	0.611	0.688
FC3	0.579	0.565	0.744	**0.881**	0.658	0.656	0.629	0.606	0.561	0.695	0.602
FC4	0.507	0.541	0.562	**0.742**	0.476	0.534	0.436	0.497	0.439	0.523	0.495
INT1	0.625	0.726	0.717	0.684	**0.891**	0.683	0.750	0.631	0.624	0.602	0.665
INT2	0.687	0.724	0.700	0.678	**0.948**	0.693	0.757	0.597	0.692	0.644	0.683
INT4	0.714	0.777	0.672	0.651	**0.924**	0.677	0.768	0.574	0.684	0.658	0.723
PE1	0.478	0.669	0.733	0.684	0.686	**0.910**	0.740	0.595	0.630	0.694	0.588
PE2	0.493	0.608	0.702	0.645	0.681	**0.918**	0.688	0.562	0.585	0.699	0.581
PE3	0.506	0.630	0.724	0.649	0.725	**0.932**	0.723	0.593	0.692	0.686	0.636
PE4	0.565	0.634	0.571	0.542	0.551	**0.806**	0.656	0.623	0.641	0.676	0.596
SAT1	0.576	0.742	0.716	0.645	0.723	0.669	**0.904**	0.667	0.636	0.653	0.756
SAT2	0.564	0.698	0.713	0.556	0.745	0.673	**0.880**	0.628	0.681	0.578	0.718
SAT3	0.653	0.677	0.742	0.619	0.735	0.700	**0.880**	0.618	0.608	0.579	0.726
SAT4	0.563	0.701	0.789	0.738	0.724	0.753	**0.889**	0.614	0.569	0.683	0.744
SI1	0.479	0.491	0.452	0.425	0.408	0.429	0.452	**0.844**	0.422	0.324	0.442
SI2	0.476	0.494	0.494	0.429	0.481	0.506	0.512	**0.840**	0.421	0.398	0.447
SI3	0.709	0.575	0.721	0.703	0.629	0.581	0.682	**0.855**	0.592	0.634	0.685

续表

	BIextend	CNF	EE	FC	INT	PE	SAT	SI	TAC	TEC	TTF
SI4	0.598	0.688	0.637	0.652	0.606	0.661	0.673	**0.805**	0.531	0.594	0.621
TAC1	0.511	0.561	0.589	0.545	0.645	0.646	0.627	0.607	**0.889**	0.651	0.545
TAC2	0.500	0.465	0.624	0.516	0.610	0.576	0.606	0.461	**0.829**	0.544	0.519
TAC3	0.457	0.549	0.535	0.506	0.624	0.626	0.587	0.488	**0.876**	0.566	0.493
TEC1	0.544	0.521	0.526	0.563	0.473	0.535	0.481	0.471	0.452	**0.812**	0.600
TEC2	0.464	0.601	0.570	0.596	0.610	0.718	0.574	0.438	0.601	**0.823**	0.598
TEC3	0.644	0.737	0.693	0.678	0.662	0.704	0.710	0.619	0.664	**0.910**	0.751
TTF1	0.643	0.743	0.659	0.635	0.657	0.597	0.770	0.634	0.521	0.673	**0.885**
TTF2	0.690	0.803	0.685	0.706	0.758	0.668	0.784	0.609	0.581	0.724	**0.909**
TTF3	0.571	0.619	0.625	0.610	0.620	0.557	0.689	0.549	0.529	0.641	**0.818**
TTF4	0.539	0.526	0.490	0.439	0.466	0.418	0.527	0.489	0.379	0.560	**0.770**

注：BIextend＝行为意图；CNF＝确认；EE＝努力预期；FC＝便利条件；INT＝持续性意图；PE＝性能预期；SAT＝满意度；SI＝社会影响；TAC＝任务特征；TEC＝技术特征；TTF＝任务技术匹配。

平均方差提取值（AVE）也被称为平均变异抽取，其作用是对结构变量的内部一致性进行检验，是判断收敛效度的重要参数。在本书研究中对平均方差提取值（AVE）进行了测量，以检查构面的效度。根据 Fornell 和 Larcker（1981），AVE 值应大于 0.5，以达到收敛效度。表 5-6 显示 AVE 的结果并且所有 AVE 的结果都在 0.5 以上，证明了收敛效度。此外，为了达到充分的区别效度，对角线元素应该大于相应的非对角线元素。结果表明，每个结构的 AVE 的平方根大于结构与其他潜变量的相关性，从而显示出较好的区别效度。

信度和效度是有明显区别的两个概念，但是两者又相互联系，相互影响。信度主要衡量模型的稳定性和可靠性，效度主要衡量结果的准确性。一般情况下，信度是效度的前提条件，没有信度的前提下，效度是没有意义的，也就是说模型的稳定性和可靠性不合格的话，效度没有存在的基础；然而，如果没有测量效度，信度再高也没有实际意义，也就是说模型即使十分可靠和稳定，测量结果不准也没有意义。两者之间的关系通俗来说也就是，有效的测量一定是可信的测量；无效的测量有可能是可信的，也有可能是不可信的；可信的测量既有可能是有效的，也有可能是无效的；不可信的测量一定是无效的。

表 5-6　结果的效度——AVE 和结构的相关性

因素	收敛效度	区别效度										
	AVE	BIextend	CNF	EE	FC	INT	PE	SAT	SI	TAC	TEC	TTF
BIextend	0.815	**0.903**										
CNF	0.765	0.724	**0.874**									
EE	0.828	0.660	0.698	**0.910**								
FC	0.727	0.693	0.680	0.848	**0.853**							
INT	0.848	0.734	0.807	0.755	0.728	**0.921**						
PE	0.797	0.569	0.710	0.767	0.707	0.743	**0.893**					
SAT	0.789	0.663	0.793	0.833	0.720	0.824	0.786	**0.888**				
SI	0.700	0.696	0.681	0.710	0.685	0.651	0.663	0.711	**0.836**			
TAC	0.748	0.567	0.607	0.675	0.605	0.724	0.713	0.702	0.602	**0.865**		
TEC	0.721	0.654	0.738	0.708	0.724	0.690	0.770	0.702	0.607	0.680	**0.849**	
TTF	0.718	0.725	0.806	0.733	0.717	0.750	0.672	0.829	0.677	0.601	0.771	**0.847**

注：①构面矩阵相关的对角线元素平均方差提取值的平方根。②BIextend＝行为意图；CNF＝确认；EE＝努力预期；FC＝便利条件；INT＝持续性意图；PE＝性能预期；SAT＝满意度；SI＝社会影响；TAC＝任务特征；TEC＝技术特征；TTF＝任务技术匹配。

三、问卷修订

在试点研究中，使用试点研究收集到的 96 份有效问卷数据对本书研究提出的集成模型的可行性进行了数据测试和分析，验证了模型中各个因素的信度和效度。在上述对研究模型中所有因素的信度和效度分析的基础上，修订了三个问卷项目（INT3R、TAC4 和 TEC4），因为它们的因子载荷小于 0.7。对于 TAC4，将"我需要当前技术未涵盖的附加功能"修改为"我需要额外的目前的移动银行没有覆盖的功能"。对于 TEC4，将"技术提供了尚未充分开发的功能"修改为"技术提供了未充分开发的功能"。对于 INT3R，反问题被修改为一个正问题，从"如果可以，我想停止使用移动银行"改为"如果可以的话，我想继续使用移动银行"。因此，通过试点研究对以上三项内容进行了修订，形成了问卷的最终版本，在主测试开始前保证了主测试的信度和效度。

第四节　主要调查数据的筛选

在试点研究完成并对问卷项目进行修订以保证主调查的信度和效度之后，就可以开始主调查了。从 2017 年 5 月 15 日到 6 月 18 日，通过在线调查的方式共收到了 598 个调查回复。应当指出的是，这些调查表所遵循的效度标准与试点研究相同（如第五章第三节所述）。收集数据后，先对数据进行筛选，以检测缺失值，忽略异常值并排除任何多重共线性问题，以进行最终数据分析。

一、缺失数据

在数据分析过程中，缺失数据是一个常见问题（Tabachnick and Fidell，2007），当一些被调查者没有回答所有的问卷问题时，就会发生数据缺失的情况（Little and Rubin，2014）。此问题可能会导致样本容量变小，从而使得统计能力变弱且估计值有偏差（Enders，2010）。因此，检测数据集中的缺失值非常关键。数据缺失的发生一般都有一定的规律，目前主要把数据缺失的类型分为三种，分别是完全随机缺失、随机缺失和非随机缺失（韩卫国、王劲峰和胡建军，2005）。

目前处理数据缺失的技术主要包括三大类，第一类是删除类的处理方法，第二类是插补类的处理方法，第三类是基于模型的方法。其中删除类处理方法包括列表删除和成对删除。插补一般是指采用一定的方法利用合理的数据对缺失的数据进行替补（金勇进，2001），这类方法包括单一插补和多重插补。然而，没有简单而理想的方法，并且绝大部分的方法在使用前都需要满足以下假设：第一，多元正态分布；第二，所有变量都是独立的；第三，数据的缺失是随机的（庞新生，2010）。其中，确定缺失值是随机发生的还是非随机发生的非常重要（Pallant，2013）。随机分布的缺失值不会产生偏差。但是，非随机分布的缺失值会导致估计值有偏差，从而破坏统计普遍性（Tabachnick and Fidell，2007）。

在本书研究中，没有发现任何遗漏的数据，因为 Qualtrics 的强制性设置使得被调查者必须在回答了当前问题之后才能移至下一个问题。如果受访者不想回答当前的问题，他们可以自由地结束在线问卷。因此，没有遗漏任何数据，并且 598 个调查的所有问题均已完全完成。本书研究通过调查平台巧妙且带有一些强制性的设计，使得被测试者必须完成所有调查问题，最终使得整个数据采集过程中没有发生数据丢失的情况，这在保证研究的准确性的同时，节省了很多工作量。

二、多变量异常值

多元数据会经常包含一些异常值。异常值一般指的是：一组测量数据中与所有数据平均值的差异大于标准差的两倍的测量数据。与所有数据平均值的差异大于标准差的三倍的测量数据，则被称为高度异常的测量值。在对数据进行处理时，应该删除高度异常值。并根据具体的情况决定是否要删除一般的异常值。在对统计进行检验时，规定显著性水平 α = 0.05 时为检出异常值的水平，称为检出水平；规定显著性水平 α = 0.01 时为检出高度异常的异常值的水平，称为舍弃水平，又被称为删除水平。这些观测值与其他数据有很大的不同，又被称为离群值。因此在进行回归分析时，分析结果会存在比较大的误差，在这种情况下，回归拟合的效果会受到较大的影响（王斌会和陈一非，2005）。多元数据的复杂性使得异常值检测成为一个难点。根据 Tabachnick 和 Fidell（2007），异常值包括"一个结构的极端值（单变量异常值）、两个或多个结构（多变量异常值）异常值的奇特组合"。Hair 等（2006）将其视为由于观测值过高或过低而与其他观点不同的观察结果。尽管有这些不同的定义，大多数研究者同意异常值可能会扭曲数据的非正态性的统计结果（Hair et al.，2006；Kline，2015；Tabachnick and Fidell，2007）。研究人员还指出了异常值出现的几个原因。根据 Tabachnick 和 Fidell（2007），原因包括：①数据输入不正确；②将缺失值的代码视为真实数据；③进入不属于提取样本群体的观测；④当结构在人群中的分布高于正态分布时，涉及从种群中观察（Tabachnick and Fidell，2007）。

常见的异常值处理方法主要包括四种，即直接删除异常值、将异常值作为缺失值来处理、用平均值来校正以及完全不处理。在本书中主要是使用直接删除异常值的方法。在本书研究中，利用 SPSS 统计软件，使用马氏距离测量法来识别多变量异常值。马氏距离是由印度科学家 Mahalanobis 提出的，其表示某个点和某个分布之间的距离，是一种有效的计算两个样本集相似程度的方法。马氏距离测量法是检测多元异常值的一种常用的方法，该方法首先计算样本数据的均值向量 U 以及协方差矩阵 T，其把每个样本点的马氏距离定义为 $d(i) = \sqrt{(x_i - U)'T^{-1}(x_i - U)}$，一般来说所有样本点的分布都符合卡方分布（自由度为 p），可以设置一个置信区间，该置信区间样本点距离中心点的最大距离为 Dm，则当某样本点的马氏距离大于 Dm 时，该样本点为异常值。所谓卡方分布，就是基于正态分布构成的一种全新的分布形式，该分布总体呈现正偏态，并且随着参数 n 的增大，卡方分布将越来越趋近于正态分布。卡方分布是一个连续的分布，但是有些离散分布的数据也符合卡方分布。使用马氏距离测量法检测统计中的错误具有很强的鲁棒性（Jiang and Zhang，2018）。它作为检测多变量异常值的主要方法之所以流行是因为其在数学可追踪性、仿射不变性和计算简便性方面的优势（Barnett and Lewis，1974）。它是尺度不变的，属于数据的一种协方差距离。换句话说，马氏距离允许在涉及的维度中存在不同的单元，这在可能性研究中通常是不可避免的（Barnett and Lewis，1974）。它是通过直接融合原始特征（Wen and Gao，2018）构建的，在克服多变量数据集的组合复杂性方面具有相当大的效果。

还考虑了在多变量数据集中识别异常值的其他方法，如库克距离法和 Deffits 法。库克距离是 1977 年引入的一种距离测量方法，用于测量可能导致回归模型变化的点的影响（Kim，2015）。在线性回归中，库克距离（Cook's Distance）表示的是某个单独的样本对整个回归模型影响的大小。单独的样本对整个回归模型的影响随着库克距离的增大而增大。库克距离也可以用来检测异常点。在最理想的状态下，单个样本对整个模型的影响是相同的。如果某个样本的库克距离很大，则该样本点可以被视为异常点。该方法基于置信椭圆体构建。一些研究人员已经证明，基于库克距离进行的有影响力的观察可能为研究提供不可靠的信息，或者只提供关于最有影响力的观察的正确信息（Neter et al.，1996）。在统计回归模型中 Deffits 是另一种常用的异常点检测方法。Deffits 通过其标准方程在两个时刻之间改变观测预测值，即数据集中包含和排除的值，来表示影响点（Rousseeuw and Van Zomeren，1990）。它主要用于在排除相应结构时，测量某一观测点的回归变化。在本书研究中，在将库克距离和 Deffits 与经典的马氏距离测量法比较后，没有应用库克距离和 Deffits 两种方法。马氏距离测量法在检测多变量数据集中的异常值时，似乎更为可靠，许多研究人员（Liu et al.，2018；Suo et al.，2018）对此进行了测试（Barnett and Lewis，1974），展示了马氏距离测量法的易用性和可计算性等优点。

在 SPSS 中，对 598 个样本数据和 44 个变量进行了量表测量。这 44 个变量分别是 PE1、PE2、PE3、PE4、EE1、EE2、EE3、EE4、SI1、SI2、SI3、SI4、FC1、FC2、FC3、FC4、TAC1、TAC2、TAC3、TAC4、TEC1、TEC2、TEC3、TEC4、TTF1、TTF2、TTF3、TTF4、CNF1、CNF2、CNF3、CNF4、SAT1、SAT2、

SAT3，SAT4，INT1，INT2，INT3，INT4，BI1，BI 2，BI3 和 BI4。测试的目标是检测这 44 个变量的多变量异常值，寻找这些变量的异常组合。一旦发现异常组合，便将它们记录为异常值，然后将其消除。多变量异常值的检测过程如下：

第一步是计算 44 个变量的马氏距离。在 SPSS 中，研究人员首先点击"分析"，然后点击"回归"和"线性回归"。接下来，研究者将自变量作为 PE1，PE2，PE3，PE4，EE1，EE2，EE3，EE4，SI1，SI2，SI3，SI4，FC1，FC2，FC3，FC4，TAC1，TAC2，TAC3，TAC4，TEC1，TEC2，TEC3，TEC4，TTF1，TTF2，TTF3，TTF4，CNF1，CNF2，CNF3，CNF4，SAT1，SAT2，SAT3，SAT4，INT1，INT2，INT3，INT4，BI1，BI2，BI3 和 BI4。对于该方法，研究人员先选择"Enter"并点击"Ok"。这样，就产生了一个新的变量 MAH_1，它是这 44 个变量中每一个的马氏距离（以下简称 MD 值）。

第二步是将 MD 值与具有相同自由度的卡方分布进行比较。在这种情况下，自由度应该等于预测数，即本书研究中的 44。在 SPSS 中，研究人员首先点击"Transform"，选择"Compute Variable"，然后设置一个新的目标变量"Probability"。其数值表达式为"1-CDF. CHISQ（MAH_1，44）"，SPSS 的这个函数用于计算变量右尾的 p 值。单击"确定"后，将生成新变量"Probability_MD"。

在第三步中，将"Probability_MD"与 Tabachnick 和 Fidell（2007）提出的阈值 0.001 进行比较。如果"Probability_MD"中显示的某个概率低于阈值 0.001，则将该情况视为异常值并去除。结果，共报告了 65 个样本（7，46，54，55，67，77，88，93，100，126，127，133，140，149，152，158，180，215，220，222，223，257，258，268，280，282，288，294，302，310，318，328，332，341，350，369，385，386，387，390，398，418，426，434，439，449，453，456，458，474，480，497，502，504，520，526，529，537，542，581，585，587，591，594，599）概率值低于阈值的情况。结果，排除了 65 份调查问卷数据，剩下的测试用 533 份数据集进行。

三、多重共线性测试

在多元线性回归模型经典假设中，其重要假设之一是回归模型的解释变量之间不存在线性关系，换而言之，解释变量 X1，X2，…，Xk 中的任何一个变量都不是其他解释变量的线性组合。当回归模型中变量之间的相关性很高时，就会出现多重共线性（Hair et al.，2010）。多重共线性是指由于线性回归模型中的多个变量之间存在精确或高度相关的关系，导致无法对模型进行准确估计。通俗来讲，也就是在线性回归分析时，自变量（解释变量）之间出现彼此相关的情况，导致一个自变量的变化会使得另外一个有相关性的自变量发生变化。通常情况是，因为经济数据有所限制和模型设计不正确，设计矩阵中的解释变量之间存在一般的相关性。一般来说，完全共线性是比较少见的，大多数都是某种程度上的共线性，称为近似共线性。用数学方式表达多重共线性就是：不同变量之间存在着线性相关的关系（王惠文和朱韵华，1996）。

多重共线性产生的原因一般来说有三个：第一，和经济变量有关的相同变化趋势；第二，解释变量中引入了滞后变量；第三，使用截面数据来建立模型。多重共线性将导致回归参数的不稳定，也就是增加或减少一个样本点会导致回归系数的估计值产生较大变化。在多元线性回归模型中，如果多重共线性程度较高，则会对最小二乘算法造成很大影响。

多重共线性的现象是广泛存在的，一般情况下，在共线性情况不严重时，即方差膨胀系数小于 10（判断较为严格时，方差膨胀系数小于 5）时，一般不需要去做专门的处理。当多重共线性现象较为严重时，就应该使用相应的处理方法来解决。目前常规的针对多重共线性的解决办法主要有四种，包括人工移除出共线性的变量的方法、逐步回归法、岭回归法和增加样本容量。

第一，人工移除出共线性的变量的方法。先对自变量之间的相关性进行分析，当出现某对自变量之间的相关系数较大时（一般为 0.7 以上），人为删除其中一个自变量，这样再做回归分析时，就能解决因这两个变量相关性较高而引起的多重共线性问题。该方法简单有效，在具体操作时，应该保留对实验结果更为重要的自变量，去除相对不那么重要的自变量。但是当两个相关的自变量都很重要时，该方法就不再适用，应该考虑其他的方法。

第二，逐步回归法（Stepwise Regression）是一种利用算法对所有的自变量进行自动删除，得到"最佳"回归方程的方法。该方法的具体操作步骤是将经过 F 检验后为显著水平的自变量逐个引入，每次引入一个自变量之后，就对所有已经引入的自变量进行逐一检验，如果原来引入的某个自变量因为新引入的自变量而变得不再显著，则删除这个原来引入的自变量。每次引入新的自变量或者删除原先引入的自变量的过程都是逐步回归方法的一个步骤，每个步骤都要进行 F 检验，以保证在引入新变量之前的回归方程中的所有变量都是显著的。不断重复这一过程，一直到没有不显著的变量被引入，也没有显著变量被删除。该方法可能导致不想删除的自变量被删除，所以如果出现这种情况，可以改用岭回归的方法。

第三，岭回归估计的原理是通过最小二乘法的改进允许回归系数的有偏估计量存在而改善多重共线性的方法，采用它可以通过允许小的误差而换取高于无偏估计量的精度，因此它接近真实值的可能性较大。灵活运用岭回归法，可以对分析各变量之间的作用和关系带来独特而有效的帮助。上述第一种和第二种解决办法在实际研究中使用较多，但当实际研究中并不想剔除掉某些自变量，或某些自变量很重要不能剔除时，可以使用岭回归的处理方法来解决共线性的问题。

第四，增加样本容量也是一种处理共线性的方法。多重共线性产生的一个主要原因是数据量不充分。所以追加采样数量是解决多重共线性问题的一种办法。但是由于数据收集和调查的困难以及成本的增加使得该方法并不常用。

一般可以用两个值来评价多重共线性问题，分别是方差膨胀系数（VIF）和容差值。方差膨胀系数指的是回归系数估算量的方差与假设自变量之间不线性相关时的方差的比值。VIF 值都大于 1，但 VIF 值越接近 1 则多重共线性的程度越轻，VIF 值越大则多重共线性的程度越严重。一般认为，如果VIF 值大于 10（如果判定比较严格，则该值为 5）且公差值小于 0.1，则多重共线性可能会导致问题产生（Kline，2015），应该对方法进行调整。容差值是方差膨胀系数的倒数。如表 5-7 所示，所有 VIF 值均小于 10，容差值均大于 0.1，表明多重共线性在本书研究中不成问题。此外，对自变量（解释变量）之间的相关性进行分析也是多重共线性的一种判断依据，如果一个自变量和其他自变量之间存在明显的相关性，则表明模型很有可能存在多重共线性的问题。Field（2009）和 Hair 等（2010）认为，如果相关系数超过0.9，则多重共线性可能会在研究中引起问题。如表 5-7 所示，变量之间的相关系数均小于 0.9。因此，本书研究不存在多重共线性的问题。

表 5-7　多重共线性测试

	非标准化系数		标准化系数	t	Sig.	共线性统计	
	B	Std. Error	Beta			Tolerance	VIF
Constant	0.224	0.162		1.380	0.168		
PE	0.033	0.054	0.031	0.616	0.538	0.234	4.272
EE	−0.070	0.052	−0.070	−1.332	0.183	0.213	4.704
SI	0.352	0.042	0.355	8.364	0.000	0.327	3.058

续表

	非标准化系数		标准化系数	t	Sig.	共线性统计	
	B	Std. Error	Beta			Tolerance	VIF
FC	0.137	0.051	0.123	2.659	0.008	0.274	3.655
TAC	0.051	0.040	0.051	1.254	0.210	0.359	2.782
TEC	−0.003	0.051	−0.003	−0.053	0.958	0.263	3.799
TTF	0.056	0.057	0.051	0.982	0.327	0.218	4.588
CNF	0.150	0.060	0.145	2.494	0.013	0.175	5.708
SAT	0.243	0.064	0.236	3.813	0.000	0.154	6.502

注：BIextend＝行为意图；CNF＝确认；EE＝努力预期；FC＝便利条件；INT＝持续性意图；PE＝性能预期；SAT＝满意度；SI＝社会影响；TAC＝任务特征；TEC＝技术特征；TTF＝任务技术匹配。

四、因子载荷

因子载荷是指每一个因子得分与其对应的原始变量之间的关系。因子载荷 a_{ij} 的统计意义就是第 i 个变量与第 j 个公共因子的相关系数即表示 X_i 依赖 F_j 的分量（比重）（齐子翔，2012）。因子载荷越大则表示第 i 个变量与第 j 个公共因子的相关性越好。为了保证测量的可靠性，因子载荷值应大于 0.7（Chin，1998）。如表 5-8 所示，TAC4 和 TEC4 两个指标的载荷值低于 0.7。为了获得高于 0.7 的因子载荷值，删除 TAC4 和 TEC4。这意味着，这两个项目将不会被用于进一步的分析。其余指标载荷值均大于 0.7，显示了良好的指标信度，均保留。

表 5-8　因子载荷

因素	项目	载荷
BIextend	BI1	0.939
	BI2	0.926
	BI3	0.949
	BI4	0.925
CNF	CNF1	0.919
	CNF2	0.899
	CNF3	0.913
	CNF4	0.893

续表

因素	项目	载荷
EE	EE1	0.917
	EE2	0.933
	EE3	0.897
	EE4	0.914
FC	FC1	0.826
	FC2	0.865
	FC3	0.890
	FC4	0.885
INT	INT1	0.938
	INT2	0.925
	INT3	0.938
	INT4	0.928
PE	PE1	0.915
	PE2	0.915
	PE3	0.912
	PE4	0.820
SAT	SAT1	0.930
	SAT2	0.933
	SAT3	0.931
	SAT4	0.929
SI	SI1	0.886
	SI2	0.888
	SI3	0.873
	SI4	0.902
TAC	TAC1	0.916
	TAC2	0.904
	TAC3	0.911
	TAC4	0.235
TEC	TEC1	0.799
	TEC2	0.902

因素	项目	载荷
TEC	TEC3	0.880
	TEC4	0.384
TTF	TTF1	0.905
	TTF2	0.902
	TTF3	0.901
	TTF4	0.792

注：BIextend＝行为意图；CNF＝确认；EE＝努力预期；FC＝便利条件；INT＝持续性意图；PE＝性能预期；SAT＝满意度；SI＝社会影响；TAC＝任务特征；TEC＝技术特征；TTF＝任务技术匹配。

第五节　主要调查数据分析

一、人口统计学信息

从 2017 年 5 月 15 日至 2017 年 6 月 18 日，共收到 598 份在线调查的回复，为最终数据分析提供了依据。在 598 例调查中，65 份数据被排除为多变量异常值，其余 533 份调查数据被输入 SPSS 作为有效数据进行描述性数据分析。

表 5-9 详细列出了参与者的人口统计数据。如表 5-9 所示，在 533 名受访者中，男性为 278 名，占总人数的 52.2%，女性为 255 名，占总人数的 47.8%。533 名受访者中，年龄在 18~25 岁的有 110 人，占总人数的 20.6%；26~35 岁的有 115 人，占总人数的 21.6%；36~45 岁的有 124 人，占总人数的 23.3%；46~60 岁的有 124 人，占总人数的 23.3%；其余 60 人年龄在 60 岁以上，占总人数的 11.3%。结果显示，年龄在 36~60 岁之间的人群是最能提供反馈的人群，而 60 岁以上的受访者则对调查相对不感兴趣。受访者教育背景如下：3 名受访者为初中及以下学历（0.6%），76 名受访者为高中学历（14.3%），120 名受访者获得大专学历（22.5%），293 名受访者获得学士学位（55%），其余 41 名受访者获得硕士及以上学历（7.7%）。结果显示，超过一半的受访者拥有学士学位。至于受访者的职业，受访者包括 39 名学生（7.3%）、228 名公司员工（42.8%）、52 名公务员（9.8%）、76 名事业单位员工（14.3%）、52 名个体工商户（9.8%）和 81 名下岗、失业或

退休的受访者（15.2%）。受访者的月收入各不相同。20.3%的受访者月收入在3000~5000元，占比最大。其次，19.9%的受访者月收入在5001~8000元。第三大群体是月收入在8001~10000元的受访者，占18.2%。月收入在15000元以上的被调查者有64人，仅占被调查者总数的12%。

表5-9 试点调查样本的人口统计学频率（N=533）

		频率	百分比	中国人口百分比（2010）	差异
性别	男	278	52.2	51.2	χ^2（1）= 0.992
	女	255	47.8	48.8	
	总计	533	100	100	
年龄	18~25 岁	110	20.6	18.0	χ^2（4）= 7.837
	26~35 岁	115	21.6	19.0	
	36~45 岁	124	23.3	23.3	
	46~60 岁	124	23.3	24.3	
	60 岁以上	60	11.3	15.4	
	总计	533	100	100	
教育背景	初中及以下	3	0.6	75.5	χ^2（4）= 4331.623 ***
	高中	76	14.3	15.0	
	大专	120	22.5	5.5	
	学士学位	293	55	3.7	
	硕士学位及以上	41	7.7	0.3	
	总计	533	100	100	
职业	学生	39	7.3	—	—
	公司职员	228	42.8	—	
	公务员	52	9.8	—	
	事业单位职员	76	14.3	—	
	个体工商户	52	9.8	—	
	失业/下岗	81	15.2	—	
	其他	5	0.9	—	
	总计	533	100	—	
月收入	低于 3000 元	82	15.4	—	—
	3000~5000 元	108	20.3	—	
	5001~8000 元	106	19.9	—	
	8001~10000 元	97	18.2	—	

续表

		频率	百分比	中国人口百分比 (2010)	差异
月收入	10001~15000 元	76	14.3	—	—
	高于 15000 元	64	12	—	
	总计	533	100	—	

注：* p 值<0.05，** p 值<0.01，*** p 值<0.001。

卡方检验由英国著名统计学家 Karl Pearson 首次提出，是一种被广泛使用的假设检验方法，是一种以卡方分布为基础的非参数检验方法。该方法主要用于分类变量，使用样本数据来推测样本总体的分布是否与期望分布有明显差别，或者推测某两个分类变量是相关的还是独立的。该方法的原始假设是观测频率和期望频率之间没有差别，该假设记为 H0。卡方检验的基本思想是先假设 H0 是成立的，也就是观测频率和期望频率之间没有差别，此时计算出卡方值 χ^2，χ^2 表示的是实际观测值与期望值之间的差异。依据卡方分布，χ^2 的统计量和自由度可以在 H0 成立的前提下得到当前统计量和更加特别情况下的概率 P。P 值很小，则表明实际观测值与期望值之间的差异很大，这时应该否定原来的假设（也就是观测频率和期望频率之间没有差别），认为不同观测值之间的差异很明显。反之，P 值很大，则应该认同假设 H0，认为实际观测值与期望值之间的差异很小。

卡方检验的公式可以表达为：

$$\chi^2 = \sum \frac{(A - T)^2}{T} \tag{5-1}$$

式（5-1）中，A 为实际观测频率，T 为期望频率，式（5-1）反映的是实际观测频率和期望频率的吻合程度。

卡方检验的用途主要有以下几点：①检测某个连续变量的分布情况是否符合某种理论分布，比如正态分布、指数分布以及伯努利分布等；②用来检测某个分类变量的各个类别出现的概率是否跟指定概率相同，比如掷色子掷到 1 点的概率是不是 1/6；③用来检测分类变量之间的独立性，比如饮食不规律与罹患胃癌之间是否有关；④固定某个或者某几个分类变量之后，检测其他两个分类变量之间的独立性，比如固定性别和年龄之后，饮食不规律与罹患胃癌之间是否有关；⑤比较两种不同方法的结果是否相同，比如用 Cronbach's alpha 值和组合信度（CR）分别检测某模型的信度，结果是否一致。

　　本书主要是使用卡方检验以检测统计样本的实际检测值和理论预估值之间的差别，所谓卡方值就是实际检测值和理论预估值之间的差别，如果两者差别大，卡方值就大；如果两者差别小，卡方值就小；如果两者没有差别，卡方值为0，其本质就是检测两个变量之间是否有关系。本书就使用了卡方检验来比较本书研究样本与中国人口之间的差异，来检验样本数据以寻找无反映偏差的证据。本书利用卡方检验将样本的性别、年龄和教育背景与中国人口进行比较，如表5-9所示。

　　根据国家统计局在2010年进行的人口普查，中国人口的性别为51.2%（男性）和48.8%（女性）。本书研究性别为男性52.2%，女性47.8%。为了比较本书研究样本与中国人口的性别差异，本书进行了卡方检验，结果表明χ^2（1）= 0.992。这表明，尽管样本中男性比例比中国人口高1%，女性比例比中国人口低1%，但基于卡方检验结果，这个差异并不显著。

　　2010年人口普查也显示，在中国人口中，18岁以下的占20.9%，18~25岁的占14.2%，26~35岁的占15.0%，36~45岁的占18.4%，46~60岁人口占19.2%，60岁以上人口占12.3%。为了比较本书研究样本与中国人口的年龄差异，本书也进行了卡方检验，检验结果为χ^2（4）= 7.837。研究结果显示，本书研究样本与中国整体人口在年龄上并无显著差异。

　　从中国人口教育背景来看，2010年人口普查显示，75.5的人口拥有初中及以下学历，15.0%的人口拥有高中学历，5.5%的人口拥有大专学历，学士学位及以上学历占3.7%，硕士学位及以上学历占0.3%。为了比较本书研究样本与中国人口教育背景的差异，本书也进行了卡方检验，检验结果为χ^2（4）= 4331.623[***]。研究结果显示，本书研究样本在教育背景上与中国整体人口有显著差异。更具体地说，与中国人口相比，本书研究的样本包含的平均受教育水平更高。Antoun（2015）认为移动银行的用户比非用户受教育水平更高。与传统银行服务相比，移动银行服务被认为是更复杂的任务，因此与非用户相比，受过更高教育的用户会更希望使用该服务（Antoun, 2015）。此外，本书在研究中进一步指出"技术的使用随着高等教育的发展而增加"（Antoun, 2015）。因此，在本书研究的样本中包含受过更加良好教育的用户是合适的。

　　总的来说，与中国人口的统计特征相比，该样本的人口统计学特征是合理的和有代表性的。样本在性别和年龄上与中国人口没有显著差异。然而，与中国人口相比，这一样本的平均受教育程度较高，之所以产生这样的差异是因为移动银行应用技术相对较新这一具体研究背景。对新技术的理解和使用需要一定的受教育水平来支撑，操作和使用技术需要人们接受更好的教育，技术的使用随着用户受教育程度的提高而增加（Antoun，2015）。此外，本书研究的样本包括不同的职业。值得注意的是，样本包括学生、公司职员、公务员等多种职业。因此，该样本可以有效地呈现来自不同职业人群对移动银行应用的看法。此外，收入组的比例显示出该样本的收入结构分布良好。因此，样本的人口学特征可以代表中国人口的人口学特征进行研究。

二、反映性测量模型

继 Vinzi 等（2010）研究之后，本书研究使用了两步法来报告结果。第一步是分析测量模型，第二步是检查结构模型。用 PLS-SEM 对研究模型进行了分析，为了验证反映性测量模型，对内部一致性信度、指标信度、收敛效度和区别效度等进行了评估。

1. 内部一致性信度

内部一致性信度（Internal consistency reliability），一般又被称为内部一致性系数，指的是测量同一个概念下的多个指标的一致性程度。内部一致性信度主要揭示的是测试项目之间的信度关系，查看测试的各个项目是否测试了相同的内容或特质。内部一致信度越高，则表示同类问卷问题的调查结果的一致性也越高。这说明同类问卷问题对于同类调查参与者来说，其问卷结果具有较强的相关性。对所测的数据的内部一致性进行检测能够反映此次测量的稳定性，一般认为内部一致性越高，模型的信度也越高。内部一致性估计是有用的信度量数，因为它只测量一次，因此可以排除记忆和练习的效果。然而，也存在一定的问题：第一，它们只可在测量单一特质的测验上使用；第二，当应用在速度测验上时，内部一致性量数会有信度估计膨胀的现象。因为速度测验都是简单或相对简单的题目，并且要在限制时间内完成。在这样的测验中，受测者应该可以答对他所作答的大多数题目，因此内部一致性都会很高。Cronbach's alpha 和组合信度方法最常用于评估给定结构的内部一致性。大于 0.7 的值是可以接受的（Bagozzi and Yi，1988；Nunnally and Bernstein，1994）。如表 5-10 所示，所有 Cronbach's alpha 和组合信度的值均大于 0.7，因此它们具有良好的内部一致性信度。

表 5-10　Cronbach's alpha 和组合信度

因素	Cronbach's Alpha	组合信度
BIextend	0.952	0.965

续表

因素	Cronbach's Alpha	组合信度
CNF	0.927	0.948
EE	0.935	0.954
FC	0.890	0.924
INT	0.950	0.964
PE	0.913	0.939
SAT	0.949	0.963
SI	0.910	0.937
TAC	0.898	0.936
TEC	0.836	0.902
TTF	0.899	0.930

注：BIextend＝行为意图；CNF＝确认；EE＝努力预期；FC＝便利条件；INT＝持续性意图；PE＝性能预期；SAT＝满意度；SI＝社会影响；TAC＝任务特征；TEC＝技术特征；TTF＝任务技术匹配。

2. 指标信度

指标负载必须大于 0.7 并且显著性在 0.05 的水平上，以确保构面的指标信度，并且可以使用自举法来测试显著性（Chin，1998）。表 5-11 所示结果表明，所有因子载荷均大于 0.7，可根据 Chin（1998）进行分析。此外，由于所有的 T 值都大于 1.96（P<0.05），结果表明所有的因子载荷都是显著的。

表 5-11　指标载荷和显著性

	原始采样（O）	标准误差（STERR）	T 统计（｜O/STERR｜）	P 值
BI1 <- BIextend	0.939	0.007	138.401	0.000
BI2 <- BIextend	0.926	0.008	120.120	0.000
BI3 <- BIextend	0.949	0.005	194.707	0.000
BI4 <- BIextend	0.925	0.007	129.171	0.000
CNF1 <- CNF	0.919	0.009	105.670	0.000
CNF2 <- CNF	0.899	0.009	96.866	0.000
CNF3 <- CNF	0.913	0.008	115.573	0.000
CNF4 <- CNF	0.893	0.011	83.325	0.000

	原始采样（O）	标准误差（STERR）	T 统计（|O/STERR|）	P 值
EE1 <- EE	0.917	0.009	106.038	0.000
EE2 <- EE	0.933	0.006	144.565	0.000
EE3 <- EE	0.897	0.010	92.033	0.000
EE4 <- EE	0.914	0.008	108.476	0.000
FC1 <- FC	0.826	0.015	54.314	0.000
FC2 <- FC	0.865	0.014	62.531	0.000
FC3 <- FC	0.890	0.012	75.766	0.000
FC4 <- FC	0.885	0.010	92.455	0.000
INT1 <- INT	0.938	0.006	153.581	0.000
INT2 <- INT	0.925	0.008	115.499	0.000
INT3 <- INT	0.938	0.006	152.752	0.000
INT4 <- INT	0.928	0.006	160.199	0.000
PE1 <- PE	0.915	0.007	125.387	0.000
PE2 <- PE	0.915	0.007	122.310	0.000
PE3 <- PE	0.912	0.008	117.048	0.000
PE4 <- PE	0.820	0.018	46.806	0.000
SAT1 <- SAT	0.930	0.006	150.663	0.000
SAT2 <- SAT	0.933	0.007	135.460	0.000
SAT3 <- SAT	0.931	0.006	155.474	0.000
SAT4 <- SAT	0.929	0.007	141.868	0.000
SI1 <- SI	0.886	0.012	76.389	0.000
SI2 <- SI	0.888	0.011	78.835	0.000
SI3 <- SI	0.873	0.010	86.690	0.000
SI4 <- SI	0.902	0.008	109.062	0.000
TAC1 <- TAC	0.917	0.008	113.205	0.000
TAC2 <- TAC	0.906	0.009	98.623	0.000
TAC3 <- TAC	0.912	0.010	88.091	0.000
TEC1 <- TEC	0.814	0.018	44.368	0.000
TEC2 <- TEC	0.902	0.008	116.825	0.000

	原始采样（O）	标准误差（STERR）	T统计（｜O/STERR｜）	P值
TEC3 <- TEC	0.887	0.010	88.181	0.000
TTF1 <- TTF	0.906	0.008	108.298	0.000
TTF2 <- TTF	0.902	0.009	103.456	0.000
TTF3 <- TTF	0.902	0.009	100.884	0.000
TTF4 <- TTF	0.792	0.022	35.216	0.000

注：BIextend=行为意图；CNF=确认；EE=努力预期；FC=便利条件；INT=持续性意图；PE=性能预期；SAT=满意度；SI=社会影响；TAC=任务特征；TEC=技术特征；TTF=任务技术匹配。

3. 收敛效度

指标效度测量与指标信度的测量同样重要。在本书中，对收敛性和判别性效度进行了测量，以确保效度。在评估反应性测量模型的效度时，重点主要是收敛效度和区别效度。收敛效度一般是指测量的具有相同潜在特质的变量处在同一维度，并且这些变量之间具有高度的相关性（吴明隆，2013）。一般来说，当观测变量和潜变量之间的关系为高度相关时，则认为观测变量所展示的收敛效度很高。多数研究者主要应用三个参数去评价测量模型的收敛效度。第一个是因子荷载值，一般认为因子荷载值大于0.7是可接受的较高收敛效度；第二个是平均方差提取值（AVE），其表示了显变量对潜变量同构性的程度；第三个是组合信度（CR），CR值越高表示测量模型的构念信度越高。本书主要使用了平均方差提取值（AVE）来表征收敛效度，等于或大于0.5的平均方差提取值表示收敛效度是令人满意的，这意味着潜变量占指标方差的50%以上（Bagozzi and Yi，1988；Fornell and Larcker，1981）。如表5-12所示，所有AVE值均高于0.5，说明收敛效度是令人满意的。

4. 区别效度

在测试中，那些本应该和特定结构没有关系的指标通过统计分析可以证明确实和特定结构没有关系，则可说明该测试具有区别效度。简单地说，就是在模型测试时能区分出不同因素的能力。具体来说，如果被测试的两个特征A和B是很相似的两个特征，那么这两个特征很难分开，区分效度就小。如果A和B是完全不相似的两个特征，那么这两个特征就很容易分开，区分效度就大。例如，在一项研究中假设"设备外形设计"和"设备运算性能"，通过测试发现两者确实没有关系，说明这项测试具有良好的区别效度。

Fornell-Larcker 准则建议，每个结构的 AVE 均应高于其与任何其他结构的平方相关性（Fornell and Larcker，1981）。

表 5-12 结果效度——AVE 和结构的相关性

因素	收敛效度	区别效度										
	AVE	BIextend	CNF	EE	FC	INT	PE	SAT	SI	TAC	TEC	TTF
BIextend	0.873	**0.935**	—	—	—	—	—	—	—	—	—	—
CNF	0.821	0.744	**0.906**	—	—	—	—	—	—	—	—	—
EE	0.838	0.687	0.743	**0.915**	—	—	—	—	—	—	—	—
FC	0.752	0.707	0.732	0.807	**0.867**	—	—	—	—	—	—	—
INT	0.869	0.761	0.801	0.801	0.738	**0.932**	—	—	—	—	—	—
PE	0.795	0.689	0.745	0.830	0.766	0.822	**0.891**	—	—	—	—	—
SAT	0.866	0.775	0.878	0.781	0.741	0.875	0.795	**0.931**	—	—	—	—
SI	0.787	0.774	0.723	0.752	0.748	0.721	0.722	0.767	**0.887**	—	—	—
TAC	0.831	0.653	0.685	0.723	0.694	0.739	0.738	0.739	0.671	**0.912**	—	—
TEC	0.754	0.675	0.816	0.745	0.719	0.723	0.730	0.782	0.685	0.701	**0.868**	—
TTF	0.768	0.712	0.832	0.757	0.725	0.763	0.719	0.838	0.715	0.706	0.811	**0.876**

注：①构面矩阵相关的对角线元素平均方差提取值的平方根。②BIextend＝行为意图；CNF＝确认；EE＝努力预期；FC＝便利条件；INT＝持续性意图；PE＝性能预期；SAT＝满意度；SI＝社会影响；TAC＝任务特征；TEC＝技术特征；TTF＝任务技术匹配。

如表 5-12 所示，数据矩阵的对角元素表示的是对应结构的 AVE 值的平方根，可以看出表中对角线元素大于相应的非对角线元素，说明每个结构的 AVE 的平方根大于结构与其他潜变量的相关性，从而满足充分区别效度的要求。除 AVE 外，因子载荷的检验也是评价区别效度的一种方法（Chin，1998）。因子载荷应高于其所有交叉载荷（Chin，1998；Grégoire and Fisher，2006）。如表 5-13 所示，所有以粗体标记的因子载荷均大于其对应的交叉载荷，因此具有良好的判别有效度。

表 5-13 结果效度——交叉载荷

	BIextend	CNF	EE	FC	INT	PE	SAT	SI	TAC	TEC	TTF
BI1	**0.939**	0.689	0.633	0.657	0.697	0.636	0.724	0.728	0.615	0.626	0.670
BI2	**0.926**	0.710	0.666	0.692	0.750	0.677	0.745	0.708	0.635	0.644	0.684

	BIextend	CNF	EE	FC	INT	PE	SAT	SI	TAC	TEC	TTF
BI3	**0.949**	0.713	0.650	0.671	0.713	0.647	0.736	0.735	0.601	0.644	0.671
BI4	**0.925**	0.669	0.617	0.620	0.684	0.617	0.689	0.721	0.591	0.608	0.635
CNF1	0.677	**0.919**	0.687	0.664	0.740	0.663	0.791	0.658	0.611	0.731	0.749
CNF2	0.694	**0.899**	0.644	0.648	0.695	0.644	0.778	0.652	0.595	0.721	0.725
CNF3	0.676	**0.913**	0.668	0.673	0.735	0.695	0.810	0.677	0.628	0.742	0.753
CNF4	0.649	**0.893**	0.693	0.665	0.734	0.699	0.802	0.634	0.647	0.763	0.789
EE1	0.623	0.689	**0.917**	0.721	0.755	0.776	0.735	0.700	0.648	0.698	0.713
EE2	0.610	0.661	**0.933**	0.744	0.712	0.742	0.689	0.665	0.663	0.681	0.680
EE3	0.638	0.708	**0.897**	0.719	0.749	0.761	0.734	0.705	0.658	0.687	0.697
EE4	0.642	0.662	**0.914**	0.770	0.715	0.758	0.698	0.684	0.678	0.660	0.682
FC1	0.573	0.588	0.684	**0.826**	0.670	0.696	0.628	0.601	0.588	0.593	0.600
FC2	0.608	0.639	0.742	**0.865**	0.667	0.693	0.669	0.649	0.645	0.654	0.632
FC3	0.622	0.668	0.691	**0.890**	0.606	0.630	0.647	0.675	0.595	0.631	0.647
FC4	0.645	0.640	0.683	**0.885**	0.620	0.643	0.627	0.667	0.582	0.614	0.633
INT1	0.678	0.725	0.727	0.693	**0.938**	0.747	0.799	0.634	0.678	0.652	0.689
INT2	0.697	0.746	0.756	0.670	**0.925**	0.750	0.809	0.665	0.690	0.663	0.720
INT3	0.716	0.748	0.760	0.702	**0.938**	0.782	0.823	0.674	0.693	0.685	0.712
INT4	0.745	0.768	0.744	0.686	**0.928**	0.784	0.832	0.712	0.695	0.692	0.724
PE1	0.635	0.697	0.792	0.709	0.777	**0.915**	0.755	0.687	0.703	0.685	0.663
PE2	0.592	0.661	0.759	0.715	0.747	**0.915**	0.708	0.614	0.663	0.658	0.643
PE3	0.601	0.658	0.752	0.702	0.748	**0.912**	0.711	0.615	0.658	0.653	0.647
PE4	0.632	0.640	0.650	0.600	0.652	**0.820**	0.657	0.661	0.603	0.604	0.611
SAT1	0.710	0.815	0.721	0.690	0.807	0.738	**0.930**	0.695	0.664	0.734	0.789
SAT2	0.731	0.830	0.735	0.696	0.834	0.743	**0.933**	0.704	0.704	0.727	0.769
SAT3	0.705	0.817	0.728	0.673	0.798	0.730	**0.931**	0.717	0.676	0.731	0.795
SAT4	0.737	0.806	0.723	0.700	0.819	0.749	**0.929**	0.739	0.709	0.719	0.766
SI1	0.651	0.611	0.622	0.617	0.585	0.568	0.656	**0.886**	0.536	0.565	0.611
SI2	0.646	0.618	0.647	0.629	0.624	0.630	0.670	**0.888**	0.577	0.578	0.629
SI3	0.721	0.664	0.715	0.718	0.682	0.693	0.692	**0.873**	0.620	0.631	0.641
SI4	0.720	0.668	0.679	0.684	0.660	0.666	0.700	**0.902**	0.640	0.649	0.655

	BIextend	CNF	EE	FC	INT	PE	SAT	SI	TAC	TEC	TTF
TAC1	0.602	0.624	0.657	0.635	0.678	0.647	0.672	0.623	**0.917**	0.635	0.641
TAC2	0.599	0.622	0.677	0.626	0.690	0.698	0.685	0.608	**0.906**	0.644	0.663
TAC3	0.586	0.626	0.642	0.638	0.652	0.673	0.664	0.602	**0.912**	0.637	0.625
TEC1	0.540	0.634	0.534	0.499	0.516	0.518	0.586	0.542	0.491	**0.814**	0.651
TEC2	0.599	0.740	0.716	0.697	0.688	0.712	0.713	0.634	0.678	**0.902**	0.732
TEC3	0.616	0.745	0.676	0.659	0.664	0.656	0.729	0.604	0.640	**0.887**	0.727
TTF1	0.611	0.741	0.666	0.644	0.660	0.636	0.735	0.608	0.619	0.741	**0.906**
TTF2	0.675	0.794	0.735	0.711	0.770	0.726	0.816	0.671	0.692	0.752	**0.902**
TTF3	0.592	0.738	0.668	0.618	0.690	0.631	0.758	0.633	0.621	0.721	**0.902**
TTF4	0.621	0.631	0.571	0.555	0.529	0.503	0.607	0.595	0.527	0.620	**0.792**

注：BIextend = 行为意图；CNF = 确认；EE = 努力预期；FC = 便利条件；INT = 持续性意图；PE = 性能预期；SAT = 满意度；SI = 社会影响；TAC = 任务特征；TEC = 技术特征；TTF = 任务技术匹配。

5. 共同方法偏差

共同方法偏差（Common Method Bias，CMB）是因为共同方法差异（Common Method Variance，CMV）存在而出现的结果偏差。共同方法偏差是一种系统误差，该误差是由于同样的数据来源或评分者、同样的测量环境、项目语境以及项目本身特征所造成的预测变量与效标变量之间人为的共变性。它是由于测量方法或者测量环境等因素的相同而导致的偏差（杜建政等，2005）。具体含义是，如果研究者想知道两个变量之间的关系，但是在研究中对两个变量采取了相同的测量方法，这相当于给这个研究方法加上了一个系统性的影响，测量得到的两个变量之间的相关性可能会有一部分是使用了共同测量方法造成的，这样测量得到的相关性和真实的相关性就有一定的误差，这个误差被称之为共同方法偏差。共同方法偏差会对测试结果产生影响，甚至出现完全偏离事实的测量结果。因此学术界对共同方法偏差十分关注。

共同方法偏差的产生原因主要有四点，包括数据出处和被调查者是相同的、问卷调查问题的特性所造成的数据偏差、问卷内容导致的偏差以及测试环境偏差。首先，数据是从相同的测试或者相同的被测试人处获得的，这使得效标变量和预测来源之间存在人为共变。例如，使用自述报告数据所造成的数据偏差。其次，问卷调查问题的特性所造成的数据偏差。这种偏差是问卷设置的问题所具有的性质对被测试者在问题的理解和反应方面的影响造成的。再次，问卷内容导致的偏差。问卷内容的偏差主要是由语境效应引起的，某个问题与构成度量工具的其他项目之间的语境联系在一起而导致的被测试者对问题的奇特理解和解答。最后，测试环境偏差。这主要指在不同的测试时间和地点使用相同测量方法而导致的数据偏差。

　　控制共同方法偏差的方法主要分为两种。第一，程序控制，该方法从共同方法偏差产生的源头开始控制，这是最根本的方法。该方法从调查问卷的设计和测试方面尽力减少产生误差的可能，具体分为以下几种：使用匿名调查的方法，保护被测试者的隐私性，合理设置问卷容量，对测试在时间上和空间上进行分离，使用不同来源数据测试预测变量与效标变量。第二，使用统计的方法来检验和控制偏差。虽然程序控制能从源头上减少共同方法偏差的产生，但是在实际测试中，由于实际的测试环境和测试条件的不足，程序控制只能减少共同方法偏差而不能完全消除。现实的情况需要在数据分析测试时使用数理统计的方法来检验和控制偏差，以在程序控制方法的基础上更进一步减少共同方法偏差带来的影响。具体的方法主要包括潜在误差变量控制、相关独立性模型、直接乘积模型以及偏相关法等。

　　本书采用自述式问卷调查法进行资料搜集，因此共同方法偏差可能是本书研究的一个潜在问题。具体来说，直接从研究参与者那里收集的数据被定义为自述报告数据。收集自述报告数据的渠道多种多样，如面对面访谈和调查。自述报告数据是指通过受访者主观看法（例如态度、感觉和信念）的反馈收集到的数据（Jupp，2006）。由于自述报告方法通常在行为研究中被用来测量变量，因此可能会产生共同方法偏差（Podsakoff et al.，2003），因此导致变量之间的膨胀关系（Conway and Lance，2010）。

　　为了克服共同方法偏差对数据的影响，本书采取了几种对策。首先，这些工具是从以前的研究中获得的，并经过调整以满足本书的研究目标。为了消除问题中任何不清楚或令人费解的表达，几位大学教授对这一问题进行了审查，并在试点研究中进行了进一步测试。

　　其次，通过确保被调查者的保密性，可以有效克服共同方法偏差（Podsakoff et al.，2003）。第一，每次在线调查都在封面附有一封封面信，以说明研究目的，并确保被调查者提供信息的保密性；第二，这项研究要求被测试者提供的信息是年龄范围和收入范围，而不是确切的数字，有效保证了被测试者的隐私。此外，这封信明确告知受访者，这些问题没有对错答案。因此，本书确保了被调查者的保密性。

　　最后，PLS 可以用来测试共同方法偏差（Liang et al.，2007）。具体来

说，本书遵循了 Liang 等（2007）的程序以检测数据中共同方法偏差。附录
C 中展示了评估共同方法偏差程序的详细说明。该程序将所有构面项目的共
同方法因素纳入了研究模型（Liang et al.，2007），因此可以通过共同方法
因素和原理构面对每个项目的差异进行实质性解释。

如果方法因子的载荷不显著且实质因子的载荷大于方法因子的载荷，则
共同方法偏差并不严重（Williams et al.，2003；Liang et al.，2007）。表 5-
14 显示，大多数方法因子的载荷在 p<0.05 时不显著。各项目的实质性因子
载荷（R1）在 p<0.001 时显著，且与相应的方法因子载荷（R2）相比显著
增加。此外，主结构的平均方差（R1^2）大于方法因子的平均方差（R2^2）。
因此，共同方法偏差问题并不是本书研究的重点。如果这是一个问题，那么
就需要进一步收集调查问卷，以避免偏差。

表 5-14　PLS 的共同方法偏差分析

因素	项目	实质因子载荷（R1）	R1^2	方法因子载荷（R2）	R2^2
BIextend	BI1	0.939 ***	0.882	−0.018	0.000
	BI2	0.924 ***	0.854	0.059	0.003
	BI3	0.949 ***	0.901	0.040	0.002
	BI4	0.926 ***	0.857	−0.145 ***	0.021
CNF	CNF1	0.920 ***	0.846	0.122 *	0.015
	CNF2	0.899 ***	0.808	−0.016	0.000
	CNF3	0.912 ***	0.832	−0.174 ***	0.030
	CNF4	0.893 ***	0.797	−0.093 *	0.009
EE	EE1	0.916 ***	0.839	0.195 ***	0.038
	EE2	0.934 ***	0.872	0.072	0.005
	EE3	0.895 ***	0.801	0.050	0.003
	EE4	0.915 ***	0.837	0.052	0.003
FC	FC1	0.828 ***	0.686	0.084	0.007
	FC2	0.866 ***	0.750	−0.064	0.004
	FC3	0.889 ***	0.790	−0.064	0.004
	FC4	0.883 ***	0.780	−0.098 *	0.010
INT	INT1	0.940 ***	0.884	0.273 ***	0.075

因素	项目	实质因子载荷（R1）	$R1^2$	方法因子载荷（R2）	$R2^2$
INT	INT2	0.925***	0.856	-0.067	0.004
	INT3	0.938***	0.880	-0.139*	0.019
	INT4	0.927***	0.859	-0.024	0.001
PE	PE1	0.914***	0.835	0.105**	0.011
	PE2	0.916***	0.839	-0.008	0.000
	PE3	0.912***	0.832	-0.034	0.001
	PE4	0.819***	0.671	-0.073*	0.005
SAT	SAT1	0.930***	0.865	-0.036	0.001
	SAT2	0.933***	0.870	0.032	0.001
	SAT3	0.932***	0.869	-0.045	0.002
	SAT4	0.929***	0.863	0.048	0.002
SI	SI1	0.892***	0.796	-0.057	0.003
	SI2	0.894***	0.799	-0.068	0.005
	SI3	0.865***	0.748	0.019	0.000
	SI4	0.899***	0.808	0.107*	0.011
TAC	TAC1	0.918***	0.843	-0.150***	0.023
	TAC2	0.902***	0.814	-0.219***	0.048
	TAC3	0.914***	0.835	0.005	0.000
TEC	TEC1	0.822***	0.676	0.019	0.000
	TEC2	0.898***	0.806	0.125**	0.016
	TEC3	0.884***	0.781	0.113*	0.013
TTF	TTF1	0.906***	0.821	0.082	0.007
	TTF2	0.897***	0.805	0.095*	0.009
	TTF3	0.901***	0.812	-0.080*	0.006
	TTF4	0.799***	0.638	-0.071	0.005
	Average	—	0.815	—	0.010

注：①*p值<0.05；**p值<0.01；***p值<0.001。②BIextend=行为意图；CNF=确认；EE=努力预期；FC=便利条件；INT=持续性意图；PE=性能预期；SAT=满意度；SI=社会影响；TAC=任务特征；TEC=技术特征；TTF=任务技术匹配。

三、结构模型

在测量信度和效度之后，就可以基于标准化路径分析来检验分析结构模型中的假设关系。路径分析一般是指通过回归分析的方法对实验假设进行检验。路径分析的优势主要有两个：第一，该方法能通过相关系数来评估变量之间的相关性以及通过路径系数来确定变量之间的因果关系；第二，路径分析能解释变量之间的直接关系，同时也能解释变量之间的间接关系。在结构模型的评估中，需要评估结构模型潜变量之间的路径系数（Henseler et al.，2009）。对于有效路径系数，显著性水平应至少为 0.05。为了计算路径系数的显著性，可以使用 bootstrapping 算法。PLS-SEM 只提供标准值，不提供标准误差。为了得到准确的标准误差，可以使用 bootstrapping 算法实现重复采样法。显著性水平应至少为 0.05，以实现有效的路径系数。因此，bootstrapping 重采样技术可用于计算路径显著性水平，重采样总数为 5000 次迭代。

结果如图 5-14 所示，除了图 5-14 所示的研究模型之外，图 5-15 所示的替代模型还包括其他两个经过测试的结构（即信任和感知风险）。一般来说，当用更多指标来解释潜变量的方差时，可以更好地改善模型的质量（Huber et al.，2007；Lyttkens，1973）。然而，如图 5-15 所示，在将信任和感知风险添加为两个新的潜变量之后，持续性意图和行为意图的 R^2 值并未得到改善，表明信任/感知风险与持续性意图/行为意图之间的关系不存在显著影响。也就是说，增加这两个变量并没有提高模型的质量。因此，研究模型中不包含信任和感知风险。

1. 模型效度：路径系数

所谓路径系数，就是在路径分析中，两个变量之间的相关性。路径系数是一个标注化的回归系数，不同系数可以在同一个模型之内进行比较，其绝对值越大则表示影响作用越大。本书研究中结构模型潜变量之间的路径系数代表一个潜变量对另一个潜变量的直接影响。双尾检验的临界 t 值为 1.96（显著性水平 = 5%），2.85（显著性水平 = 1%），以及 3.29（显著性水平 = 0.1%）（Hair et al.，2011）。不显著或显示与假设方向相反的迹象的路径不支持先前的假设，而显示假设方向的显著路径在经验上支持提出的因果关系（Hair et al.，2011）。因此，t 值大于或等于 1.96 可以被描述为显著，支持本书研究中提出的假设，而 t 值小于 1.96 则表示没有显著影响，不支持本书研究中提出的假设。

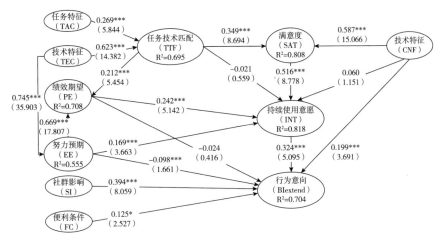

图 5-14 模型和结果

注：* p 值<0.05；** p 值<0.01；*** p 值<0.001。

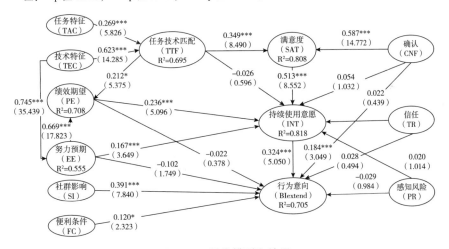

图 5-15 替代模型和结果

注：* p 值<0.05；** p 值<0.01；*** p 值<0.001。

（1）测试关于 TTF 的假设（H1、H2、H3、H4、H5 和 H6）。结果表明，任务特征（β=0.269，p<0.001）和技术特征（β=0.623，p<0.001）都对任务技术匹配有显著的正向影响，支持假设 H1 和 H2。TAC 和 TEC 共同解释了 TTF 中 69.5%的方差。我们的结果还表明，TTF（β=0.349，p<0.001）对 SAT 有显著的积极影响，支持假设 H3。然而，结果表明假设 H4 是无效

的。因此，TTF 对 INT 没有显著影响。TEC 对 EE（β=0.745，p<0.001）也有显著的正效应，支持假设 H5。具体来说，TEC 解释了 55.5% 的 EE 方差。结果显示，TTF 对 PE 有显著的正效应（β=0.212，p<0.001），支持假设 H6。

（2）测试关于 UTAUT 的假设（H7、H8、H9、H10、H11、H12 和 H13）。结果表明，PE（β=0.242，p<0.001）和 EE（β=0.169，p<0.001）对 INT 有正向影响，但对 BIextend 没有显著的正向影响。因此，数据完全支持 H7 和 H9，但不支持 H8 和 H10。SI（β=0.394，p<0.001）和 FC（β=0.125，p<0.05）对 BIextend 有显著的正效应，支持假设 H12 和 H13。此外，结果显示 EE（β=0.669，p<0.001）对 PE 有显著的正效应，支持假设 H11。

（3）测试有关 ECM 的假设（H14、H15、H16、H17 和 H18）。H14、H15 和 H16 表明，确认对满意度、持续性意图和行为意图有正向影响。结果表明，H14 和 H16 是有效的，H15 是无效的。因此，CNF 对 SAT（β=0.587，p<0.001）和 BIextend（β=0.199，p<0.001）有显著正向影响，但 CNF 对 INT 没有显著影响。结果还表明 SAT（β=0.516，p<0.001）对用户使用移动银行的持续性意图有积极影响，从而证实了假设 H17。此外，研究结果还表明，INT（β=0.324，p<0.001）对用户使用移动银行的行为意图有积极影响，证实了假设 H18。

表 5-15 总结了上述所有路径的系数和显著性水平。在提出的 18 个研究假设中，有 14 个是有效的，4 个是无效的。

表 5-15　结构回归模型的结果

假设	路径	路径系数	T 值	P 值	结果
H1	TAC →TTF	0.269	5.844	***	支持
H2	TEC →TTF	0.623	14.382	***	支持
H3	TTF →SAT	0.349	8.694	***	支持
H4	TTF →INT	−0.021	0.559	0.576	不支持
H5	TEC →EE	0.745	35.903	***	支持
H6	TTF →PE	0.212	5.454	***	支持
H7	PE →INT	0.242	5.142	***	支持
H8	PE →BIextend	−0.024	0.416	0.677	不支持
H9	EE →INT	0.169	3.663	***	支持

假设	路径	路径系数	T 值	P 值	结果
H10	EE →BIextend	−0.098	1.661	0.097	不支持
H11	EE →PE	0.669	17.807	***	支持
H12	SI →BIextend	0.394	8.059	***	支持
H13	FC →BIextend	0.125	2.527	*	支持
H14	CNF →SAT	0.587	15.066	***	支持
H15	CNF →INT	0.060	1.151	0.250	不支持
H16	CNF →BIextend	0.199	3.691	***	支持
H17	SAT →INT	0.516	8.778	***	支持
H18	INT →BIextend	0.324	5.095	***	支持

注：① * p 值<0.05；** p 值<0.01；*** p 值<0.001。②BIextend=行为意图；CNF=确认；EE =努力预期；FC=便利条件；INT=持续性意图；PE=性能预期；SAT=满意度；SI=社会影响；TAC=任务特征；TEC=技术特征；TTF=任务技术匹配。

2. 模型效度：决定系数（R^2）

决定系数（R^2）一般也被称为拟合优度，可以理解为样本回归线与实际观测值的拟合程度。如果样本回归线可以很好地拟合实际观测值，则每个样本观测点靠近样本回归线，样本回归解释的偏差平方和就接近总偏差平方和；否则，拟合度越差，差异越大。简而言之，R^2值越大，因变量被自变量的解释程度就越高，因变量的总体变化中由自变量引起的变化百分比也就越高，实际观测点在回归线附近就越密集。

由于决定系数是一个平方值，因此可确定该系数的取值范围在 0 到 1 之间，为一个非负统计量。想象一下，如果所有的实际观测点都在回归线上，没有一个点偏离回归线，这意味着拟合度非常好，为 1。这时自变量能完全解释因变量的变化。但是现实中，R^2几乎不可能为 1。比如一个运动员的水平和其参加运动会的成绩，一般来说水平高的运动员成绩肯定更好，但是再高水平的运动员也有可能会失误而没有取得和自身水平相应的成绩，这个失误就可以理解为残差，这个残差不是主要的影响因素，因此 R^2几乎不可能为 1。

决定系数（R^2）本质上指的是因变量的变化中有多少是可以用自变量解释的，反映的是模型外生变量对内生变量的解释能力。为了评估结构模型，本书应用了 R^2度量，R^2度量是最常用于结构模型评估的度量，它度量潜变量相对于其总方差的解释方差。根据 Chin（1998）的说法，本书研究中共有两个内生变量，BIextend 的 R^2 值为 0.704，INT 的 R^2 值为 0.818（见表 5-16）。当内生潜变量 R^2 值大于 0.67 被描述为实质性，0.33 被描述为中等，0.19 被描述为弱。因此，R^2 值证明了可解释性是实质性的。

表 5-16　决定系数（R^2）值

	R^2	调整后 R^2
BIextend	0.704	0.700
EE	0.555	0.554
INT	0.818	0.816
PE	0.708	0.707
SAT	0.808	0.808
TTF	0.695	0.694

注：BIextend = 行为意图；EE = 努力预期；INT = 持续性意图；PE = 性能预期；SAT = 满意度；TTF = 任务技术匹配。

3. 模型效度：预测相关性（Q^2）

模型的预测能力是结构模型的另一个评估维度。Stone-Geisser's Q^2 值（Geisser，1974；Stone，1974）是评估模型预测每个内生潜在结构指标的能力的标准。Stone-Geisser's Q^2 检验采用蒙眼程序的方法，在参数估算过程中去掉部分数据，再利用估算得到的参数去重构之前去除的数据，就这样不断重复，直到所有的数据都经过先被去除再被重构的过程。在去除数据时，可以每次去掉一个，也可以每次去掉一组以节省检验时间。为了获得 Q^2 值，使用蒙眼程序来评估每个结构的交叉验证的冗余度。当 Q^2 值等于 0 时，表明模型和数据完全没有关系；当 Q^2 值等于 1 时，表明数据完全可以被模型重构出来；当 Q^2 值小于 0 时，表明验证数据集合和估计数据集合不一致。一般来说大于零的 Q^2 值表明内生结构与外生结构具有预测相关性（Fornell and Cha，1994）。

表 5-17　构面交叉验证的冗余

	SSO	SSE	Q^2（= 1-SSE/SSO）
BIextend	2132.000	902.205	0.577
CNF	2132.000	2132.000	—

续表

	SSO	SSE	Q^2 （＝1−SSE/SSO）
EE	2132.000	1200.738	0.437
FC	2132.000	2132.000	—
INT	2132.000	712.715	0.666
PE	2132.000	1004.215	0.529
SAT	2132.000	729.083	0.658
SI	2132.000	2132.000	—
TAC	1599.000	1599.000	—
TEC	1599.000	1599.000	—
TTF	2132.000	1062.509	0.502

注：BIextend=行为意图；CNF=确认；EE=努力预期；FC=便利条件；INT=持续性意图；PE=性能预期；SAT=满意度；SI=社会影响；TAC=任务特征；TEC=技术特征；TTF=任务技术匹配。

根据 Chin（1998）和 Henseler 等（2009）的说法，Q^2 值分别为 0.02、0.15 和 0.35 表明，外源结构对内生潜变量的预测相关性分别为小、中和大。两个主要内生变量 BIextend＝0.577，INT＝0.666 均大于 0.35，其他内生变量均大于 0.35，说明具有较强的预测相关性。

4. 模型效度：效应量（f^2）

效应量是表征效应大小的统计量，指的是变量引起的差异量，表征了不同变量之间的联系或者差别的程度，其不受样本容量大小的影响，这和显著性检测是不同的。效应量表示不同处理所引起的总体均值之间差异的量，可以把不同研究的效应量拿来比较。效应量一般用在某领域内进行元分析时使用，经常用于行为研究、心理学以及教育学等方面的研究。效应量的值统计的是主要变量引起的效应差异和效应标准误差的比值。这个相对量在估算处理效应时是很关键的。

在常规的统计分析中，一般情况下只统计 F 值或者 t 值、p 值。事实上这些统计只描述了一小部分数据，常见的描述还应包括样本量大小、样本均值以及标准差，但这些常见的描述基本上仅仅是对单变量分布的一个描述，而效应量对两组变量和处理效应的描述更为直观。效应量表示的是均值检验中两组样本分布的不重叠程度。常见的推断统计量 F 和 p 值仅表示均值的差异，但这种差异是从样本中分离出来的，并将其推广到不同的样本组。评估每条路径的效应量（f^2）是评估结构模型的另一种方法（Cohen，1988）。影响大小可以衡量自变量对因变量是否有显著的影响。根据 Chin（1998）和 Cohen（1988）的研究，在结构模型中，0.02、0.15 或 0.35 的 f^2 值表示外生潜变量对内生潜在模型有小、中或大的影响。

表 5-18 列出了外生变量对内生变量的效应量。深灰色值代表了缺乏实际意义的弱影响。例如，EE、FC 和 PE 的值分别为 0.007、0.015 和 0.000 表示它们对 BIextend 的影响非常有限，而 CNF 和 TTF 的值 0.004 和 0.001 表示它们对 INT 的影响很弱。黑色值表示介于弱和中等之间的影响强度。CNF 和 INT 对 BIextend 的影响中等，值分别为 0.039 和 0.080。同时，当其值分别为 0.040 和 0.082 时，EE 和 PE 对 INT 的影响中等。浅灰色值代表影响显著。SI 对 BIextend 的影响很强，其值为 0.178。此外，SAT 对 INT 的影响是很强的，表 5-18 中显示的值是 0.238。总之，SAT 对 INT 有很强的影响，SI 也被认为对 BIextend 有显著的影响。

表 5-18 效应量（f^2）

	BIextend	EE	INT	PE	SAT	TTF
CNF	**0.039**	—	0.004	—	0.554	
EE	0.007	—	**0.040**	0.654	—	—
FC	0.015	—	—	—	—	—
INT	**0.080**	—	—	—	—	—
PE	0.000	—	**0.082**	—	—	—
SAT	—	—	0.238	—	—	—
SI	0.178	—	—	—	—	—
TAC	—	—	—	—	—	**0.121**
TEC	—	1.247	—	—	—	0.648
TTF	—	—	0.001	**0.066**	0.196	

注：BIextend=行为意图；CNF=确认；EE=努力预期；FC=便利条件；INT=持续性意图；PE=性能预期；SAT=满意度；SI=社会影响；TAC=任务特征；TEC=技术特征；TTF=任务技术匹配。

四、中介效应分析

在研究中发现，有些变量之间没有直接的关系，但是两个变量之间在某种程度上确实有所联系，一个变量会在某种程度上影响另外一个变量。这个时候需要引入中介变量的概念。中介变量（mediator）是统计学中的一个重要概念。使用中介效应模型可以对自变量影响因变量的中间过程和作用机理进行分析。相比于直接分析自变量和因变量之间的关系，其往往能得到更为深入和全面的结果。所以中介效应的研究越来越受到领域内专家学者的青睐。具体来说，如果某自变量 A 通过变量 B 间接影响到因变量 C，则认为变量 B 为变量 A 和变量 C 的中介变量。对于中介测试，本书使用了一个广泛使用于测试中介效果的显著性统计工具——Sobel 测试方法（Bontis et al.，2007）。根据这个测试，Z 值代表自变量和中介变量之间的路径关系，可以用 t 值来计算，t 值表示中间变量和因变量之间的路径关系。Z 值大于 1.96 表示有中介效应，可以确定中介效应是否显著。本书利用 Sobel 测试来确定中介效应的显著性。发现两种均具有完全的中介作用的介质。

1. TTF->SAT->INT

如表 5-19 所示，Sobel 测试的 Z 值为 6.177，远远大于 1.96，说明存在中介效应。此外，直接效应不显著（a×b = 0.180），意味着完全中介效应。结果表明，SAT 完全中介了 TTF 与 INT 的关系。

表 5-19　Sobel 测试 1

	Input：		Test statistic：	Std. Error：	p-value：
a	0.349	Sobel test：	6.17683431	0.02915474	0
b	0.516	Aroian test：	6.15669643	0.0292501	0
S_a	0.040	Goodman test：	6.19717109	0.02905907	0
S_b	0.059	Reset all	Calculate		

资料来源：http://quantpsy.org/sobel/sobel.htm。

2. CNF->SAT->INT

如表 5-20 所示，Sobel 测试的 Z 值为 7.562，大于 1.96，证实了介体的存在。直接效应不显著（a×b = 0.303），表明有完全中介效应。因此，研究结果证实 SAT 完全中介了 CNF 与 INT 之间的关系。

表 5-20　Sobel 测试 2

	Input：		Test statistic：	Std. Error：	p-value：
a	0.587	Sobel test：	7.56186223	0.04005521	0
b	0.516	Aroian test：	7.54941592	0.04012125	0

Input:			Test statistic:	Std. Error:	p-value:
S_a	0.039	Goodman test:	7.5743703	0.03998907	0
S_b	0.059	Reset all	Calculate		

资料来源：http://quantpsy.org/sobel/sobel.htm。

3. EE->INT->BIextend

如表 5-21 所示，Sobel 检验的 Z 值为 2.973，大于 1.96，同时考虑到直接作用不显著（a×b=0.055），这证实了介体的存在和充分的中介作用。因此，结果证明 INT 完全中介了 EE 和 BIextend 之间的关系。

表 5-21　Sobel 测试 3

Input:			Test statistic:	Std. Error:	p-value:
a	0.169	Sobel test:	2.97343308	0.01841508	0.00294489
b	0.324	Aroian test:	2.93614862	0.01864892	0.00332315
S_a	0.046	Goodman test:	3.01217495	0.01817823	0.00259383
S_b	0.064	Reset all	Calculate		

资料来源：http://quantpsy.org/sobel/sobel.htm。

4. PE->INT->BIextend

Sobel 检验的 Z 值为 3.610（见表 5-22），大于 1.96，说明存在中介效应。并且，由于直接效应不显著（a×b=0.078），它意味着完全中介效应。因此，结果证实了 INT 完全中介了 PE 和 BIextend 之间的关系。

表 5-22　Sobel 测试 4

Input:			Test statistic:	Std. Error:	p-value:
a	0.242	Sobel test:	3.60989988	0.02172027	0.00030632
b	0.324	Aroian test:	3.57577292	0.02192757	0.00034919
S_a	0.047	Goodman test:	3.64502299	0.02151098	0.00026737
S_b	0.064	Reset all	Calculate		

资料来源：http://quantpsy.org/sobel/sobel.htm。

第六节 本章小结

本章提出了一个整合技术接受和使用统一理论模型（UTAUT）、任务技术匹配模型（TTF）和期望确认模型（ECM）中的因子研究模型。本章首先进行了小规模的数据采集，利用研究模型对采集数据进行整理分析，并对研究模型的信度和效度进行评估。在对研究模型中所有结构的信度和效度分析的基础上，修订了不符合信度和效度要求的问卷项目，形成了最终证实的问卷调查表。在对最终主要调查得到的数据进行筛选之后，得到了533位移动银行用户的有效经验数据，并运用偏最小二乘结构方程模型（PLS-SEM）对整合模型进行了检验。最终得到了这些因素之间的影响关系。由于调查平台的设计原因，使得本书采集的数据十分完整，没有出现数据丢失的情况，今后的研究者也可以采用类似的平台或者方法以限制数据丢失的可能性，相信能够对数据采集这一过程产生事半功倍的效果。

数据分析结果表明，性能预期、努力预期和满意度三个变量对针对移动银行的持续性意图有显著的正向影响。然而，研究结果并未发现任务技术适配与对移动银行持续性意图的确认有显著影响。结果表明，任务技术匹配通过满意度的中介效应间接影响持续性意图。确认也通过满意度的中介作用间接影响持续性意图。

此外，便利条件、社会影响、确认和持续性意图对尝试移动银行新功能的行为意图有显著的正向影响。基于实证数据分析发现，性能预期和努力预期对行为意图没有显著影响。并且，从变量关系的分析中还发现了几组通过中介效应互相作用的变量，研究中从结果可以推断，性能预期通过持续性意图的中介效应间接影响行为意图。同样，努力预期也通过持续性意图的中介效应间接影响行为意图。

最后并且也较为重要的是，本章研究模型解释了81.8%的持续性意图，而Yuan等（2016）仅仅解释了53.4%；本章研究模型解释了70.4%的行为意图，而Zhou等（2010）仅仅解释了55.7%。因此，本书研究所提出的研究模型显示了更强大的解释力，并验证了模型中所包含的理论的整合和扩展。

第六章　讨　论

第一节　引　言

前一章阐述了数据分析结果，并考察了中国用户使用移动银行的持续性意图和尝试新功能的行为意图的潜在预测因素。采用偏最小二乘结构方程模型（PLS-SEM）方法研究了 TTF、UTAUT 和 ECM 的结构。在本章中，将讨论第五章中得到的结果。本章由四个部分组成。在第二节中，详细讨论了每个结构对持续性意图或行为意图的影响；在第三节中，阐述了满意度和持续性意图的中介效应；第四节为结论。

本书探讨了影响我国移动银行客户使用移动银行的持续性意图和尝试移动银行新功能的行为意图的潜在因素及其影响。为了达到研究的目的，笔者选择问卷调查的方式来测试由 TTF、UTAUT 和 ECM 模型组成的综合模型。本书在整合信息系统相关理论的基础上，研究探索潜在的行为变量和技术变量，以预测用户在中国继续使用移动银行或尝试新的移动银行功能的意图。本书提出 18 项假设，结果显示在 18 项假设中有 14 项假设成立。通过提取 UTAUT、ECM 和 TTF 模型的结构，并将其应用于非西方文化中，研究结果表明，整合模型解释了 81.8% 中国用户使用移动银行持续意愿的变化和 70.3% 中国用户行为意愿的变化。

满意度、性能预期和努力预期是影响用户持续性意图的积极因素。同时，积极影响行为意图的因素包括社会影响、便利条件、确认和持续性意图。此外，在本书假设检验过程中，也发现了一些中介效应。具体来讲，满意度是任务技术匹配与持续性意图之间关系的中介，满意度也是确认与持续性意图之间关系的中介。结果发现，持续性意图在性能预期与行为意图之间起中介作用。此外，研究还发现，持续性意图对努力预期与行为意图之间的关系有着重要的影响。基于实证结果对研究结果的讨论将在下面的小节中展示。

第二节 假设检验结果的讨论

一、任务特征、技术特征对任务技术匹配性的影响（H1：TAC→TTF；H2：TEC→TTF）

本书证实，任务特征和技术特征对任务技术匹配都有显著影响，这与 Goodhue 和 Thompson（1995）提出的任务技术匹配模型（TTF）是一致的。TTF 模型表明，任务与技术的匹配受任务和技术特征的影响，进而对性能和利用率产生影响。基于 TTF 模型，Oliveira 等（2014）验证了任务特征和技术特征对葡萄牙移动银行采用任务技术匹配性的影响。同样地，Afshan 和 Sharif（2016）验证了任务特征和技术特征对巴基斯坦移动银行任务技术匹配性的影响。

结合对移动银行的研究，本书证实了在中国移动银行应用的背景下任务特征和技术特征对任务技术匹配的影响。此外，本书还发现，与技术特征相比，任务特征对任务技术匹配的影响较小。在中国，移动银行业务被大量用户采用（KPMG，2015）。然而，许多用户只是使用该服务进行余额检查，并没有尝试其所有的金融服务功能（Shen，2014）。尽管移动银行提供了广泛的功能，但用户对这些功能背后的价值缺乏认识，这就解释了为什么与技术特征相比，任务特征对任务技术匹配的影响较小（Oliveira et al.，2014）。

二、任务技术匹配性对满意度和持续性意图的影响（H3：TTF→SAT；H4：TTF→INT）

现有的研究已经证实了 TTF 与信息系统最初采用时使用的其他模型（如 UTAUT 和 TAM）的互补性。在研究信息系统的持续性意图时，将 TTF 也考虑进来的研究较少。本书试图检验 TTF 对中国移动银行应用中的 ECM 的互补性，证明任务技术匹配对满意度的直接影响较为显著，而任务技术匹配对持续性意图的直接影响不显著。

这一发现与现存文献中的一些发现有相同之处和不同之处。例如，在 Lin（2012）的研究中，感知匹配性与对虚拟学习系统的满意度呈正相关关系。在这项研究中 Lin 还发现了感知的适应对特定信息系统满意度的直接影响。另外，在 Yuan 等（2016）的另一项研究中，其实证数据不支持感知匹配性对满意度的直接影响。然而，本书结果显示，TTF 对满意度的直接影响是显著的。总的来说,当前研究结果表明,如果用户认为移动银行服务适合他们进行移动银行交易任务,那么他们对移动银行的满意度可能会提高。

与我们的研究结果不同,Lin(2012)认为,在 TTF 与持续性意图之间的关系上,感知匹配性也与对虚拟学习系统的持续性意图呈正相关关系。相反,本书研究结果表明,任务技术匹配对我国移动银行业务的持续性意图没有直接影响。Lin(2012)的研究结果与本书的分歧可能由于 VLS 系统是一个不同于移动银行的信息系统,不同信息技术的用户的持续性意图会受不同因素的影响。

三、技术特征对努力预期的影响以及任务技术匹配对性能预期的影响(H5:TEC→EE;H6:TTF→PE)

研究结果表明,移动银行的技术特征对用户的努力预期有显著影响,说明 TTF 和 UTAUT 结构之间存在相关性。这一发现与 Zhou、Lu 和 Wang(2010)的观点一致,Zhou、Lu 和 Wang(2010)指出移动银行的普遍性和即时性使得用户能够以更方便、成本更低的方式访问银行服务,因此技术特征影响了用户对移动银行的努力预期。因此,从移动银行的技术层面可以提高用户的努力预期。本书也验证了技术特性对努力预期的影响,并证实了在移动银行环境下 TTF 模型与 UTAUT 模型之间的联系。

Dishaw 和 Strong(1999)识别出 TTF 对用户性能预期的影响。Zhou、Lu 和 Wang(2010)及 Oliveira 等(2014)也证实了这一发现,其指出了任务技术匹配性对中国移动银行的性能预期有显著的影响。因此,当用户感知到移动银行技术满足了他们的任务需求时,他们会通过使用移动银行对其性能的改进高度认可。确保良好的任务技术匹配性可能是提高性能预期的关键方法。

四、性能预期对持续性意图和行为意图的影响(H7:PE→INT;H8:PE→BIextend)

本书发现,性能预期对使用者的持续性意图有显著的正向影响。这一发现将 UTAUT 构面扩展到了信息系统(IS)连续性情境中。Venkatesh 等(2003)提出的 UTAUT 模型中的性能预期被认为是行为意图的重要前因之一。以往的研究已经证实,性能预期对用户接受移动银行业务具有显著的积极影响(Luo et al., 2010;Oliveira et al., 2014)。然而,以往研究性能预期对信息系统(IS)持续性情境的影响是相当有限的。本书验证了在中国移动银行应用的背景下，性能预期对用户的持续意愿有显著的正向影响。中国的银行客户认为，在进行银行交易时移动银行会提高其效率，因此这种关系与持续性意图是正向相关的。只有当用户发现移动银行在操作银行所提供的金融服务方面有用且有效时，他们才会表示愿意继续使用该服务；否则，用户更有可能放弃移动银行服务而转向互联网银行服务或传统银行服务。

本书还发现，性能预期对使用扩展的行为意图没有显著影响，这与 Venkatesh 等（2003）提出的技术接受与使用统一理论（UTAUT）模型中的性能预期与行为意图的关系是相反的。UTAUT 模型表明，性能预期对技术的采用有决定性的影响（Venkatesh et al.，2003）。基于 UTAUT 模型，Oliveira 等（2014）发现移动银行的性能预期与行为意图存在正相关关系。然而 Afshan 和 Sharif（2016）声称，绩效预期对用户使用移动银行的行为意图没有显著影响。与 Afshan 和 Sharif（2016）一致，本书也发现性能预期对行为意图没有显著的直接影响。此外，在本书的研究背景下，行为意图被明确地定义为尝试新功能的行为意图，而不是采用移动银行的行为意图。因此，本书将采用移动银行的行为意图延伸至尝试新功能的行为意图，实际上探讨了性能预期与尝试新功能的行为意图之间的新关系。本书发现，很少有用户仅是因为对工作有用而去选择尝试新的移动银行功能。相比之下，社会影响和便利条件对尝试新功能的行为意图的影响更为显著。

五、努力预期对持续性意图、行为意图和性能预期的影响（H9：EE→INT；H10：EE→BIextend；H11：EE→PE）

结果表明，努力预期对用户的持续性意图有着积极而显著的影响，这一发现将 UTAUT 模型中决定信息系统（IS）采用的重要因素扩展到了信息系统（IS）持续性情境中。先前的研究发现，努力预期对使用者的行为意图有显著且积极的影响（Carlsson et al.，2006；Im，Hong and Kang，2011）。然而，以往的关于在信息系统连续性背景下的努力预期的影响的研究是相当有限的。本书证实，在中国移动银行应用的背景下，努力预期对用户的持续性意图有着显著的积极影响。所以，该结果表明，易于使用的移动应用程序可以吸引用户继续使用移动银行服务。

本书认为，努力预期对行为意图没有直接影响，这与 Venkatesh 等（2003）提出的技术接受和使用统一理论（UTAUT）中的努力预期与行为意图之间的关系不符。UTAUT 模型表明，努力预期会对行为意图产生重大影响（Venkatesh et al.，2003）。但是，Oliveira 等（2014）并未发现努力预期

对葡萄牙用户使用移动银行的行为意图有显著影响。同样，Afshan 和 Sharif
（2016）也发现努力预期对巴基斯坦用户使用移动银行的行为意图没有显著
影响。即使在中国，Zhou、Lu 和 Wang（2010）进行的研究也声称，努力预
期不会对移动银行用户的使用产生重大影响。与这些先前的研究一致，本书
也发现努力预期对用户的行为意图没有明显的直接影响，在本书中，研究所
指的是尝试新功能的行为意图，而不是采用移动银行的行为意图。结果显
示，本书通过将使用移动银行的行为意图扩展到尝试新功能的行为意图的方
式扩展了现有研究，即在移动银行环境下，努力预期对行为意图的影响微不
足道。本书认为，用户很少仅因为这些功能就去选择使用新的移动银行功
能。自从最初采用以来，用户将越来越熟悉移动银行的操作，从而忽略了将
服务作为关注焦点，即使服务提供商提供新的功能或升级系统，用户也不太
可能仅因为这个原因而使用这些功能。

此外，本书证实了努力预期与性能预期之间存在显著的正相关关系，这
支持了 Zhou、Lu 和 Wang（2010）以及 Hew 等（2015）的研究结果。更具体
地说，Zhou、Lu 和 Wang（2010）认为，努力预期强烈影响了无线应用协议
（WAP）银行的性能预期。考虑到手机屏幕小、输入不方便造成的局限性，
一些用户在使用移动银行时可能会感觉到更多的困难（Zhou，2012）。因此，
他们将花费更多的时间和精力来运营移动银行，并减少人们对其性能改进的
看法。与 Zhou、Lu 和 Wang（2010）的研究一致，Hew 等（2015）提出移动
应用的用户友好性直接影响用户对移动应用有用性的感知，从而验证了努力
预期与性能预期之间的显著正相关关系。基于他们的研究，本书进一步证实
了在中国移动银行应用的背景下，努力预期和性能预期之间存在着强烈的正
相关关系。结果表明，当用户认为移动银行技术方便易用时，会产生更高的
性能预期；否则，性能预期将会降低。

六、社会影响力对行为意图的影响（H12：SI→BIextend）

本书验证了社会影响力对行为意图的影响，这与 Venkatesh 等（2003）提
出的技术接受与使用统一理论（UTAUT）模型中社会影响与行为意图的关系
是一致的。UTAUT 模型表明社会影响对行为意图有直接的显著影响
（Venkatesh et al.，2003）。因此，在以往的研究中，社会影响通常被用作预测
行为意图的一个重要结构。一些研究结果与 UTAUT 模型一致，发现社会影响
与行为意图之间存在正相关关系（Chong，2013；Chong，Chan and Ooi，2012；
Venkatesh et al.，2003；Venkatesh，Thong and Xu，2012）。相反，其他研究结

果与 UTAUT 模型相反，发现社会影响力对行为意图没有显著影响（Baptista and Oliveira，2015；Hew et al.，2015）。

在移动银行的背景下，Zhou、Lu 和 Wang（2010）发现了社会影响对客户使用移动银行的影响，这与 UTAUT 模型是一致的。特别地，Zhou、Lu 和 Wang（2010）认为，用户之所以决定采用移动银行业务，是因为受到对用户行为产生重大影响的人和对用户重要的人的影响。相反的，Oliveira 等（2014）认为社会影响力对移动银行的行为意图没有显著影响。这一发现的理由是，移动银行是一项个人和敏感的服务；对交易保密和最终数据保密的需要远比炫耀或打动他人的需要重要得多。

与 Zhou、Lu 和 Wang（2010）的研究结果一致，本书验证了社会影响与行为意图之间的积极关系。此外，本书发现，社会影响是 UTAUT 模型中的四个关键因素之一（即性能预期、努力预期、社会影响和便利条件）（Venkatesh et al.，2003），其对行为意图的影响最大，从而丰富了使用 UTAUT 模型的现有研究成果。此外，通过将使用移动银行的行为意图扩展到尝试新功能的行为意图，本书扩展了现有关于社会影响与行为意图之间显著正相关的研究。因此，为了鼓励用户尝试更多的新功能，建议银行考虑把较早采用新功能的用户的观点纳入其营销活动中，因为这些用户的观点往往会对其他用户的采用行为产生积极的口碑效应（Wiedemann，Haunstetter and Pousttchi，2008）。换言之，在新功能推广中整合早期采用者的积极观点并获得名人代言会有助于现有移动银行用户增加对移动银行的使用行为。

七、便利条件对行为意图的影响（H13：FC→BIextend）

之前的研究发现，便利条件对行为意图（Afshan and Sharif，2016；Hew et al.，2015）或用户的采用（Crabbe et al.，2009；Yu，2012；Zhou，Lu and Wang，2010；Oliveira et al.，2014）都有显著影响。本书发现便利条件对行为意图有显著影响，这与以往的研究一致。此外，社会影响和便利条件对行为意图都具有显著影响，便利条件对行为意图的影响相对较小。

在对移动银行的研究方面，Afshan 和 Sharif（2016）发现，在 UTAUT 模型的四个关键因素中，只有便利条件对巴基斯坦用户使用移动银行的行为意图有直接而显著的影响。Afshan 和 Sharif（2016）提出，技术和组织基础构架的改善可以优化用户的行为意图，确保移动银行被用户采用。相反，Baptista 和 Oliveira（2015）发现，便利条件对非洲用户的行为意图或用户对移动银行的采用都没有显著影响。Baptista 和 Oliveira（2015）认为，非洲地区的用户并不期望获得有力机构的支持来帮助他们使用移动银行服务，因此并没有对此给予太多重视。

本书根据这些有争议的研究结果，确定了便利条件对中国移动银行行为意图的影响，并认为便利条件对用户尝试新功能的行为意图具有显著的正向影响。如果用户在技术上得到支持，或者能够获得许多必要的资源，并且在使用新功能遇到困难时能够得到他人的帮助，那么他们就会表现出尝试新功能的意愿。

八、确认对满意度、持续性意图和行为意图的影响（H14：CNF→SAT；H15：CNF→INT；H16：CNF→BIextend）

本书也证实了确认与满意度的关系，发现确认对使用者满意度有显著的正向影响。这一结果与 Bhattacherjee（2001b）提出的期望确认模型（ECM）所描述的确认与满意度之间的关系是一致的。根据 ECM 模型，用户对先前使用信息系统（IS）的期望的确认对其满意度有积极的影响（Bhattacherjee，2001b）。在移动银行的背景下，确认与满意度之间的显著关系意味着当用户在使用移动银行时发现自己对移动银行的期望逐渐得到确认时，他们会对移动银行提供的服务产生一种满意的感觉（Yuan et al.，2016）。许多实证研究都支持确认和满意度之间的这种正向关系（Oliver，1980；Dabholkar et al.，2000；Bhattacherjee，2001b；Thong，Hong and Tam，2006；Venkatesh et al.，2011）。与以往的研究一样，本书也证实了确认与满意度之间存在显著的正相关关系。

此外，本书发现，确认行为并不直接影响移动银行的继续使用意图，而是直接影响到使用新功能的行为意图。这一结果可以看作是对 Bhattacherjee（2001b）提出的现有期望确认模型（ECM）的扩展。ECM 模型表明，用户的持续性意图是由感知有用性和用户满意度决定的。反过来，用户满意度又受到用户对先前使用的预期和感知有用性的确认的影响。在 ECM 模型的基础上，Larsen 等（2009）发现确认和持续性意图之间的路径可以概括为"确认→满足→IS 持续性"。更具体地说，Larsen 等（2009）表明，基于对系统的一组初始期望的确认程度为用户满意奠定了基础，用户对信息系统（IS）的满意意味着对持续性的强烈意图。Larsen 等（2009）所研究的路径被之前的研究人员直接用于用户对于不同移动服务的持续使用的研究中，如移动应用（Hew et al.，2015）、移动购物（Hung，Yang and Hsieh，2012）、移动互联网（Hong，Thong and Tam，2006）和移动广告（Xiao and Chang，2014）。

然而，目前还没有任何有关于确认与持续性意图之间关系的成果。本书对此进行研究调查，发现确认并不直接影响用户使用移动银行的持续性意图，而是直接影响用户尝试新功能的行为意图。这说明即使用户的期望得到了确认，也可能不足以让他们继续使用移动银行（他们可能仍然需要对以前使用过的功能感到满意）。但如果用户的期望得到确认，他们可能会尝试新的功能（确认→行为意图）。

九、满意度对持续性意图的影响（H17：SAT→INT）

本书结果表明，用户满意度是预测用户持续性意图的最重要因素，这与Bhattacherjee（2001b）提出的期望确认模型（ECM）所显示的满意度与持续性意图之间的关系是一致的。根据 ECM 模型，用户的持续性意图由感知有用性和用户满意度决定，用户满意度是持续性意图的最强预测因子。满意度是在技术接受研究中用来确定用户实际行为的变量（Wixom and Todd，2005；Hermans，Haytko and Mott-Stenerson，2009；Chan et al.，2010）。保持和提高满意度对于保持用户对信息系统的使用是很重要的（DeLone and McLean，1992；Limayem and Cheung，2008；Chen，2010；Chen，Meservy and Gillenson，2012）。Brown 等（2008）认为满意度应该在信息系统（IS）采用后的情况下考虑。本书的发现也支持了这一观点。

通过提供满意度如何影响我国移动银行用户持续性意图的证据，扩展了现有的用户对移动银行持续意愿的研究文献。之前的研究已经确认了不同信息系统的用户满意度与用户持续意愿之间的关系，例如电子服务（Liao，Chen and Yen，2007）、在线团购（Zhang et al.，2015）、WWW 使用（Limayem，Hirt and Cheung，2007）、互联网协议电视（Lin et al.，2012）和虚拟学习系统（Lin，2012）。这些研究结果证实了在移动银行应用环境下，用户满意度与持续性意图之间的关系，也进一步说明了目前研究对用户使用手机应用意图的研究不足（Hew et al.，2015；Hsu and Lin，2016；Muñoz-Leiva，Climent-Climent and Liébana-Cabanillas，2017）。

十、持续性意图对行为意图的影响（H18：INT→BIextend）

本书研究结果表明，持续性意图在影响用户尝试新功能的行为意图中起着至关重要的作用，这在先前的研究中并未提及。现有文献侧重于确定用户对移动银行行为意图的关键决定因素（Oliveira et al.，2014；Shaikh and Karjaluoto，2015；Afshan and Sharif，2016）。然而，对于移动银行新功能的行为意图，此前还没有研究过。目前的研究确定了用户使用新功能的行为意图的预测因子。调查结果显示，有意继续使用移动银行服务的用户，也会在使用过程中尝试新功能。

第三节 中介的讨论

一、TTF→SAT→INT

本书最重要的发现之一是任务技术匹配性对持续性意愿的间接影响，这是由满意度介导的。在现有文献中，已经讨论了任务技术对信息系统（IS）持续性意图的间接影响。例如，Wu 和 Chen（2017）提出了一个基于技术采纳模型（TAM）和任务技术匹配模型（TTF）的综合模型，以调查大规模开放在线课程（MOOC）的持续使用意图，验证了 TTF 通过感知有用性中介作用间接影响用户对 MOOC 的持续使用意图。Larsen 等（2009）将期望确认模型（ECM）和任务技术匹配模型（TTF）相结合，研究了用户对电子学习工具的持续性意图，并验证了 TTF 模型以使用效果为中介间接影响了持续性意图。由于不同的研究者在研究用户对某一特定信息系统的采用后意向时使用了不同的模型，因此在中介的识别方面产生了丰硕的成果，但所有研究都指出，任务技术匹配并不直接影响持续性意图，而是依赖于中介因素，如本书中的满意度。根据本书的发现，用户满意度在 TTF 对持续性意图的影响中起中介作用。一方面，用户满意度直接预测用户对移动银行使用的持续性意图；另一方面，TTF 直接影响用户的满意度。这样满意度作为 TTF 和持续性意图的中介，其中介效应就产生了。

二、CNF→SAT→INT

根据 ECM 模型，用户的持续性意图由感知有用性和用户满意度决定。反过来，用户满意度又受到用户对先前使用的预期和感知有用性的确认的影响（Bhattacherjee，2001b）。与 ECM 模型一致，本书发现确认通过用户满意度的中介效应对用户的持续性意图有间接而非直接的影响。确认与持续性意图之间的路径概括为"确认→满足→IS 持续性"（Larsen et al.，2009），在研究不同技术和服务的持续使用方面，该路径得到了广泛的应用（Hew et al.，2015；Hung，Yang and Hsieh，2012；Hong，Thong and Tam，2006；Hsiao and C hang，2014）。本书证实，由于满意度的存在，确认与持续性意图之间存在完全的隐含关系。

三、PE→INT→BIextend 和 EE→INT→BIextend

Venkatesh 等（2003）提出的 UTAUT 模型研究表明，性能预期和努力预期对行为意图都有显著影响（Venkatesh et al.，2003）。然而，如前文所述，先前的研究没有证实性能预期和努力预期对行为意图以及在移动银行背景下用户采用行为的显著积极影响（Oliveira et al.，2014；Afshan and Sharif，2016；Zhou，Lu and Wang，2010）。先前的研究还发现，性能预期和努力预期对行为意图没有显著影响。本书进一步探讨这些不显著影响的原因。具体来讲，这是因为性能预期和努力预期对行为意图没有直接影响，而是通过持续性意图的中介效应间接影响用户的行为意图。更具体地说，本书认为，持续性意图充分中介了性能预期和努力预期对行为意图的影响。在本书发现的"PE→INT→BIextend"路径表明，当用户认为移动银行有用时，他们可能会表现出更高水平的持续性意图。在更高水平的持续性意图下，他们倾向于尝试新的功能。本书对"EE→INT→BIextend"路径的发现表明，当移动银行服务支持高水平的用户友好度时，用户的持续性意图也会得到改善。因此，一旦用户表现出继续使用移动银行服务的强烈意愿时，他们将有更多机会尝试新功能。本书在中介效应方面的新发现，扩展了目前移动银行背景下行为意图和持续性意图的知识和理论。此外，本书也探讨测试结果是否符合理论框架、UTAUT 模型，并进一步将本书的结构从初始采纳研究延伸至信息系统（IS）持续性研究。

第四节　本章小结

本章从以下三个方面讨论了本书提出的 18 个假设的检验结果。第一，探讨了测试结果是否验证或加深了对本书所选理论的理解，包括任务技术匹配模型（TTF）、期望确认模型（ECM）和技术接受与使用统一理论模型（UTAUT）。此外，本书还调查了测试结果是否证实了所提出的理论框架以及基于这些理论的观点的有效性和适当性。第二，本书探讨了测试结果与其他同类研究结果的异同。第三，对原创的以及和文献不同的测试结果进行了合理的解释。

第七章　研究建议及结论

第七章是本书的最后一章。本书的实证研究结果和对研究假设的检验，从多方面为现有文献增添了新的内容，并提供了一些理论上和实践上的启示。尽管中国拥有世界上最高的移动银行使用率，但用户对移动银行服务的持续性使用仍然是移动银行服务提供商和营销人员面临的一个问题。移动银行的使用频率低以及用户不愿使用更先进的功能等情况仍是挑战。对于银行和移动银行服务提供商来说，市场的巨大潜力正促使他们增加使用移动银行用户的数量。本书建议银行应基于用户使用移动银行业务持续性和行为意图的关键预测因子，采取多种措施来提高用户的持续性意图。本章第一节从理论贡献和管理意义两个方面论述了本书的贡献。第二节讨论了本书的局限性。第三节为未来的研究提供了方向。第四节提供了本书的总体结论。

第一节　本书贡献

一、理论贡献

本书在理论上的贡献：

第一，许多研究探索了用户最初对移动银行的采用（Zhou，Lu and Wang，2010；Oliveira et al.，2014；Afshan and Sharif，2016），但是关于持续性意图（Yuan et al.，2016）和用户尝试新的移动银行功能的行为意图的影响因素的研究却很少。应当指出的是，正如本书指出的那样，任何研究人员都尚未探索后者。信息系统（IS）的可持续性和最终成功取决于用户的持续使用，而不是首次采用行为（Bhattacherjee，2001b）。

考虑到对信息系统（IS）的持续使用的研究不足，本书试图通过调查用户对移动银行的持续性意图的预测因素及其尝试新的移动银行功能的行为意图来填补这一空白，并丰富现有的有关信息系统（IS）持续使用的研究。此外，现有研究集中于调查用户采用移动银行的关键影响因素（Zhou，2011；

Wang and Li，2012；Baptista and Oliveira，2017；Tam and Oliveira，2017），但现有的研究均未调查用户尝试使用新的移动银行功能的意图。在现有文献中，连续性意图和行为意图很少结合在一个模型中。但是，持续使用移动银行服务的用户也可能会在此过程中尝试新功能。因此，本书通过在模型中结合持续性意图和行为性意图，填补了用户尝试新的移动银行功能的意图的空白。结果表明，影响持续性意图的主要因素包括满意度、性能预期和努力预期。持续性意图反过来会影响用户尝试新功能的行为意图，以及社会影响、促进条件和确认。对于将来有兴趣研究用户使用新技术的行为意图的研究人员而言，新的集成模型可能会提供很好的参考。

第二,现有的关于移动银行采用的研究主要集中于用户对技术的认知方面，而很少考虑任务技术匹配性。用户对信息系统（IS）的采用程度不仅取决于他们对技术的了解程度，还取决于任务技术的匹配性。（Zhou，Lu and Wang，2010）。在结合 UTAUT 模型、TTF 模型和 ECM 模型的关键构面的基础上，本书从用户对技术和任务技术匹配性的两个方面探讨了用户持续性意图和行为意图。因此可以相信，本书丰富了当前大量主要集中于用户对技术的认知（性能预期和努力预期）方面的文献。

第三，笔者发现以前没有结合现有研究模型（UTAUT 模型、TTF 模型和 ECM 模型）的理论来检查信息系统用户（包括移动银行）对信息系统使用后的尝试行为。尽管先前的研究已经通过结合模型解决了用户对移动银行的使用意图，但本书成果具有更强的解释力，因为本书解释了 81.8% 的用户对移动银行的持续性意图，而 Yuan 等仅解释了 53.4% 的用户对移动银行的持续性意图（2016），并且解释了 70.4% 的用户行为意图，相比之下 Zhou、Lu 和 Wang（2010）只解释了 55.7% 的用户行为意图。高解释力验证了被纳入模型的理论整合。通过合并和扩展 UTAUT 模型、TTF 模型和 ECM 模型，本书将这些模型中的每个模型的适用性扩展到相关信息系统相关的文献中。

第四，本书从 TTF 模型、UTAUT 模型和 ECM 模型的解释能力方面获得了相当多的新发现。更具体地讲，本书的结果证实了采用 TTF 模型中的结构解释持续性意图的适当性和重要性。本书验证了任务特征和技术特征都对任务技术匹配度有着重大影响，这与 Goodhue 和 Thompson（1995）提出的 TTF 模型的观点是一致的。此外，本书将 TTF 模型扩展到信息系统（IS）的持续性意图领域，这表明任务技术的匹配性对用户满意度具有重大的直接影响。值得一提的是，本书在 TTF 模型与用户对移动银行的持续性意图之间的关系中确定了新的中介变量，即用户的满意度。可以相信，本书成果有助于突出

TTF 可能在影响用户持续性意图中的作用。先前的研究表明，感知的契合度与信息系统（IS）持续性意图呈正相关（Lin，2012；Yuan et al.，2016）。与以前的研究不同，本书发现任务技术的匹配性不会直接影响用户持续性意图。本书结果为现有研究提供了新的证据，尤其是任务技术匹配度通过满意度为中介间接影响持续性意图。

而且，如 UTAUT 模型的构面所描绘的，各个方面都可以影响用户的认知期望，例如性能预期、努力预期、社会影响和便利条件（Venkatesh et al.，2003）。通过将 UTAUT 模型中的四个关键结构纳入该研究模型，本书验证了 UTAUT 模型在解释影响用户持续性意图因素中不可或缺的作用。此外，UTAUT 模型使本书能够从更加广泛的范围（如性能方面、成本、人际考虑和使用环境）研究用户持续性意图。UTAUT 模型已被广泛成功地用于有关信息系统（IS）采用的各种研究中（Wang and Yang，2005；Luo et al.，2010；Yu，2012；Bhatiasevi，2016），但其很少被应用于解释信息系统（IS）采用后的行为。本书已将 UTAUT 模型的关键因素纳入研究模型，以研究用户持续性意图，并发现性能预期值和努力预期对用户的持续性意图有着显著的直接影响。因此，这一发现揭示了使用 UTAUT 模型构面测试用户的持续性意图的适当性和重要性。

第五，之前的研究表明，在使用移动银行的背景下，性能预期和努力预期对行为意图和用户采用率没有显著影响（Zhou，Lu and Wang，2010；Oliveira et al.，2014；Afshan and Sharif，2016）。本书研究表明，这可能是由于性能预期和努力预期对行为意图没有直接影响。为了测试性能预期和努力预期对用户行为意图的间接影响是否存在，本书创新性地探索了持续性意图的中介作用。更具体地讲，它证实了用户持续性意图完全介导了性能预期和努力预期对行为意图的影响。因此，本书提出了两种新的途径，即 "PE→INT→BIextend" 和 "EE→INT→BIextend"。中介效应的新发现扩展了信息系统（IS）持续性研究中有关行为意图和持续性意图的知识。

ECM 模型中确认与持续性意图之间的关系可以概括为 "确认→满意度→IS 持续性"（Larsen et al.，2009），这是一条被广泛应用于不同技术和服务持续使用的研究之路（Hong，Thong and Tam，2006；Hung，Yang and Hsieh，2012；Hsiao and Chang，2014；Hew et al.，2015）。但是，仍缺乏关于确认与持续性意图之间直接关系的研究。当前的研究发现，确认不会直接影响用户使用移动银行的持续性意图。因此，满意度完全介导了确认对持续性意图的影响。这意味着确认和持续性意图具有隐含的关系，其完全是由于满意度的存在而存在。因此，本书提供了经验证据，以证实 ECM 模型中确认与持续性意图之间这种关联的稳健性，并在我国学者对移动银行应用研究较少的情况下证实了这种关系。

总的来讲，本书促进了从备受关注的手机银行最初采用的研究领域向一个相对较新但比较关键的用户采用后意图研究领域的转变。与采用移动银行的行为意图相比，用户尝试新的移动银行功能的行为意图的预测因子尚未得到探索。在填补当前研究空白的同时，本书提出了一种创新性的整合，将来自三个模型（即 UTAUT 模型、TTF 模型和 ECM 模型）的关键构面结合在一起，在信息系统研究中具有公认的有效性。相较于每个单独模型，新模型具有更高的解释能力。该模型可以为有共同兴趣的未来研究者提供有价值的参考。

二、管理意义

移动银行在传统银行服务用户中越来越受欢迎。尽管该技术在中国已广泛使用（KPMG，2015），但许多用户仅使用简单的功能，例如查看余额（Shen，2014）。因此，本书为银行机构、银行的主要决策者、银行间市场和 IT 部门以及其他利益相关者（包括但不限于企业应用程序设计者和软件提供者）的整体实践和管理提供了深刻的启示。

本书确定了任务特征和技术特征在任务技术匹配中具有重要作用。移动银行用户需要能够随时查看其账户的任何信息。因此，需要及时更新用户的账户余额，尤其是用户经常访问的数据，例如存款和贷款信息的更新。信息上的任何延迟都会破坏用户体验感，并降低用户感受到的任务技术匹配性水平。

本书发现，任务特征和技术特征都对任务技术的适配性有很大影响，这是用户满意度的前提。因此，建议银行在推广移动银行服务时，应考虑移动银行功能与用户任务要求之间的匹配度。例如，与将大部分工作时间花费在办公室的用户相比，经常出差的用户可能更能感受到移动银行的任务技术匹配性。这是因为移动银行可以为用户提供访问银行金融服务的机会，并且没有时间或空间的限制。可以方便地访问银行柜台的用户因为移动银行对其具有较低的任务技术匹配性，更倾向于使用在线银行或传统银行服务。因此，建议银行应进行详细的市场研究和市场分割，识别目标用户群之间不同需求的特征（Zhou，Lu and Wang，2010）。之后，银行可以进行产品或服务的差异化处理，以获得适合不同用户的任务技术匹配。因此，用户满意度将得到提高，一旦用户感到满意，他们就更有可能继续使用移动银行。

本书研究结果表明，移动银行的技术特征会影响用户的努力预期。因此，可以在技术方面进一步改善移动银行的服务，例如服务安全性。现在，如果用户需要通过移动银行服务进行转账，其可以通过手机短信验证来完成转账，并且不需要第二次登录，但这可能导致用户的安全感降低。如果通过手机短信验证进行第二次登录或重新输入密码，就可以大大提高手机银行服务的安全性和可靠性。这样，用户的努力预期将上升。

除此之外，本书还提出了任务技术匹配性对性能预期的重大影响。例如，可以使用指纹密码来提高移动银行的服务质量。目前，大多数移动银行服务需要手动输入密码，该密码可以由指纹密码技术代替，这将通过减少用户使用此服务的工作量来提高用户的性能预期。另外，对于使用具有面部识别技术的手机用户，可以使用面部识别来代替手动输入密码，从而提高使用该服务的便利性和安全性。因此，一旦移动银行服务提供了指纹密码或面部识别，用户就会意识到移动银行的好处和实用性，可以更好地满足用户的任务要求。

本书发现，性能预期对用户的持续性意图有积极的显著影响。仅当用户发现移动银行可用于银行所提供的金融服务时，他们才会继续使用该服务。否则，用户可以转向互联网银行或传统银行。所以，在开发移动银行服务期间，银行应考虑用户对移动银行功能的期望。具体来讲，他们可能会听取用户的建议以改善服务，从而满足用户的性能预期。因此，要求银行以适当、准确和稳定的方式提供新的移动银行功能。此外，应该发起市场营销活动，以宣传有关新功能的信息，并提高用户使用这些新功能的技能。

此外，本书结果证实了努力预期与性能预期之间存在明显的正相关关系。用户对 APP 实用性的认可会直接受到其用户好感度的影响。由于输入困难和手机屏幕小的限制，一些用户可能会觉得使用移动银行有更多的困难（Zhou，2012），这可能会导致用户在操作该应用程序上花费更多的时间和精力，并因此降低了移动银行的有用性。因此，建议银行考虑到用户用移动银行操作该 APP 的不利方面，从而在其设计中增加一个非常易于使用且对用户友好的移动银行界面。因此，移动银行服务提供商应了解用户界面的重要性和移动银行的功能。例如，移动银行服务的显示页面大小应适合移动设备屏幕的大小。

本书还发现社会影响力在移动银行用户尝试新功能的行为意图中起着关键作用，对用户重要的人会对用户的行为意图产生较大影响。对于银行而言，这表明他们可以利用早期采用移动银行的人提供的积极意见和评论，这将对随后的用户采用行为产生积极的口碑效应（Wiedemann，Haunstetter and Pousttchi，2008）。此外，促销、市场营销活动和名人代言也可以帮助提高用户使用移动银行新功能的行为意图。

本书发现，便利条件对客户行为意图有重大影响。基于这一发现，银行可以开展教育营销活动，以通过移动银行交易渠道为用户提供技术和技能支持，这应该是一种帮助用户如何使用移动银行新功能的有效方法。此外，银行可以提供其他技术支持包括"24/7"呼叫中心和训练有素的客户服务人员，他们随时准备为用户提供帮助（Afshan and Sharif，2016）。此外，当前需要在大额度转账时将蓝牙U盾插入手机的耳机接口。但是，现在有许多新手机已经采用了无线耳机连接，从而使蓝牙U盾变得多余。因此，银行需要及时更新此安全技术，并通知用户有关如何方便地进行大额度转账的最新变更。及时了解技术更新以获取更好的用户体验将鼓励用户尝试使用移动银行的新功能，而不是坚持使用基本查询功能。这样，用户的持续性意图和行为意图都将大大提高。

第二节　局限性

本书不可避免会有一定的局限性，这些局限性相信在未来的研究中可以解决。这一部分从背景和普遍性、横截面设计、研究观点的局限性以及研究范围的局限性四个方面论述了本书的局限性。

一、背景和普遍性方面的局限

首先，本书是在中国的文化背景下进行的。中国拥有其相对独特的历史文化传统、民族风俗习惯以及社会制度和组织结构。所以本书的结果推广到其他国家存有一定的局限性。在研究推广方面，本书研究结果可以应用于拥有类似的文化背景的国家和地区，但对于跨文化背景的国家和地区来说可能不够精确和普遍。来自其他国家的用户对移动银行服务的态度、看法和反应可能与本书中的用户不同。因此，建议研究者在将本书的发现推广到不同地区的用户时应持谨慎态度。

其次，中国自身是一个发展较为不均衡的国家，中国的东西部之间，南北方之间，以及省份之间的经济发展、风俗习惯等都有很大的差异，而本书的问卷结果主要来自北上广深为代表的一二线城市，本书没有考虑中国内部地域差别对本书研究结果的影响，这同样会对本书研究结果的普遍性造成影响。

最后，在本书的人口统计学特征上，显示出的人均受教育水平要远高于中国全民平均受教育水平。对移动银行的使用是较为复杂的一项任务，所以技术的使用随着高等教育的发展而增加，这是造成这个结果的原因之一。但还由于精力、成本以及能力限制等，本次问卷调查的样本来源并未达到完全的普遍性原则，这同样会对本书研究的普遍性造成一定的影响。

此外，由于移动银行业务在不同地方经历不同的发展阶段，中国移动银行的发展程度和移动银行的用户普及率相对于大多数国家都是较高的。目前的研究成果可以适当地应用于移动银行业务也是同样发达并有着类似文化背景的、移动银行业务采用率较高的国家。对于那些移动银行业务还处于起步阶段、用户还不熟悉或采用率较低的国家，目前的研究结果不太适用。

二、横截面设计方面的局限性

本书所统计的数据是横截面数据，在横截面设计中，数据是在目标人群的单一时间点收集的，以便调查所有变量之间的关系。横截面数据是在同一时间点，不同的统计对象使用相同的统计指标组成的一维数据集合。横截面数据不要求统计对象及其范围相同，但是要求统计时间是相同的。横截面设计对研究人员来讲有许多好处，例如它的成本效益和易操作性（Saunders, Lewis and Thornhill, 2015）。正是因为这些优点，所以本书选择横截面设计。然而横截面设计也有缺点，例如同时检查结果，以及不适合研究包含持续时间变化的研究课题（Carlson and Morrison, 2009）。在本书中，收集的横截面数据不包括来自用户在不同时间间隔的反馈中可能存在的差异。由于用户行为不是静态的，而是动态的且不断变化的；横截面数据可能无法反映出用户对移动银行的反应和态度的实时变化。

三、研究视角的局限性

本书的另一个局限性在于，研究视角受到了移动银行这一关键术语的定义的制约。在填写在线问卷调查之前，给每位参与者附上了一封信，其中包括对移动银行定义的解释。移动银行的定义主要集中在手机上，而不是平板电脑或其他移动设备上。事实上，针对移动银行的移动设备除了包括智能手机之外还包括其他设备（例如平板电脑）。在其他类型的移动银行上，用户对移动银行服务的看法可能与手机上的不同。尽管如此，大多数中国移动银行用户还是通过手机、平板电脑或其他形式的移动设备访问该服务，这可能会对本书的结果产生一定的影响。对于将来的研究人员，可以使用集成模型在其他类型的移动设备上测试结果，以丰富对该主题的理解。

四、研究范围的局限性

移动银行的蓬勃发展还有两个本书未重点提及的必要条件：一个是智能手机的性能越来越强大；另一个是移动网络的快速发展。首先，用户要想使用移动银行，智能手机肯定是最关键的设备，近年来智能手机的发展可谓日新月异，智能手机已经成为全能的移动平台，包含了几乎所有移动电子设备的功能，成为人们生活中必不可少的设备（苏林森，2016），现在手机所能完成的工作放在十年前简直是不可想象的。手机强大的性能为移动银行的发展提供了强有力的支持，手机运算速度是否够快、其功能是否满足移动银行用户的需求，这对用户使用手机银行的体验有显著的影响，进而影响用户对移动银行的持续性意图和使用意图。其次，正是因为全中国范围内 3G 网络和 4G 网络的大规模普及（李胜会、刘金英，2016），才为移动银行的高速发展提供了前提条件。移动网络运营商提供的移动网络服务，也极大地影响了用户对手机银行的使用体验。移动信号的覆盖是否完善、移动网速是否足够快以及移动网络流量资费是否合理，这些也会影响用户的使用体验，进而影响用户对移动银行的持续性意图和使用意图。但是，限于本书的研究成本以及研究者的能力，本书未对智能手机以及移动网络运营商提供的移动网络进行深入的研究。

第三节 研究建议

本部分在明确并承认了前一部分研究的局限性之后，为今后研究中国或类似文化背景下移动银行用户的持续性和行为意图提供了一些方向。同时也为跨文化背景下的研究提供了一个可供参考的整体研究框架。

第一，本书针对中国用户的最终结果可能无法直接套用于其他文化背景的国家，但是本书的整体框架和具体研究方法是很有效果并且具有一定领先水平的。未来的研究人员可能会检查本书结果对其他文化的普遍性，有些国家的情况会相对适合本书研究的结果，有些国家则不适合。鼓励未来的研究人员将本书研究的框架应用于不同国家的类似研究中。对用户针对移动银行的持续性和行为意图进行跨文化比较，这对于填补现有文献中的空白是非常有价值的，同时为研究人员和移动银行服务提供商提供更多的意见。尤其鼓励跨文化比较，以加深对本书中提出的发现模型和综合模型是否也可以适用于其他国家的理解。

第二，为了克服横截面设计的局限性，建议在以后的研究中采用纵向研究的方法，以考察用户在不同时间段的行为，从而对用户继续使用移动银行服务或其他移动服务有一个清晰的了解。对于学术研究项目而言，横截面设计具有节省时间和节省成本的优点。然而，时间因素在社会科学研究中起着关键的作用，而包含时间因素对于整合特定结构（例如用户行为）的研究具有重要价值。在操作和成本允许的情况下，纵向数据研究可以用来测试不同时期用户的行为变化，这会是一个更佳的选择。

第三，为了克服本书在研究视角上的局限性，研究人员应运用整合模型，或者采用其他类型的移动设备（也用于提供移动银行服务）来测试这项研究的结果。此外，研究人员也可以将移动银行服务与不同的电子银行渠道（例如在线银行和电话银行）以及第三方银行服务提供商进行比较，特别要考虑到它们的存在会影响用户对移动银行服务的持续性意图。这些渠道的存在可能是阻碍用户继续使用移动银行的重要原因。此外，银行服务不仅由银行提供，也可由第三方金融机构提供，如支付宝和微信支付，它们目前在中国的移动支付市场中占据主导地位，并从传统银行市场中抢占了更多的银行服务份额（Meixler, 2018）。因此，需要评估其他电子银行渠道和支付宝、微信支付等第三方银行服务的影响，为移动银行服务提供商在激烈的竞争中提供更好的建议。

第四，为了克服研究范围的局限性，研究人员下一步应该对智能手机及手机行业和移动服务运营商以及他们所提供的移动网络进行深入的研究和探讨。要对这两个行业进行详细调查和研究，对行业现状和发展趋势做出判断，进而找出和智能手机以及移动网络相关的影响手机银行用户对移动银行持续性意图和使用意图的因素，以及这些因素具体的影响机理，并为智能手机厂商、移动网络运营商以及银行提供更加有帮助的建议。

第五，鼓励未来的研究者去借鉴其他模型或理论，探讨是否有其他因素可以预测用户的持续性意图，例如用户以前使用移动银行的经验、个性特征和习惯等。尝试新的模型来研究本课题，将有助于识别决定用户持续使用移动银行意愿的重要因素。

第四节　结　论

移动银行是建立在无线网络上的，这使得银行能够向用户提供实时和无处不在的服务。手机银行作为一种新兴的便捷高效、安全性高、成本低廉的金融服务方式，与实体网点、自动柜员机等其他网点相比具有无可比拟的优势。其开创性的技术便利吸引了许多不同国家的用户。在所有国家中，中国拥有最高的移动银行使用率。然而，许多用户只将移动银行用于余额检查和转账等基本的简单服务，对移动银行的使用并不深入。目前针对手机银行研究主要集中于用户采纳移动银行方面，对影响用户采纳手机银行的多种因素进行研究和讨论。这些研究属于采用前研究，而目前的中国手机银行采纳率很高，采用前的研究相对来说意义有限。因此，本书以采用后的研究为主，探讨了影响用户继续使用移动银行的因素，以及用户尝试新的移动银行功能的行为意图。

为实现研究目标，在广泛的文献调研基础上，对现有的用户对移动服务持续性意图的研究和理论进行了全面的梳理，经过分析、比较和测试后，最终在统一的技术接受与使用的统一理论模型（UTAUT）、任务技术匹配模型（TTF）和期望确认模型（ECM）的基础上，建立了一个集成模型。通过整合 UTAUT 模型、TTF 模型和 ECM 模型的关键因素，构建预测用户持续性和行为意图的研究模型，本书模型综合了多个研究模型的优势，对用户的持续性意图和使用意图提供了强大的解释力。对影响客户持续性和行为意图的多方面因素之间的关系进行了全面的梳理，最终得到了这些因素之间的影响关系。

本书为包括研究人员、银行和服务提供商在内的各种利益相关者提供了丰富而有见地的信息。本书结果表明，该综合模型具有较好的效果，并产生了显著的实证结果。从统计结果来看，满意度、性能预期和努力预期是影响用户持续性意图的积极因素。同时，积极影响行为意图的因素包括社会影响、便利条件、确认和持续性意图。

此外，在本书研究和假设检验的过程中，发现了满意度和持续性意图的中介作用，丰富了现有的有关信息系统（IS）持续性的研究文献。与直接影响用户持续性意图不同，任务技术匹配与确认通过满意度中介间接影响持续性意图。同时，性能预期和努力预期通过持续性意图的中介作用，以间接的方式影响行为意图。在现有文献中，满意度和持续性意图的中介效应较少被证实。因此，笔者建议未来的研究者可以用更多的经验证据来检验这些发现。

　　本书的研究结果有助于银行和金融机构针对本书所提出的有利因素设计有效的运营推广策略，基于本书研究结果有针对性地对移动银行的各个方面加以改进，以促进中国移动银行的可持续性发展并增强移动银行用户的活跃性。预计这些发现对中国以及相似背景国家的移动银行的发展具有重要价值。

参考文献

[1] Afshan S. , Sharif A. Acceptance of Mobile Banking Framework in Pakistan [J]. Telematics and Informatics, 2016, 33 (2): 370-387.

[2] Ahmad N. Utilitarian and Hedonic Values of Mobile Services: A Preliminary Analysis from the Users' Perspective [J]. Business and accounting review, 2012 (9): 69-83.

[3] Ahuja M. K. , Thatcher J. B. Moving beyond Intentions and Toward the Theory of Trying: Effects of Work Environment and Gender on Post-adoption Information Technology Use [J]. MIS Quarterly, 2005, 29 (3): 427-459.

[4] Akturan U. , Tezcan N. Mobile Banking Adoption of the Youth Market: Perceptions and Intentions [J]. Marketing Intelligence and Planning, 2012, 30 (4): 444-459.

[5] Alafeef M. , Singh D. , Ahmad K. The Influence of Demographic Factors and User Interface on Mobile Banking Adoption: A Review [J]. Journal of Applied Sciences, 2012, 12 (20): 2082-2095.

[6] Alalwan A. A. , Dwivedi Y. K. , Rana N. P. Factors Influencing Adoption of Mobile Banking by Jordanian Bank Customers: Extending UTAUT2 with Trust [J]. International Journal of Information Management, 2017, 37 (3): 99-110.

[7] Allen J. P. Information Systems Use in Continuously Innovative Organizations [A]//T. Larsen, E. McGuire. Information Systems Innovation and Diffusion [M]. Hershey, PA: Idea Group, 1998: 29-47.

[8] Alter S. 18 Reasons Why IT-Reliant Work Systems Should Replace " The IT Artifact " as the Core Subject Matter of the IS Field [J]. Communications of the Association for Information Systems, 2003, 12 (23): 365-394.

[9] Antoun C. Who Are the Internet Users, Mobile Internet Users, and Mobile -Mostly Internet Users?: Demographic Differences across Internet-Use Subgroups in

the U. S. ［M］//Toninelli D. , Pinter R. , de Pedraza P. Mobile Research Methods: Opportunities and Challenges of Mobile Research Methodologies. London: Ubiquity Press, 2015.

［10］Avison D. , Pries-Hejej. Research in Information Systems: A Handbook for Research Supervisors and Their Students. ［M］. Amsterdam: Elsevier Butterworth-Heinemann, 2005.

［11］Babin B. J. , Darden W. R. , Griffin M. Work and/or fun: Measuring Hedonic and Utilitarian Shopping Value ［J］. Journal of Consumer Research, 1994, 20 (4): 644-656.

［12］Bachmann D. , Elfrink J. , Vazzana G. Tracking the Progress of E-mail vs. Snail-mail ［J］. Marketing Research, 1996, 8 (2): 31-35.

［13］Bagozzi R. P. , Yi Y. On the Evaluation of Structural Equation Models ［J］. Journal of the Academy of Marketing Science, 1988, 16 (1): 74-94.

［14］Bryman A. Business Research Methods ［M］. New York: Oxford University Press.

［15］Bankole F. O. , Bankole O. O. , Brown I. Mobile Banking Adoption in Nigeria ［J］. The Electronic Journal of Information Systems in Developing Countries, 2011, 47 (1): 1-23.

［16］Baptista G. , Oliveira T. Understanding Mobile Banking: The Unified Theory of Acceptance and Use of Technology Combined with Cultural Moderators ［J］. Computers in Human Behavior, 2015, 50: 418-430.

［17］Baptista G. , Oliveira T. Why so Serious? Gamification Impact in the Acceptance of Mobile Banking Services ［J］. Internet Research, 2017, 27 (1): 118-139.

［18］Barclay D. W. , Higgins, C. A. , Tompson R. The Partial Least Squares (PLS) Approach to Causal Modeling: Personal Computer Adoption and Use as Illustration ［J］. Technology Studies, 1995, 2 (2): 285-309.

［19］Barnett V. , Lewis T. Outliers in Statistical Data (3rd edn) ［M］. Chichester: John Wiley and Sons, 1994.

［20］Benbasat I. , Barki H. Quo Vadis TAM?［J］. Journal of the Association for Information Systems, 2007, 8 (4): 211-218.

［21］Kerlinger F. N. , Lee H. B. Foundations of Behavioral Research ［M］. Orlando: Harcourt college Publishers, 2000.

［22］ Bentler P. M. Multivariate Analysis with Latent Variables: Causal Modeling ［J］. Annual Review of Psychology, 1980, 31 (1): 419–456.

［23］ Bhatiasevi V. An Extended UTAUT Model to Explain the Adoption of Mobile Banking ［J］. Information Development, 2016, 32 (4): 799–814.

［24］ Bhattacherjee A. Acceptance of E–commerce Services: The Case of Electronic Brokerages ［J］. IEEE Transactions on Systems, Man, and Cybernetics-Part A: Systems and Humans, 2000a, 30 (4): 411–420.

［25］ Bhattacherjee A. Understanding Information Systems Continuance: An Expectation–confirmation Model ［J］. MIS Quarterly, 2001b, 25 (3): 351–370.

［26］ Black J. N., Lockett A., Ennew C., et al. Modelling Consumer Choice of Distribution Channels: An Illustration from Financial Services ［J］. International Journal of Bank Marketing, 2002, 20 (4): 161–173.

［27］ Bontis N., Booker L. D. Serenko A. The Mediating Effect of Organizational Reputation on Customer Loyalty and Service Recommendation in the Banking Industry ［J］. Management Decision, 2007, 45 (9): 1426–1445.

［28］ Bourque L., Fielder E. P. How to Conduct Self–administered and Mail Surveys ［M］. London: Sage, 2003.

［29］ Brown S. A., Venkatesh V., Kuruzovich J., et al. Expectation Confirmation: An Examination of Three Competing Models ［J］. Organizational Behavior and Human Decision Processes, 2008, 105 (1): 52–66.

［30］ Bryman A. Social Research Methods ［M］. New York: Oxford University Press, 2015.

［31］ Bryman A., Bell E., Mills A. J., et al. Business research methods ［M］. Toronto: Oxford University Press, 2011.

［32］ Carlsson C., Carlsson J., Hyvonen K., et al. Adoption of Mobile Devices/Services–Searching for Answers with the UTAUT ［C］. Hawaii: The 39th Annual Hawaii International Conference, 2006.

［33］ Carlson M. D., Morrison R. S. Study Design, Precision, and Validity in Observational Studies ［J］. Journal of Palliative Medicine, 2009, 12 (1): 77–82.

［34］ Chan F. K., Thong J. Y., Venkatesh V., et al. Modeling Citizen Satisfaction with Mandatory Adoption of an E–Government Technology ［J］. Journal of the Association of Information Systems, 2010, 11 (10): 519–549.

［35］ Chaouali W. , Souiden N. , Ladhari R. Explaining Adoption of Mobile Banking with the Theory of Trying, General Self-confidence, and Cynicism ［J］. Journal of Retailing and Consumer Services, 2017, 35: 57-67.

［36］ Chea S. , Luo M. M. Post-adoption Behaviors of E-service Customers: The Interplay of Cognition and Emotion ［J］. International Journal of Electronic Commerce, 2008, 12 (3): 29-56.

［37］ Chen L. An Extended Model of IS Continuance for Information Oriented Mobile Applications ［R］. Athens: Mobile Business and 2010 Ninth Global Mobility Roundtable (ICMB-GMR), 2010 Ninth International Conference, 2010.

［38］ Chen L. , Meservy T. O. , Gillenson M. Understanding Information Systems Continuance for Information-oriented Mobile Applications ［J］. Communications of the Association for Information Systems, 2012, 30 (9): 127-146.

［39］ Chen S. C. To Use or Not to Use: Understanding the Factors Affecting Continuance Intention of Mobile Banking ［J］. International Journal of Mobile Communications, 2012, 10 (5): 490-507.

［40］ Chin W. W. The Partial Least Squares Approach to Structural Equation Modeling ［J］. Modern Methods for Business Research, 1998, 295 (2): 295-336.

［41］ Chin W. W. , Newsted P. R. Structural Equation Modeling Analysis with Small Samples Using Partial Least Squares ［J］. Statistical Strategies for Small Sample Research, 1999, 1 (1): 307-341.

［42］ China Daily. Weibo Overtakes Twitter in Monthly Active Users ［N/OL］. China Daily, 2017-05-18 ［2018-03-10］. http: //www. chinadaily. com. cn/business/tech/2017-05/18/content-29393533. htm.

［43］ China Financial Certification Authority. The 2017 China E-bank Investigation Report ［EB/OL］. ［2017-12-07］. http: //enterprise. eastmoney. com/news/1347, 20171207810419667. html.

［44］ China Internet Watch. Tencent Performance Highlights Q4 2017; WeChat MAU Exceeded 1 Billion ［EB/OL］.［2017-03-22］. https: //www. chinainternetwatch. com/23597/tencent-q4-2017/#ixzz5Gaf1H7SP.

［45］ China Internet Watch. Tencent QZone: The Largest Social Media Website in China ［EB/OL］. ［2017-03-22］. https: //www. chinainternetwatch. com/tag/qzone/#ixzz5GaegyRqc.

[46] Chitturi R., Raghunathan R., Mahajan V. Form Versus Function: How the Intensities of Specific Emotions Evoked in Functional Versus Hedonic Trade-offs Mediate Product Preferences [J]. Journal of Marketing Research, 2007, 44 (4): 702-714.

[47] Choi S. What Promotes Smartphone-based Mobile Commerce? Mobile-specific and Self-service Characteristics [J]. Internet Research, 2018, 28 (1): 105-122.

[48] Chong A. Y. L. Predicting M-commerce Adoption Determinants: A Neural Network Approach [J]. Expert Systems with Applications, 2013, 40 (2): 523-530.

[49] Chong A. Y. L., Chan F. T., Ooi K. B. Predicting Consumer Decisions to Adopt Mobile Commerce: Cross Country Empirical Examination between China and Malaysia [J]. Decision Support Systems, 2012, 53 (1): 34-43.

[50] Cohen J. Statistical Power Analysis for the Behavioral Sciences (2nd edn) [M]. Hillsdale: Lawrence Erlbaum Associates, 1988.

[51] Compeau D. R., Higgins C. A. Computer Self-efficacy: Development of a Measure and Initial Test [J]. MIS Quarterly, 1995, 19 (2): 189-211.

[52] Conway J. M., Lance C. E. What Reviewers Should Expect from Authors Regarding Common Method Bias in Organizational Research [J]. Journal of Business and Psychology, 2010, 25 (3): 325-334.

[53] Crabbe M., Standing C., Standing S., et al. An Adoption Model for Mobile Banking in Ghana [J]. International Journal of Mobile Communications, 2009, 7 (5): 515-543.

[54] Creswell J. W. Research Design: Qualitative and Quantitative Approaches [M]. Thousand Oaks, CA: Sage Publications, 1994.

[55] Creswell J. W., Plano Clark V. L., Gutmann M. L., et al. Advanced Mixed Methods Research Designs [M] //Handbook of Mixed Methods in Social and Behavioral Research. Thousand Oaks, CA: Sage Publication.

[56] Crotty M. The Foundations of Social Research: Meaning and Perspective in the Research Process [M]. London: Sage Publications, 1998.

[57] Crow G., Wiles R. Managing Anonymity and Confidentiality in Social Research: The Case of Visual Data in Community Research [R]. UK: National Center for Research Methods, 2008.

［58］Crowther D. , Lancaster G. Research Methods: A Concise Introduction to Research in Management and Business Consultancy ［M］. Amsterdam: Elsevier Butterworth-Heinemann, 2005.

［59］CSULB. Qualtrics: What is Qualtrics? ［EB/OL］. ［2018-03-14］. https: //csulb. libguides. com/qualtrics.

［60］Dabholkar P. A. , Shepherd C. D. , Thorpe D. I. A Comprehensive Framework for Service Quality: An Investigation of Critical Conceptual and Measurement Issues Through a Longitudinal Study ［J］. Journal of Retailing, 2000, 76 (2): 139-173.

［61］Dahlberg T. , Mallat N. , Ondrus J. , et al. Past, Present and Future of Mobile Payments Research: A Literature Review ［J］. Electronic Commerce Research and Applications, 2008, 7 (2): 165-181.

［62］Daniel H. Benefits of SPSS ［EB/OL］. ［2018-03-14］. http: //benefitof. net/benefits-of-spss/.

［63］Davis F. D. Perceived Usefulness, Perceived Ease of Use, and User Acceptance of Information Technology ［J］. MIS Quarterly, 1989, 13 (3): 319-340.

［64］Davis F. D. , Bagozzi R. P. , Warshaw P. R. User Acceptance of Computer Technology: A Comparison of Two Theoretical Models ［J］. Management Science, 1989, 35 (8): 982-1003.

［65］De Vaus D. A. Surveys in Social Research (5th edn) ［M］. London: Routledge, 2002.

［66］DeLone W. H. , McLean E. R. Information Systems Success: The Quest for the Dependent Variable ［J］. Information Systems Research, 1992, 3 (1): 60-95.

［67］Denzin N. K. , Lincoln Y. S. Handbook of Qualitative Research ［M］. London: Sage Publications, 1994.

［68］Dishaw M. T. , Strong, D. M. Supporting Software Maintenance with Software Engineering Tools: A Computed Task-technology Fit Analysis ［J］. Journal of Systems and Software, 1998, 44 (2): 107-120.

［69］Dishaw M. T. , Strong D. M. Extending the Technology Acceptance Model with Task-technology Fit Constructs ［J］. Information and Management, 1999, 36 (1): 9-21.

［70］Dishaw M. , Strong D. , Bandy D. B. The Impact of Task-Technology Fit in Technology Acceptance and Utilization Models [R]. New York: AMCIS, 2004.

[71] Doherty M. Probability Versus Non-probability Sampling in Sample Surveys [J]. The New Zealand Statistics Review, 1994: 21-28.

[72] Emerson R. W. Convenience Sampling, Random Sampling, and Snowball Sampling: How does Sampling Affect the Validity of Eesearch? [J]. Journal of Visual Impairment and Blindness, 2015, 109 (2): 164-168.

[73] Enders C. K. Applied Missing Data Analysis [M]. New York: Guilford Press, 2010.

[74] Engel J. F. , Blackwell R. D. , Miniard P. W. Consumer Behavior (8th edn) [M]. New York: Dryder Press, 1995.

[75] EYGM Limited. EY FinTech Adoption Index 2017 [EB/OL]. http: //www. ey. com/Publication/vwLUAssets/ey - fintech - adoption - index - 2017/ $ FILE/ey-fintech-adoption-index-2017. pdf.

[76] Featherman M. S. , Pavlou P. A. Predicting E-services Adoption: A Perceived Risk Facets Perspective [J]. International Journal of Human-computer Studies, 2003, 59 (4): 451-474.

[77] Ferratt T. W. , Vlahos G. E. An Investigation of Task-technology Fit for Managers in Greece and the US [J]. European Journal of Information Systems, 1998, 7 (2): 123-136.

[78] Field A. Discovering Statistics Using SPSS [M]. London: Sage Publications, 2009.

[79] Flaherty L. M. , Pearce K. J. , Rubin R. B. Internet and Face-to-face Communication: Not Functional Alternatives [J]. Communication Quarterly, 1998, 46 (3): 250-268.

[80] Fornell C. A Second Generation of Multivariate Analysis: Classification of Methods and Implications for Marketing Research [J]. Review of Marketing, 1987, 1: 407-450.

[81] Fornell C. , Cha J. Partial Least Squares [J]. Advanced Methods of Marketing Research, 1994, 407 (3): 52-78.

[82] Fornell C. , Larcker D. F. Evaluating Structural Equation Models with Unobservable Variables and Measurement Error [J]. Journal of Marketing Research, 1981, 18: 39-50.

[83] Johnson M. D. , Fornell C. A Framework for Comparing Customer Satis-

faction across Individuals and Product Categories〔J〕. Journal of Economic Psychology, 1991, 12 (91): 267-286.

〔84〕 Galliers R. D. , Land F. F. Choosing Appropriate Information Systems Research Methodologies〔J〕. Communications of the ACM, 1987, 30 (11): 901-902.

〔85〕 Gefen D. , Karahanna E. , Straub D. W. Trust and TAM in Online Shopping: An Integrated Model〔J〕. MIS Quarterly, 2003, 27 (1): 51-90.

〔86〕 Gefen D. , Straub D. W. Gender Differences in the Perception and Use of E-mail: An Extension to the Technology Acceptance Model〔J〕. MIS Quarterly, 1997, 21 (4): 389-400.

〔87〕 Geisser S. A Predictive Approach to the Random Effect Model〔J〕. Biometrika, 1974, 61 (1): 101-107.

〔88〕 Gilbert N. Researching Social Life (2nd edn)〔M〕. London: Sage Publications, 2001.

〔89〕 Given L. M. The Sage Encyclopedia of Qualitative Research Methods〔M〕. Thousand Oaks, CA: Sage Publications, 2008.

〔90〕 Glavee - Geo R. , Shaikh, A. A. , Karjaluoto H. Mobile Banking Services Adoption in Pakistan: Are there Gender Differences?〔J〕. International Journal of Bank Marketing, 2017, 35 (7): 1090-1114.

〔91〕 Goodhue D. L. Understanding User Evaluations of Information Systems〔J〕. Management Science, 1995, 41 (12): 1827-1844.

〔92〕 Goodhue D. L. Thompson R. L. Task-technology Fit and Individual Performance〔J〕. MIS Quarterly, 1995, 19 (2): 213-236.

〔93〕 Grégoire Y. , Fisher R. J. The Effects of Relationship Quality on Customer Retaliation〔J〕. Marketing Letters, 2006, 17 (1): 31-46.

〔94〕 Grix J. Introducing Students to the Generic Terminology of Social Research〔J〕. Politics, 2002, 22 (3): 175-186.

〔95〕 Guba E. G. The Paradigm Dialog〔M〕. London: Sage Publications, 1990.

〔96〕 Guba E. G. , Lincoln Y. S. Competing Paradigms in Qualitative Research〔J〕. Handbook of Qualitative Research, 1994, 2 (163-194): 105-117.

〔97〕 Gummesson E. Qualitative Methods in Management Research〔M〕. London: Sage Publications, 2000.

〔98〕 Gupta S. , Yun H. , Xu H. , et al. An Exploratory Study on Mobile

Banking Adoption in Indian Metropolitan and Urban Areas: A Scenario-based Experiment [J]. Information Technology for Development, 2017, 23 (1): 127-152.

[99] Haenlein M. , Kaplan A. M. A Beginner's Guide to Partial Least Squares Analysis [J]. Understanding Statistics, 2004, 3 (4): 283-297.

[100] Hair J. F. , Anderson R. E. , Tatham R. L. , et al. Multivariate Data Analysis (5thedn) [M]. Upper Saddle River, NJ: Prentice hall.

[101] Hair J. F. , Black W. C. , Babin B. J. , et al. Multivariate Data Analysis (7th edn) [M]. Upper Saddle River, NJ: Prentice hall.

[102] Hair J. F. , Black W. C. , Babin, B. J. , et al. Multivariate Data Analysis (6th edn) [M]. Upper Saddle River, NJ: Prentice hall.

[103] Hair J. F. , Ringle C. M. , Sarstedt M. PLS-SEM: Indeed a Silver Bullet [J]. Journal of Marketing Theory and Practice, 2011, 19 (2): 139-152.

[104] Hanafizadeh P. , Behboudi M. , Koshksaray A. A. , et al. Mobile-banking Adoption by Iranian Bank Clients [J]. Telematics and Informatics, 2014, 31 (1): 62-78.

[105] Harma M. K. , Dubey R. Prospects of Technological Advancements in Banking Sector Using Mobile Banking and Position of India [R]. Singapore: International Association of Computer Science and Information Technology-Spring Conference, 2009.

[106] Henseler J. , Ringle C. M. , Sinkovics R. R. The Use of Partial Least Squares Path Modeling in International Marketing [M]. Bingley: Emerald Group Publishing Limited, 2009.

[107] Hermans C. M. , Haytko D. L. , Mott-Stenerson B. Student Satisfaction in Web-enhanced Learning Environments [J]. Journal of Instructional Pedagogies, 2009, 1 (1): 1-19.

[108] Hew J. J. , Lee V. H. , Ooi K. B. , et al. What Catalyses Mobile Apps Usage Intention: An Empirical Analysis [J]. Industrial Management and Data Systems, 2015, 115 (7): 1269-1291.

[109] Hoehle H. , Huff S. Advancing Task-technology Dit Theory: A Formative Measurement Approach to Determining Task-channel Fit for Electronic Banking Channels [M]. Canberra: The Australian National University Press, 2012.

［110］Hoehle H. , Scornavacca E. , Huff S. Three Decades of Research on Consumer Adoption and Utilization of Electronic Banking Channels: A Literature Analysis ［J］. Decision Support Systems, 2012, 54 (1): 122-132.

［111］Holden M. T. , Lynch P. Choosing the Appropriate Methodology: Understanding Research Philosophy ［J］. The Marketing Review, 2004, 4 (4): 397-409.

［112］Hong S. , Thong J. Y. , Tam K. Y. Understanding Continued Information Technology Usage Behavior: A Comparison of Three Models in the Context of Mobile Internet ［J］. Decision Support Systems, 2006, 42 (3): 1819-1834.

［113］Hsiao W. H. , Chang T. S. Understanding Consumers' Continuance Intention Towards Mobile Advertising: A Theoretical Framework and Empirical Study ［J］. Behaviour and Information Technology, 2014, 33 (7): 730-742.

［114］Hsu C. L. , Lin J. C. C. Effect of Perceived Value and Social Influences on Mobile App Stickiness and In-app Purchase Intention ［J］. Technological Forecasting and Social Change, 2016, 108: 42-53.

［115］Huber F. , Herrmann A. , Meyer F. , et al. Kausalmodellierung mit Partial Least Squares-Eine anwendungsorientierte Einführung ［M］. Wiesbaden: Gabler.

［116］Hudson L. , Ozanne J. Alternative Ways of Seeking Knowledge in Consumer Research ［J］. Journal of Consumer Research, 1988, 14 (4): 508-521.

［117］Hung M. C. , Yang S. T. , Hsieh T. C. An Examination of the Determinants of Mobile Shopping Continuance ［J］. International Journal of Electronic Business Management, 2012, 10 (1): 29-37.

［118］Hussain A. E. , Khuddro A. Quest for Truth-New Linguistic Research Methodologies ［J］. British Journal of English Linguistics (BJEL), 2016, 4 (1): 19-35.

［119］ICBC. Mobile Banking (WAP) ［EB/OL］. http: //www. icbc. com. cn/ ICBC/E-banking/Personal Ebanking Service/Banking Home/Mobile Banking WAP/. ［2018-03-15］.

［120］Im I. , Hong S. , Kang M. S. An International Comparison of Technology Adoption: Testing the UTAUT Model ［J］. Information and Management, 2011, 48 (1): 1-8.

［121］Irani Z. , Ezingeard J. N. , Grieve R. J. , et al. A Case Study Strategy as Part of an Information Systems Research Methodology: A Critique ［J］. International Journal of Computer Applications in Technology, 1999, 12（2 - 5）: 190-198.

［122］IResearch Consulting Company. The Report on the E-commerce Development Trend of the Chinese Bank Industry ［R/OL］. IResearch Consulting Company, http://www. iresearch. com. cn.

［123］Jiang C. , Zhang S. B. A Novel Adaptively-Robust Strategy Based on the Mahalanobis Distance for GPS/INS Integrated Navigation Systems ［J］. Sensors, 2018, 18（3）: 695.

［124］Jonassen D. H. Objectivism Versus Constructivism: Do We Need a New Philosophical Paradigm? ［J］. Educational Technology Research and Development, 1991, 39（3）: 5-14.

［125］Junglas I. , Abraham C. , Watson R. T. Task - technology Fit for Mobile Locatable Information Systems ［J］. Decision Support Systems, 2008, 45（4）: 1046-1057.

［126］Jupp V. The Sage Dictionary of Social Research Methods ［M］. London: Sage Publications, 2006.

［127］Kim B. An Empirical Investigation of Mobile Data Service Continuance: Incorporating the Theory of Planned Behavior into the Expectation-confirmation Model ［J］. Expert Systems with Applications, 2010, 37（10）: 7033-7039.

［128］Kim B. , Han I. The Role of Trust Belief and Its Antecedents in a Community-driven Knowledge Environment ［J］. Journal of the Association for Information Science and Technology, 2009, 60（5）: 1012-1026.

［129］Kim G. , Shin B. , Lee H. G. Understanding Dynamics between Initial Trust and Usage Intentions of Mobile Banking ［J］. Information Systems Journal, 2009, 19（3）: 283-311.

［130］Kim M. G. Influence Measure Based on Probabilistic Behaviour of Regression Estimators ［J］. Computational Statistics, 2015, 30（1）: 97-105.

［131］Kim S. S. , Malhotra N. K. A Longitudinal Model of Continued Is Use: An Integrative View of Four Mechanisms Underlying Postadoption Phenomena ［J］. Management Science, 2005, 51（5）: 741-755.

[132] Kline R. B. Principles and Practice of Structural Equation Modeling (4th edn) [M]. London: Guilford Publications, 2015.

[133] Koenig-Lewis N., Palmer A., Moll A. Predicting Young Consumers' Take up of Mobile Banking Services [J]. International Journal of Bank Marketing, 2010, 28 (5): 410-432.

[134] Lam S. Y., Shankar V., Erramilli, M. K., et al. Customer Value, Satisfaction, Loyalty, and Switching Costs: An Illustration from a Business-to-business Service Context [J]. Journal of the Academy of Marketing Science, 2004, 32 (3): 293-311.

[135] Larsen T. J., Sørebø A. M., Sørebø Ø. The Role of Task-technology Fit as Users' Motivation to Continue Information System Use [J]. Computers in Human Behavior, 2009, 25 (3): 778-784.

[136] Laukkanen T. Consumer Adoption Versus Rejection Decisions in Seemingly Similar Service Innovations: The Case of the Internet and Mobile Banking [J]. Journal of Business Research, 2016, 69 (7): 2432-2439.

[137] Laukkanen T., Kiviniemi V. The Role of Information in Mobile Banking Resistance [J]. International Journal of Bank Marketing, 2010, 28 (5): 372-388.

[138] Lee M. C. Predicting and Explaining the Adoption of Online Trading: An Empirical Study in Taiwan [J]. Decision Support Systems, 2009, 47 (2): 133-142.

[139] Lee C. C., Cheng H. K., Cheng H. H. An Empirical Study of Mobile Commerce in Insurance Industry: Task-technology Fit and Individual Differences [J]. Decision Support Systems, 2007, 43 (1): 95-110.

[140] Lee K. C., Chung, N. Understanding Factors Affecting Trust in and Satisfaction with Mobile Banking in Korea: A Modified DeLone and McLean's Model Perspective [J]. Interacting with Computers, 2009, 21 (5): 385-392.

[141] Lee Y., Kwon O. Intimacy, Familiarity and Continuance Intention: An Extended Expectation-confirmation Model in Web-based Services [J]. Electronic Commerce Research and Applications, 2011, 10 (3): 342-357.

[142] Lefever S., Dal M., Matthiasdottir A. Online Data Collection in Academic Research: Advantages and Limitations [J]. British Journal of Educational Technology, 2007, 38 (4): 574-582.

[143] Leong L. Y. , Hew T. S. , Tan G. W. H. , et al. Predicting the Determinants of the NFC-enabled Mobile Credit Card Acceptance: A Neural Networks Approach [J]. Expert Systems with Applications, 2013, 40 (14): 5604-5620.

[144] Liang H. , Saraf N. , Hu Q. , et al. Assimilation of Enterprise Systems: The Effect of Institutional Pressures and the Mediating Role of Top Management [J]. MIS Quarterly, 2007, 31: 59-87.

[145] Liao C. , Chen J. L. , Yen D. C. Theory of Planning Behavior (TPB) and Customer Satisfaction in the Continued Use of E-service: An Integrated Model [J]. Computers in Human Behavior, 2007, 23 (6): 2804-2822.

[146] Limayem M. , Cheung C. M. Understanding Information Systems Continuance: The Case of Internet-based Learning Technologies [J]. Information and Management, 2008, 45 (4): 227-232.

[147] Limayem M. , Hirt S. G. , Cheung C. M. How Habit Limits the Predictive Power of Intention: The Case of Information Systems Continuance [J]. MIS Quarterly, 2007, 31 (4): 705-737.

[148] Lin H. F. An Empirical Investigation of Mobile Banking Adoption: The Effect of Innovation Attributes and Knowledge-based Trust [J]. International Journal of Jnformation Management, 2011, 31 (3): 252-260.

[149] Lin T. C. , Wu S. , Hsu J. S. C. , et al. The Integration of Value-based Adoption and Expectation-confirmation Models: An Example of IPTV Continuance Intention [J]. Decision Support Systems, 2012, 54 (1): 63-75.

[150] Lin W. S. Perceived Fit and Satisfaction on Web Learning Performance: Is Continuance Intention and Task-technology Fit Perspectives [J]. International Journal of Human-Computer Studies, 2012, 70 (7): 498-507.

[151] Little R. J. , Rubin D. B. Statistical Analysis with Missing Data. [M]. New York: John Wiley and Sons, 2014.

[152] Liu X. , Gao F. , Wu Y. , et al. Detecting Outliers and Influential Points: An Indirect Classical Mahalanobis Distance-based Method [J]. Journal of Statistical Computation and Simulation, 2018, 88 (11): 2013-2033.

[153] López-Nicolás C. , Molina-Castillo F. J. , et al. An Assessment of Advanced Mobile Services Acceptance: Contributions from TAM and Diffusion Theory Models [J]. Information and Management, 2008, 45 (6): 359-364.

[154] Lu J. , Yao J. E. , Yu C. S. Personal Innovativeness, Social

Influences and Adoption of Wireless Internet Services Via Mobile Technology [J]. The Journal of Strategic Information Systems, 2005, 14 (3): 245-268.

[155] Luo X., Li H., Zhang J., et al. Examining Multi-dimensional Trust and Multi-faceted Risk in Initial Acceptance of Emerging Technologies: An Empirical Study of Mobile Banking Services [J]. Decision Support Systems, 2010, 49 (2): 222-234.

[156] Lyttkens E. The Fix-point Method for Estimating Interdependent Systems with the Underlying Model Specification [J]. Journal of the Royal Statistical Society, Series A, 1973, 136: 353-394.

[157] Mallat N. Exploring Consumer Adoption of Mobile Payments-A Qualitative Study [J]. The Journal of Strategic Information Systems, 2007, 16 (4): 413-432.

[158] Masrek M. N., Omar N., Uzir N. A., et al. The Impact of Technology Trust on Mobile Banking Utilization [J]. Science Series Data Report, 2012, 4 (12): 27-36.

[159] McDaniel C., Gates R. Marketing Research [M]. Singapore: Wiley, 2013.

[160] Mehrad D., Mohammadi S. Word of Mouth Impact on the Adoption of Mobile Banking in Iran [J]. Telematics and Informatics, 2017, 34 (7): 1351-1363.

[161] Mehta R., Sivadas E. Comparing Response Rates and Response Content in Mail Versus Electronic Mail Surveys [J]. Market Research Society Journal, 1995, 37 (4): 1-12.

[162] Meixler E. The Mandate of Design Has Never Been So Broad, Says Alipay's UX Chief [EB/OL]. [2018-03-17]. http://fortune.com/2018/03/07/alibaba-alipay-cashless-payment-design/.

[163] Mullan J., Bradley L., Loane S. Bank Adoption of Mobile Banking: Stakeholder Perspective [J]. International Journal of Bank Marketing, 2017, 35 (7): 1152-1172.

[164] Muñoz-Leiva F., Climent-Climent S., Liébana-Cabanillas F. Determinants of Intention to Use the Mobile Banking Apps: An Extension of the Classic TAM Model [J]. Spanish Journal of Marketing-ESIC, 2017, 21 (1): 25-38.

[165] Myers M. D. Qualitative Research in Business and Management [M]. London: Sage Publication, 2008.

[166] Myers M. D., Avison D. Qualitative Research in Information Systems: A Reader [M]. Thousand Oaks, CA: Sage Publication, 2002.

[167] National Bureau of Statistics of the People's Republic of China. The Official Journal on the Main Data of the 6th Population Census in 2010 (No. 1) [EB/OL]. [2018-06-19]. http://www. stats. gov. cn/tjsj/tjgb/rkpcgb/qgrk-pcgb/201104/t20110428_ 30327. html.

[168] Negahban A., Chung C. H. Discovering Determinants of Users Perception of Mobile Device Functionality Fit [J]. Computers in Human Behavior, 2014, 35: 75-84.

[169] Neter J., Kutner M. H., Nachtsheim C. J., et al. Applied Linear Regression Models [M]. New York: WCB McGraw-Hill, 1996.

[170] Neuman W. L. Social Research Methods: Qualitative and Quantitative Approaches [M]. New York: Pearson Education, 2013.

[171] Nisar T., Prabhakar G. Exploring the Key Drivers Behind the Adoption of Mobile Banking Services [J]. Journal of Marketing Analytics, 2017, 5 (3/4): 153-162.

[172] Noto G. AliPay, WeChat Processed $3 Trillion in 2016 [EB/OL]. [2017-04-19]. https://bankinnovation. net/2017/04/alipay-wechat-processed-3-trillion-in-2016/.

[173] Nunez C. Global and China Mobile Payment Industry Report, 2020-2026 [EB/OL]. [2017-01-24]. https://www. reportbuyer. com/product/4627129/global-and-china-mobile-payment-industry-report-2017-2021. html.

[174] Nunnally J. C., Bernstein I. H. Psychometric Theory [M]. New York: McGraw-Hill, 1994.

[175] Oliveira T., Faria M., Thomas M. A. 2014, Extending the Understanding of Mobile Banking Adoption: When UTAUT Meets TTF and ITM [J]. International Journal of Information Management, 2014, 34 (5): 689-703.

[176] Oliver R. L. A Cognitive Model of the Antecedents and Consequences of Satisfaction Decisions [J]. Journal of Marketing Research, 1980: 17: 460-469.

[177] Orlikowski W. J., Baroudi J. J. Studying Information Technology in

Organizations: Research Approaches and Assumptions [J]. Information Systems Research, 1991, 2 (1): 1-28.

[178] Pallant J. SPSS Survival Manual [M]. London: McGraw-Hill Education, 2013.

[179] Patton M. Q. Qualitative Research and Evaluation Methods [M]. Thousand OaKs, CA: Sage Publications, 2002.

[180] Payne G. , Williams M. Teaching Quantitative Methods: Getting the Basics Right [M]. London: Sage Publications, 2011.

[181] Pinsonneault A. , Kraemer K. Survey Research Methodology in Management Information Systems: An Assessment [J]. Journal of Management Information Systems, 1993, 10 (2): 75-105.

[182] Podsakoff P. M. , MacKenzie S. B. , Lee J. Y. , et al. Common Method Biases in Behavioral Research: A Critical Review of the Literature and Recommended Remedies [J]. Journal of Applied Psychology, 2003, 88 (5): 879-903.

[183] Qualtrics. Easy and Powerful Surveys for Everyone [EB/OL]. Qualtrics. [2018-03-19]. https://www. qualtrics. com/research-core/survey-software/.

[184] Ragin C. C. The comparative method: moving beyond qualitative and quantitative strategies. [M]. London: University of California Press, 1987.

[185] Riquelme H. E. , Rios R. E. The Moderating Effect of Gender in the Adoption of Mobile Banking [J]. International Journal of Bank Marketing, 2010, 28 (5): 328-341.

[186] Rogers E. M. Diffusion of Innovations (5th edn) [M]. New York: The Free Press, 2003.

[187] Rosnow R. L. , Rosenthal R. Beginning Behavioral Research: A Conceptual Primer (3rd edn) [M]. New York: Prentice-Hall, 1998.

[188] Rousseeuw P. J. , Van Zomeren B. C. Unmasking Multivariate Outliers and Leverage Points [J]. Journal of the American Statistical Association, 1990, 85 (411): 633-639.

[189] Sampaio C. H. , Ladeira W. J. , Santini F. D. O. Apps for Mobile Banking and Customer Satisfaction: A Cross-cultural Study [J]. International Journal of Bank Marketing, 2017, 35 (7): 1133-1153.

［190］Sarle C. F. Methods in Sample Census Research ［J］. Journal of Farm Economics, 1938, 20 (3): 669-672.

［191］Saunders M. , Lewis P. , Thornhill A. Research Methods for Business Students (7th edn) ［M］. London: Prentice Hall, 2015.

［192］Sekaran U. Research Methods For Business: A Skill Building Approach ［M］. New Jersey: John Wiley and Sons, 2006.

［193］Sekaran U. , Bougie R. Research Methods for Business: A Skill Building Approach ［M］. Chichester: Wiley, 2016.

［194］Shaikh A. A. Mobile Banking Adoption Issues in Pakistan and Challenges Ahead ［J］. Journal of the Institute Bankers Pakistan, 2013, 80 (3): 12-15.

［195］Shaikh A. A. , Karjaluoto H. Mobile Banking Adoption: A Literature Review ［J］. Telematics and Informatics, 2015, 32 (1): 129-142.

［196］Shen X. J. Comparison of Data About Mobile Banking Users in 17 Banks ［EB/OL］. ［2017-05-04］. http: //bank. jrj. com. cn/2014/11/19153218384940-c. shtml.

［197］Shih K. H. , Hung H. F. , Lin B. Assessing User Experiences and Usage Intentions of M-banking Service ［J］. International Journal of Mobile Communications, 2010, 8 (3): 257-277.

［198］Smith T. F. M. On the Validity of Inferences from Non-random Sample ［J］. Journal of the Royal Statistical Society, 1983, 146: 394-403.

［199］Sripalawat J. , Thongmak M. , Ngramyarn A. M-banking in Metropolitan Bangkok and a Comparison with Other Countries ［J］. Journal of Computer Information Systems, 2011, 51 (3): 67-76.

［200］Statista. Share of Mobile Phone Users that Use a Smartphone in China from 2013 to 2019 * ［EB/OL］. https: //www. statista. com/statistics/257045/smartphone-user-penetration-in-china/.

［201］Stone M. Cross-validatory Choice and Assessment of Statistical Predictions ［J］. Journal of the Royal Statistical Society. Series B (Statistical Methodological), 1974, 36 (2): 111-147.

［202］Straub D. , Boudreau M. C. , Gefen D. Validation Guidelines for Is Positivist Research ［J］. The Communications of the Association for Information Systems, 2004, 13 (1): 380-427.

[203] Suen L. J. W. , Huang H. M. , Lee H. H. A Comparison of Convenience Sampling and Purposive Sampling [J]. Journal of Nursing, 2014, 61 (3): 105-111.

[204] Sun Y. , Jeyaraj A. Information Technology Adoption and Continuance: A Longitudinal Study of Individuals' Behavioral Intentions [J]. Information and Management, 2013, 50 (7): 457-465.

[205] Suo M. , Zhu B. , Zhang Y. , et al. Fuzzy Bayes Risk Based on Mahalanobis Distance and Gaussian Kernel for Weight Assignment in Labeled Multiple Attribute Decision Making [J]. Knowledge-Based Systems, 2018, 152: 26-39.

[206] Susanto A. Chang Y. , Ha Y. Determinants of Continuance Intention to Use the Smartphone Banking Services: An Extension to the Expectation-confirmation Model [J]. Industrial Management and Data Systems, 2016, 116 (3): 508-525.

[207] Tabachnick B. G. , Fidell L. S. Using Multivariate Statistics (5th edn) [M]. Boston: Allyn and Bacon/Pearson Education.

[208] Tam C. , Oliveira T. Performance Impact of Mobile Banking: Using the Task-technology Fit (TTF) Approach [J]. International Journal of Bank Marketing, 2016, 34 (4): 434-457.

[209] Tam C. , Oliveira T. Understanding Mobile Banking Individual Performance: The DeLone and McLean Model and the Moderating Effects of Individual Culture [J]. Internet Research, 2017, 27 (3): 538-562.

[210] Tang J. T. E. , Chiang C. H. Integrating Experiential Value of Blog Use into the Expectation-confirmation Theory Model [J]. Social Behavior and Personality: An International Journal, 2010, 38 (10): 1377-1389.

[211] Taylor S. J. , Bogdan R. Introduction to Qualitative Research Methods: The Search for Meaning [M]. New York: John Wiley and Sons, 1984.

[212] Tenenhaus M. , Vinzi V. E. , Chatelin Y. M. , et al. PLS Path Modeling [J]. Computational Statistics and Data Analysis, 2005, 48 (1): 159-205.

[213] Teo A. C. , Tan G. W. H. , Cheah C. M. , et al. Can the Demographic and Subjective Norms Influence the Adoption of Mobile Banking? [J]. International Journal of Mobile Communications, 2012, 10 (6): 578-597.

[214] Thong J. Y. An Integrated Model of Information Systems Adoption in

Small Businesses [J]. Journal of Management Information Systems, 1999, 15 (4): 187-214.

[215] Thong J. Y. Hong S. J., Tam K. Y. The Effects of Post – adoption Beliefs on the Expectation−confirmation Model for Information Technology Continuance [J]. International Journal of Human–Computer Studies, 2006, 64 (9): 799-810.

[216] To W. M., Lai L. S. Mobile Banking and Payment in China [J]. IT Professional, 2014, 16 (3): 22-27.

[217] Trochim W. M., Donnelly J. P. Research Methods Knowledge Base (3rd edn) [M]. Cincinnati: Atomic Dog Publishing, 2001.

[218] Urbach N., Ahlemann F. Structural Equation Nodeling in Information Systems Research Using Partial Least Squares [J]. Journal of Information Technology Theory and Application, 2010, 11 (2): 5-40.

[219] Venkatesh V. Creation of Favorable User Perceptions: Exploring the Role of Intrinsic Motivation [J]. MIS quarterly, 1999, 23 (2): 239-260.

[220] Venkatesh V. Determinants of Perceived Ease of Use: Integrating Control, Intrinsic Motivation, and Emotion into the Technology Acceptance Model [J]. Information Systems Research, 2000, 11 (4): 342-365.

[221] Venkatesh V. Davis F. D. A Theoretical Extension of the Technology Acceptance Model: Four Longitudinal Field Studies [J]. Management Science, 2000, 46 (2): 186-204.

[222] Venkatesh V., Morris M. G. Why Don't Men Ever Stop to Ask for Directions? Gender, Social Influence, and Their Role in Technology Acceptance and Usage Behavior [J]. MIS Quarterly, 2000, 24 (1): 115-139.

[223] Venkatesh V., Morris M. G., Davis G. B., et al. User Acccptance of Information Technology: Toward a Unified View [J]. MIS Quarterly, 2003, 27 (3): 425-478.

[224] Venkatesh V., Thong J. Y., Chan F. K., et al. Extending the Two-stage Information Systems Continuance Model: Incorporating UTAUT Predictors and the Role of Context [J]. Information Systems Journal, 2011, 21 (6): 527-555.

[225] Venkatesh V., Thong J. Y., Xu X. Consumer Acceptance and Use of Information Technology: Extending the Unified Theory of Acceptance and Use of Technology [J]. MIS Quarterly, 2012, 36 (1): 157-178.

［226］Vinzi V. , Chin W. W. , Henseler J. , et al. Handbook of Partial Least Squares: Concepts, Methods and Applications (Springer Handbooks of Computational Statistics) ［M］. Berlin: Springer, 2010.

［227］Viswanathan M. , Sudman S. , Johnson M. Maximum Versus Meaningful Discrimination in Scale response: Implications for Validity of Measurement of Consumer Perceptions about Products ［J］. Journal of Business Research, 2004, 57（2）: 108－124.

［228］Walsham G. Interpretive Case Studies in Is Research: Nature and Method ［J］. European Journal of Information Systems, 1995, 4（2）: 74－81.

［229］Wang H. I. , Yang H. L. The Role of Personality Traits in UTAUT Model under Online Stocking ［J］. Contemporary Management Research, 2005, 1（1）: 69－82.

［230］Wang L. , Yi Y. The Impact of Use Context on Mobile Payment Acceptance: An Empirical Study in China ［J］. Advances in Computer Science and Education, 2012, 140: 293－299.

［231］Wang W. T. , Li H. M. Factors Influencing Mobile Services Adoption: A Brand-equity Perspective ［J］. Internet Research, 2012, 22（2）: 142－179.

［232］Wen J. , Gao H. Remaining Useful Life Prediction of the Ball Screw System Based on Weighted Mahalanobis Distance and an Exponential Model ［J］. Journal of Vibroengineering, 2018, 20（4）: 1691－1707.

［233］Wiedemann D. G. Haunstetter T. , Pousttchi K. Analyzing the Basic Elements of Mobile Viral Marketing-an Empirical Study ［R］. Barcelona: 7th International Conference on IEEE, 2008.

［234］Williams L. J. , Edwards J. R. , Vandenberg R. J. Recent Advances in Causal Modeling Methods for Organizational and Aanagement Research ［J］. Journal of Management, 2003, 29（6）: 903－936.

［235］Wixom B. H. , Todd P. A. A Theoretical Integration of User Satisfaction and Technology Acceptance ［J］. Information Systems Research, 2005, 16（1）: 85－102.

［236］Wright K. Social Support within an On line Cancer Community: An Assessment of Emotional Support, Perceptions of Advantages and Disadvantages, and Motives for Using the Community from a Communication Perspective ［J］. Journal of Applied Communication Research, 2002, 30（3）: 195－209.

[237] Wu B. , Chen X. Continuance Intention to Use MOOCs: Integrating the Technology Acceptance Model (TAM) and Task Technology Fit (TTF) Model [J]. Computers in Human Behavior, 2017, 67: 221-232.

[238] Wurpts I. C. , Geiser C. Is Adding More Indicators to a Latent Class Analysis Beneficial or Detrimental? Results of a Monte-Carlo Study [J]. Frontiers in Psychology, 2014, 5: 920.

[239] Yang A. S. Exploring Adoption Difficulties in Mobile Banking Services [J]. Canadian Journal of Administrative Sciences, 2009, 26 (2): 136-149.

[240] Yuen Y. Y. , Yeow P. H. P. User acceptance of internet banking service in Malaysia [R]. Berlin: International Conference on Web Information Systems and Technologies, 2008.

[241] Yu C. S. Factors Affecting Individuals to Adopt Mobile Banking: Empirical Evidence from the UTAUT Model [J]. Journal of Electronic Commerce Research, 2012, 13 (2): 104-121.

[242] Yu Y. , Shen M. N. Alibaba and the Threat to China's Banking Sector [EB/OL]. http://www.fljs.org/sites/www.fljs.org/files/publications/Alibaba%20and%20the%20Threat%20to%20China%27s%20Banking%20Sector.pdf.

[243] Yuan S. , Liu Y. , Yao R. , et al. An Investigation of Users' Continuance Intention towards Mobile Banking in China [J]. Information Development, 2016, 32 (1): 20-34.

[244] Zhang H. , Lu Y. , Gupta S. , et al. Understanding Group-buying Websites Continuance: An Extension of Expectation Confirmation Model [J]. Internet Research, 2015, 25 (5): 767-793.

[245] Zhao L. , Lu Y. , Zhang L. , et al. Assessing the Effects of Service Quality and Justice on Customer Satisfaction and the Continuance Intention of Mobile Value-added Services: An Empirical Test of a Multidimensional Model [J]. Decision Support Systems, 2012, 52 (3): 645-656.

[246] Zhou T. An Empirical Examination of Initial Trust in Mobile Banking [J]. Internet Research, 2011, 21 (5): 527-540.

[247] Zhou T. Examining Mobile Banking User Adoption from the Perspectives of Trust and Flow Experience [J]. Information Technology and Management, 2012, 13 (1): 27-37.

[248] Zhou T. , Lu Y. , Wang B. Integrating TTF and UTAUT to Explain

Mobile Banking User Adoption [J]. Computers in Human Behavior, 2010, 26 (4): 760-767.

[249] Zikmund W. G. Business Research Methods (7ᵗʰ edn) [M]. Massachusetts: Thomson Learning, 2003.

[250] 白凯, 陈楠, 赵安周. 韩国潜在游客的中国旅游目的地意象认知与行为意图 [J]. 旅游科学, 2012, 26 (1): 82-94.

[251] 白璇, 赵倩茹, 朱坤昌, 等. 手机银行使用意愿的影响因素研究 [J]. 科学决策, 2010 (9): 14-21, 65.

[252] 毕新华, 齐晓云, 段伟花. 基于 ECM 模型的 IT 持续使用整合分析 [J]. 图书情报工作, 2011, 55 (6): 42-46.

[253] 曹媛媛, 李琪. 移动支付使用者——大学生使用意向与使用行为模型及实证研究 [J]. 统计与信息论坛, 2009, 24 (2): 72-77.

[254] 陈国进, 沈炳熙. 信息技术革命与银行业的变革 [J]. 改革, 2000 (1): 78-81.

[255] 陈洁, 朱小栋. 基于 UTAUT 和 ITM 整合视角的微信支付用户使用行为影响因素研究 [J]. 现代情报, 2015, 35 (4): 35-40.

[256] 陈启达. 定性研究与定量研究相结合——国际问题研究方法之一 [J]. 现代国际关系, 1999 (8): 3-5.

[257] 陈向明. 社会科学中的定性研究方法 [J]. 中国社会科学, 1996 (6): 93-102.

[258] 陈渝, 路洋. 习惯下的信息系统持续使用研究述评 [J]. 图书馆论坛, 2016, 36 (3): 34-41.

[259] 陈渝, 毛姗姗, 潘晓月, 等. 信息系统采纳后习惯对用户持续使用行为的影响 [J]. 管理学报, 2014, 11 (3): 408-415.

[260] 陈云. 手机银行使用意向影响因素研究 [D]. 成都: 西南财经大学硕士学位论文, 2015.

[261] 成浩. 3G 时代下的手机银行发展 [J]. 市场周刊 (理论研究), 2010 (5): 71-72.

[262] 邓朝华, 鲁耀斌, 汪曼. 基于 IDT/TTF 整合模型的企业移动服务采纳实证研究 [J]. 南开管理评论, 2008 (3): 104-110.

[263] 邓朝华, 鲁耀斌, 张金隆. TAM、可靠性和使用能力对用户采纳移动银行服务的影响 [J]. 管理评论, 2009, 21 (1): 59-66.

[264] 邓朝华, 鲁耀斌. 移动银行服务采纳模型的实证分析比较 [J].

工业工程与管理，2007（6）：59-65.

［265］董大海，李广辉，杨毅. 消费者网上购物感知风险构面研究［J］.
管理学报，2005，2（1）：55-60.

［266］董丹萍. 跨语种问卷调查中作为翻译质量检测手段的回译有效性
研究［J］. 教育教学论坛，2016（19）：61-62.

［267］董奇. 如何提出研究假设［J］. 心理发展与教育，1990（1）：8，
28-30.

［268］董婷. 移动支付用户继续使用意愿研究［D］. 南京：南京大学硕
士学位论文，2013.

［269］杜建政，赵国祥，刘金平. 测评中的共同方法偏差［J］. 心理科
学，2005，28（2）：420-422.

［270］范伟达. 现代社会研究方法［M］. 上海：复旦大学出版
社，2000.

［271］甘瑁琴，袁玉辉. 创新扩散理论下顾客使用网上银行的影响因素
研究［J］. 探索，2011（2）：101-105.

［272］高峰. 高校教师网络教学方式的采纳和使用——基于技术接受与
使用整合理论的研究［J］. 开放教育研究，2012，18（1）：106-113.

［273］高静，贺昌政，刘娇. 基于 SEM 模型的大学生创业倾向影响因素
研究——来自重庆的实证数据［J］. 教育发展研究，2014，34（1）：57-62.

［274］高平，刘文雯，徐博艺. 基于 TAM/TTF 整合模型的企业实施
ERP 研究［J］. 系统工程理论与实践，2004，24（10）：74-79.

［275］耿建芳，曲喜和，郭文希，等. 经理报酬影响因素的结构方程模
型实证分析［J］. 管理评论，2006（3）：47-53，64.

［276］顾忠伟，徐福缘，卫军. 可穿戴商务消费者初始信任影响因素的
实证研究［J］. 管理评论，2015，27（7）：168-176.

［277］韩金凤. 信息检索系统持续使用研究综述［J］. 图书馆学刊，
2015，37（5）：136-140.

［278］韩卫国，王劲峰，胡建军. 交通流量数据缺失值的插补方法［J］.
交通与计算机，2005（1）：39-42.

［279］何光辉，杨咸月. 手机银行模式与监管：金融包容与中国的战略
转移［J］. 财贸经济，2011（4）：46-54，136.

［280］何钦. UTAUT 模型在我国信息采纳中的研究现状［J］. 科技信
息，2011（11）：63，90.

［281］胡未央．基于 PLS-SEM 模型的手机银行个人客户忠诚度研究 ［D］.南京：南京农业大学硕士学位论文，2015.

［282］胡现玲．我国手机银行发展现状与对策分析 ［J］.经济师，2011 (1)：61-62.

［283］皇甫青红．国内外信息系统持续使用研究综述——基于电子服务 及相关领域文献的调研 ［J］.情报杂志，2013, 32 (10)：111-116.

［284］黄永春，郑江淮，任志成，等．企业自主知识产权名牌的生成机 制研究——基于 PLS—SEM 模型的实证分析 ［J］.科学学与科学技术管理， 2012, 33 (4)：156-165.

［285］焦勇兵．感知风险和信任在网络银行采用中的角色研究 ［J］.山 西财经大学学报，2008 (6)：83-89.

［286］金勇进．缺失数据的插补调整 ［J］.数理统计与管理，2001 (6)：47-53.

［287］郎杨琴，孔丽华．科学研究的第四范式，吉姆·格雷的报告 "e-Science：一种科研模式的变革" 简介 ［J］.科研信息化技术与应用，2010, 1 (2)：92-94.

［288］李嘉．浅谈我国手机银行业务风险和防范 ［J］.企业导报，2013 (1)：146-147.

［289］李曼．体育社会科学研究中问卷调查法使用的几个问题 ［J］.体 育学刊，2013, 20 (5)：68-71.

［290］李胜会，刘金英．信息产业发展与政策执行评价——基于广东部 分地区 3G & 4G 产业的调查 ［J］.南方经济，2016, 34 (2)：118-128.

［291］李壮，孙英隽，陈妍．我国手机银行发展的模式选择与对策分析 ［J］.经济问题探索，2011 (9)：89-94.

［292］廖俊峰，张路延，王中强，等．个人网上银行采用意向影响因素 研究 ［J］.广东社会科学，2011 (6)：106-113.

［293］林家宝，鲁耀斌，徐勇．手机银行用户满意度与忠诚度研究 ［J］. 信息系统学报，2012 (1)：97-107.

［294］林嵩，姜彦福．结构方程模型理论及其在管理研究中的应用 ［J］.科学学与科学技术管理，2006 (2)：38-41.

［295］凌元辰，曹力，白京．基于 PLS-SEM 模型的民航客户忠诚度研 究 ［J］.中国管理科学，2009, 17 (2)：140-145.

［296］刘电威．消费者网上购物决策的关键影响因素实证研究——基于

创新扩散理论科技管理研究，2014，34（5）：175-179.

［297］刘刚，黄苏萍．用户控制感知对网上银行持续使用行为的影响分析［J］．经济理论与经济管理，2010（1）：58-61.

［298］刘鲁川，孙凯，王菲，等．移动搜索用户持续使用行为实证研究［J］．中国图书馆学报，2011，37（6）：50-57.

［299］刘炜．基于 TTF 和 UTAT 模型的老年用户社会化网络服务采纳行为研究［J］．情报科学，2016，34（2）：118-122.

［300］刘文俊，丁琳，王翠波．非直接付费电子商务服务消费者持续使用意愿研究——基于竞争的视角［J］．中南财经政法大学学报，2015（4）：133-140.

［301］刘以研，白璐．信息技术条件下的手机银行安全问题研究［J］．情报科学，2012，30（4）：609-612.

［302］鲁耀斌，邓朝华，章淑婷．基于 Trust-TAM 的移动服务消费者采纳研究［J］．信息系统学报，2007（1）：46-59.

［303］罗海成．顾客忠诚的心理契约机制实证研究［J］．管理评论，2006（1）：57-62，64.

［304］米子川．并发多样本滚雪球抽样的捕获再捕获估计［J］．统计研究，2015，32（6）：101-106.

［305］闵庆飞，李红云．微信持续使用意向影响因素的实证研究［J］．情报科学，34（9）：61-67.

［306］庞新生．缺失数据处理方法的比较［J］．统计与决策，2010（24）：152-155.

［307］齐毅，陈妍．对我国商业银行一个创新产品的思考［J］．经济问题探索，2011（12）：174-178.

［308］齐子翔．北京新产业选择的定量分析——基于因子载荷分析的视角［J］．商业经济研究，2012（27）：117-119.

［309］沈莉．基于 UTAUT 与感知风险模型的手机银行持续使用意愿研究［D］．北京：北京邮电大学硕士学位论文，2015.

［310］宋亦平，王晓艳，许云莲．网上商店形象对网上购物者商店忠诚度的影响［J］．管理评论，2006，18（11）：31-38，62-64.

［311］苏林森．智能手机在中国的采纳和使用：基于北京的调查研究［J］．西南民族大学学报（人文社科版），2016，37（4）：151-157.

［312］孙健敏．研究假设的有效性及其评价［J］．社会学研究，2004

（3）：32-37.

[313] 孙立成，梅强，周江华．基于 PLS-SEM 模型的加油站客户忠诚度研究 [J]．数理统计与管理，2013，32（4）：608-616.

[314] 谭春辉，张洁，曾奕棠．基于 UTAUT 模型的消费者网络购物影响因素研究 [J]．管理现代化，2014，34（3）：28-30.

[315] 唐力，李佳．化学探究教学中假设方法的运用 [J]．教育科学研究，2005（4）：38-41.

[316] 陶洪，徐福缘．任务技术匹配模型研究综述 [J]．研究与发展管理，2012，24（4）：24-31.

[317] 佟德．提出研究假设的方法 [J]．教育科学研究，2006（8）：59-60.

[318] 万君，郭婷婷，吴正祥．基于 UTAUT 模型的消费者移动互联网业务使用意愿影响研究 [J]．资源开发与市场，2015，31（10）：1224-1227.

[319] 王斌会，陈一非．基于稳健马氏距离的多元异常值检测 [J]．统计与决策，2005（6）：4-6.

[320] 王春峰，翟捷．信息技术对银行业的影响 [J]．国际金融研究，2001（1）：74-78.

[321] 王惠文，朱韵华．PLS 回归在消除多重共线性中的作用 [J]．数理统计与管理，1996，15（6）：48-52.

[322] 王济川，王小倩，姜宝法．结构方程模型：方法与应用 [M]．北京：高等教育出版社，2011.

[323] 王婷婷，吴庆麟．个人认识论理论概述 [J]．心理科学进展，2008，16（1）：71-76.

[324] 王玮．信息系统采用模型的比较研究 [J]．现代图书情报技术，2005（12）：17-21.

[325] 王修华，郭美娟．金融包容视角下农村手机银行发展探 [J]．农业经济问题，2014，35（9）：61-68.

[326] 王艳，邓小昭．网络用户信息行为基本问题探讨 [J]．图书情报工作，2009，53（16）：35-39.

[327] 温忠麟，侯杰泰，马什赫伯特．结构方程模型检验：拟合指数与卡方准则 [J]．心理学报，2004，36（2）：186-194.

[328] 吴锋，李怀祖．知识管理对信息技术和信息系统外包成功性的影响 [J]．科研管理，2004（2）：82-87.

[329] 吴明隆. 结构方程模型——Amos 实务进阶 [M]. 重庆：重庆大学出版社，2013.

[330] 吴晓云，焦勇兵. 顾客采用网络银行的影响因素研究 [J]. 南开管理评论，2008，11（6）：18-27.

[331] 肖继军. 基于 PLS-SEM 模型的高校学生评教实证分析 [J]. 统计与决策，2009（5）：158-161.

[332] 谢滨，林轶君，郭迅华. 手机移动银行用户采纳的影响因素研究 [J]. 南开管理评论，2009：12-19.

[333] 徐光，刘鲁川. 慕课学习者的归因、动机与持续使用意图研究 [J]. 电化教育研究，38（3）：68-74.

[334] 徐建华，李媛. 2014 年图书馆学期刊问卷调查法文章分析 [J]. 图书与情报，2015（6）：92-96.

[335] 徐蕾，王建琼，查建平. 基于 UTAUT 的微型企业电子商务采纳行为研究 [J]. 中央财经大学学报，2014（7）：107-112.

[336] 许晖，许守任，王睿智. 消费者旅游感知风险维度识别及差异分析 [J]. 旅游学刊，2013，28（12）：71-80.

[337] 杨涛. 电子图书用户持续使用行为研究：期望确认模型的扩展 [J]. 图书馆学研究，2016（22）：68，76-83.

[338] 姚慧丽，钟春芳. 移动银行使用行为多因素模型与影响分析 [J]. 苏州大学学报（哲学社会科学版），2011，32（1）：115-118，192.

[339] 易涌征，移动支付消费者接受的影响因素研究 [D]. 杭州：浙江大学，2011.

[340] 于萍. 移动金融顾客价值需求维度及测评体系构建——以智能手机银行服务为实证 [J]. 财经论丛，2017，218（3）：81-91.

[341] 俞坤. 基于 UTAUT 模型的移动互联网广告的用户接受模型的研究 [D]. 北京：北京邮电大学硕士学位论文，2012.

[342] 苑成存. 对归纳法职能评价的历史综述 [J]. 学术交流，1996（4）：102-103.

[343] 岳昌君. 定量研究方法在教育经济学中的应用 [J]. 中国高教研究，2016（1）：77-82.

[344] 曾雪鹃. TTF 模型的研究进展综述 [J]. 现代图书情报技术，2008（5）：27-32.

[345] 张成虎，金虎斌. 互联网金融驱动创新机制研究 [J]. 财经论

丛，2016，204（2）：40-46.

［346］张军．结构方程模型构建方法比较［J］.统计与决策，2007（18）：137-139.

［347］张坤，张鹏，张野．基于 UTAUT 和 TTF 理论的旅游 APP 用户使用影响因素及行为研究［J］.企业经济，2016（9）：150-156.

［348］张梦中，马克·霍（Marc Hozer）．定性研究方法总论［J］.中国行政管理，2001（11）：40-43.

［349］张楠，郭迅华，陈国青．信息技术初期接受扩展模型及其实证研究［J］.系统工程理论与实践，2007（9）：123-130.

［350］张璇，吴清烈．基于扩展 ECM 的移动商务用户继续使用意向研究［J］.太原理工大学学报，2010，41（1）：31-35.

［351］张璇，吴清烈．基于扩展 ECM 的移动商务用户继续使用意向研究［J］.太原理工大学学报，2010，41（1）：28-32.

［352］赵青，梁工谦，王群．移动商务用户持续使用模型研究［J］.科技管理研究，33（1）：249-253.

［353］赵青，梁工谦，王群．移动商务用户持续使用模型研究［J］.科技管理研究，33（1）：249-253.

［354］郑生钦，司红运，张雷．基于 UTAUT 的建筑信息模型技术采纳意向实证研究［J］.科技管理研究，2016，36（19）：230-235.

［355］钟小娜．网站特性和消费者个体特征对网络购物接受度的影响［D］.杭州：浙江大学硕士学位论文，2005.

［356］朱多刚，郭俊华．基于 UTAUT 模型的移动政务采纳模型与实证分析［J］.情报科学，2016，34（9）：110-114.

附录 A   构念指标

序号	因素		项目	来源
1	性能预期（PE）	PE1	我发现移动银行在我的日常生活中很有用	Venkatesh 等（2003）；Venkatesh 等（2011）；Venkatesh 等（2012）
		PE2	使用移动银行帮助我更快地完成银行交易	
		PE3	使用移动银行提高了我的工作效率	
		PE4	在使用移动银行时，我发现许多新功能非常有用	
2	工作量预期（EE）	EE1	我发现移动银行很容易使用	Venkatesh 等（2003）；Venkatesh 等（2011）；Venkatesh 等（2012）
		EE2	我很容易熟练地使用移动银行	
		EE3	移动银行比其他银行平台更容易使用	
		EE4	学习如何使用移动银行提供的新功能对我来说很容易	
3	社会影响力（SI）	SI1	影响我行为的人认为我应该使用移动银行	Venkatesh 等（2003）；Venkatesh 等（2011）；Oliveira 等（2014）
		SI2	对我很重要的人认为我应该使用移动银行	
		SI3	在银行的推动下，我将尝试移动银行的新功能	
		SI4	移动银行很流行，所以我会尝试新的功能	
4	便利条件（FC）	FC1	我有必要的有利于移动银行的资源，如移动设备和网络	Venkatesh 等（2003）；Venkatesh 等（2011）；Venkatesh 等（2012）
		FC2	我有使用移动银行的必要知识	
		FC3	当我使用移动银行有困难时，我可以从别人那里得到帮助	
		FC4	当我使用新功能有困难时，我可以从别人那里得到帮助	
5	任务特征（TAC）	TAC1	我需要随时随地管理我的账户	Zhou 等（2010）
		TAC2	我需要随时随地转账	
		TAC3	我需要实时获取账户信息	
		TAC4	我需要额外的目前的移动银行没有覆盖的功能	

续表

序号	因素	项目		来源
6	技术特征（TEC）	TEC1	移动银行提供无处不在的服务	Zhou 等（2010）
		TEC2	移动银行提供实时服务	
		TEC3	移动银行提供安全服务	
		TEC4	技术提供了未充分开发的功能	
7	技术任务匹配（TTF）	TTF1	移动银行的功能已经足够了	
		TTF2	移动银行的功能非常适合我的银行业务	
		TTF3	移动银行的功能完全满足我的银行需求	
		TTF4	新的技术能力满足了我无法满足的需求	
8	确认（CNF）	CNF1	我使用移动银行的体验比我预期的要好	Bhattacherjee（2001b）
		CNF2	移动银行的服务水平比我预期的要好	
		CNF3	移动银行带来的好处比我预期的要好	
		CNF4	总的来说，我对使用移动银行的大部分期望都得到了实现	
9	满意度（SAT）		您对移动银行的整体使用体验有何感想	Bhattacherjee（2001b）
		SAT1	非常不满意至非常满意	
		SAT2	非常不愉悦至非常愉悦	
		SAT3	非常受挫至非常满足	
		SAT4	非常糟糕至非常高兴	
10	持续性意图（INT）	INT1	我打算继续使用移动银行，而不是停止使用	Bhattacherjee（2001b）
		INT2	我的意图是继续使用移动银行，而不是使用任何其他方式	
		INT3	如果可以的话，我想继续使用移动银行	
		INT4	我将继续使用我的移动银行的相同功能	
11	行为意图（BIextend）	BI1	我打算在未来探索更多的移动银行功能	Venkatesh 等（2003）；Venkatesh 等（2012）
		BI2	我预测未来我会探索更多的移动银行功能	
		BI3	我计划经常探索更多的移动银行功能	
		BI4	我会在日常生活中不断尝试探索更多的移动银行功能	

附录 B 移动银行调查问卷

确认题

1. 您要确认您是否是移动银行用户？（单选）
   □是的，我现在正在使用移动银行
   □是的，我以前使用过移动银行，但我现在不再使用它了
   □否，我没有使用过移动银行
2. 您实际使用移动银行服务的频率是多少？（单选）
   □从不使用
   □很少使用
   □较少
   □一般
   □较频繁
   □频繁使用
   □非常频繁

问卷调查邀请信

尊敬的先生/女士：

　　您好！首先感谢您耐心阅读此邀请函。我是一名来自英国曼彻斯特大学的在读博士，现在在 IliasPetrounias 博士和 Nikolay Mehandjiev 教授的指导下工作。我想邀请您参加一份调查问卷，这份调查问卷是为了找出影响客户继续使用移动银行服务的各种因素。您被选择参与调查，是因为您现在使用或曾经使用移动银行服务，在这方面有经验。

　　在这份调查中，移动银行仅仅指通过移动银行客户端来获取银行的各项服务，包括账户管理、转账汇款、账户信息咨询以及其他形式的金融服务。其他类型的移动银行服务，如通过手机浏览器或者平板电脑客户端来登陆移动银行，都不包含在这份调查中。

我诚挚地邀请您用 10~15 分钟时间帮忙填写这份在线调查问卷。本问卷实行匿名制,研究成果只会用于学术研究。您在这里提供的个人信息是安全的,永远不会用于任何营销和/或销售活动。题目选项无对错之分,请根据您的实际情况填写。您的真实想法和宝贵建议将对我们的研究非常有帮助。

如果您有任何其他问题或疑虑,请通过电子邮件直接与我联系:
shanshan. wang@ manchester. ac. uk 或 shanshanwang1203@ 163. com
衷心感谢您抽空填写这份问卷。谢谢您的合作!

王珊珊
2017 年 3 月 22 日

第一部分 基本信息

1. 您的性别 (单选)
□男
□女

2. 您的年龄:_____岁

3. 您的国籍 (单选)
□中国
□其他 (请说明):_____

4. 您的学历 (单选)
□初中及以下
□高中
□大专
□本科
□硕士及以上

5. 您的职业 (单选)
□学生
□公司职员
□公务员
□事业单位职员
□个体户
□无业下岗
□其他 (请说明):_____

6. 您的个人月收入（含税）在以下哪个范围？请包括所有收入来源，如工资、租金、红利等（单选）

☐3000 元以下

☐3000~5000 元

☐5001~8000 元

☐8001~10000 元

☐10001~15000 元

☐15000 元以上

7. 请问您愿意与我们联系一两次，参加后续有关移动银行的探讨研究吗？这不会用于营销和/或销售目的。如果愿意，请提供一个合适的电子邮件地址；如果不愿意可以不用填写，直接点击下一步继续。

_____

8. 您通过哪种方式使用移动银行？（多选）

☐手机客户端

☐平板电脑客户端

☐手机浏览器

第二部分　影响因素

请问您对以下描述的同意程度是？（单选）

序号	项目	强烈反对(1)	不同意(2)	有点不同意(3)	既不同意也不反对(4)	有点同意(5)	同意(6)	非常同意(7)
1	移动银行在我的日常生活中很有用							
2	使用移动银行帮助我更快地完成银行业务							
3	使用移动银行能够提高我办理银行业务的效率							
4	使用移动银行时我发现许多新的功能非常有用							
5	我觉得移动银行很容易使用							
6	对我来说熟练使用移动银行很容易							
7	移动银行比其他银行服务平台更容易使用							
8	学习如何使用移动银行提供的新功能对我来说很容易							

续表

序号	项目	强烈反对(1)	不同意(2)	有点不同意(3)	既不同意也不反对(4)	有点同意(5)	同意(6)	非常同意(7)
9	对我有影响的人认为我应该使用移动银行							
10	对我来说重要的人认为我应该使用移动银行							
11	我会尝试移动银行推广的新功能							
12	移动银行是时髦的，我会尝试新的功能							
13	我拥有使用移动银行的移动设备（手机）、网络流量等必要资源							
14	我拥有使用移动银行需要的知识							
15	当使用移动银行遇到问题时，我能得到别人的帮助							
16	当我使用移动银行的新功能遇到困难时，我可以得到别人的帮助							
17	我需要随时随地管理我的账户							
18	我需要可以随时随地转账							
19	我需要实时获取账户信息							
20	我需要额外的功能，目前移动银行还没有覆盖							
21	移动银行提供无所不在的服务							
22	移动银行提供实时的服务							
23	移动银行提供安全的服务							
24	移动银行提供的功能有些我还未使用							
25	移动银行提供的功能足够丰富							
26	移动银行的功能是非常适合我的银行业务							
27	移动银行的功能完全满足我的银行业务需求							
28	新的技术能力满足了我无法满足的需求							
29	我使用手机银行的体验说明移动银行比预想的好用							
30	移动银行的服务水平比预期的高							
31	移动银行带来的好处高于预期							

序号	项目	强烈反对(1)	不同意(2)	有点不同意(3)	既不同意也不反对(4)	有点同意(5)	同意(6)	非常同意(7)
32	总之，移动银行达到了大多数的期望值							
	根据使用经验，你对移动银行的总体满意度如何							
33	非常不满意至非常满足							
34	非常不愉悦至非常愉悦							
35	非常受挫至非常满足							
36	非常糟糕至非常高兴							
37	我打算继续使用移动银行，而不是停止使用							
38	与其他银行服务渠道相比，我倾向于继续使用移动银行							
39	如果可以的话，我想继续使用移动银行							
40	我打算经常地使用移动银行							
41	我将探索更多的移动银行的新功能							
42	将来我会探索移动银行的新功能							
43	我打算更多地探索移动银行的新功能							
44	在移动银行交易中我将一直尝试探索新功能							

谢谢参与！

如果可能，请您将此调查问卷的链接转发送给您的朋友和同事。

再次感谢您的参与，以及您对我们研究工作的支持！

附录 C 评估常用方法偏差的程序

由于 PLS3.0 不允许将一个结构与指标连接，因此每个指标都转换为一个单指标的结构。首先，将构成结构 TAC 的三个指标 TAC1、TAC2 和 TAC3 分别转化为结构即 TAC1、TAC2 和 TAC3。其次，在研究的第一步中，本书将结构 TAC 与这三个转换的结构分别连接起来。再次，将每个指标连接到其相应的结构。例如，指标 TAC1 与结构 TAC1 连接。最后，将 TAC1，TAC2，TAC3 视为二阶指标，并与结构 TAC 连接。经过此过程，TAC 的指标将被转换为单指标结构，如图 C1 所示。

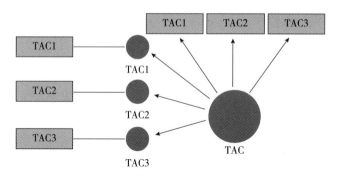

图 C1 从 TAC 指标转换而来的单指标结构

结构 TEC 由三个指标组成，包括 TEC1、TEC2 和 TEC3，它们首先被分别转换为结构 TEC1、结构 TEC2 和结构 TEC3。其次，本书分别将结构 TEC 与结构 TEC1、TEC2 和 TEC3 连接起来。再次，将每个指标连接到其相应的结构。例如，指标 TEC1 与结构 TEC1 连接。最后，将 TEC1、TEC2、TEC3 视为二阶指标，并与结构 TEC 连接。经过此过程，TEC 的指标将被转换为单指标结构，如图 C2 所示。

结构 TTF 由 TTF1、TTF2、TTF3 和 TTF4 四个指标组成，在本书中，首先将它们转化为结构 TTF1、结构 TTF2、结构 TTF3 和结构 TTF4。其次，将这四个转换的结构分别与结构 TTF 连接起来。再次，将每个指标连接到其相

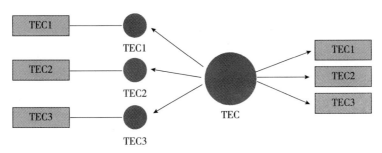

图 C2 从 TEC 指标转换而来的单指标结构

应的结构。例如，指标 TTF1 与结构 TTF1 连接。最后，将 TTF1、TTF2、TTF3 和 TTF4 视为二阶指标，并与结构 TTF 连接。经过此过程，TTF 的指标将被转换为单指标结构，如图 C3 所示。

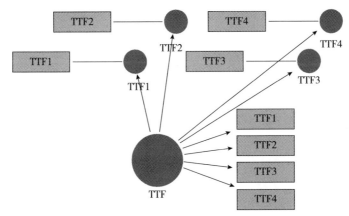

图 C3 从 TTF 指标转换而来的单指标结构

结构 PE 由 PE 1、PE 2、PE 3 和 PE 4 四个指标组成，在本书中，首先将它们转化为结构 PE 1、结构 PE 2、结构 PE 3 和结构 PE 4。其次，将这四个转换的结构分别与结构 PE 连接起来。再次，将每个指标连接到其相应的结构。例如，指标 PE 1 与结构 PE 1 连接。最后，将 PE 1、PE 2、PE 3 和 PE 4 视为二阶指标，并与结构 PE 连接。经过此过程，PE 的指标将被转换为单指标结构，如图 C4 所示。

结构 EE 由 EE 1、EE 2、EE 3 和 EE 4 四个指标组成，在本书中，首先将它们转化为结构 EE 1、结构 EE 2、结构 EE 3 和结构 EE 4。其次，将这四个转换的结构分别与结构 EE 连接起来。再次，将每个指标连接到其相应的

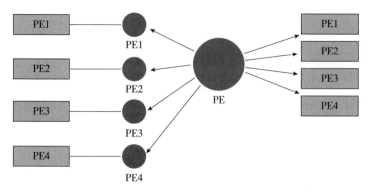

图 C4　从 PE 指标转换而来的单指标结构

结构。例如，指标 EE 1 与结构 EE 1 连接。最后，将 EE 1、EE 2、EE 3 和 EE 4 视为二阶指标，并与结构 EE 连接。经过此过程，EE 的指标将被转换为单指标结构，如图 C5 所示。

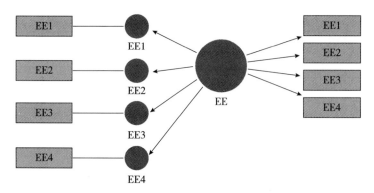

图 C5　从 EE 指标转换而来的单指标结构

　　结构 SI 由 SI 1、SI 2、SI 3 和 SI 4 四个指标组成，在本书中，首先将它们转化为结构 SI 1、结构 SI 2、结构 SI 3 和结构 SI 4。其次，将这四个转换的结构分别与结构 SI 连接起来。再次，将每个指标连接到其相应的结构。例如，指标 SI 1 与结构 SI 1 连接。最后，将 SI 1、SI 2、SI 3 和 SI 4 视为二阶指标，并与结构 SI 连接。经过此过程，SI 的指标将被转换为单指标结构，如图 C6 所示。

　　结构 FC 由 FC 1、FC 2、FC 3 和 FC 4 四个指标组成，在本书中，首先将它们转化为结构 FC 1、结构 FC 2、结构 FC 3 和结构 FC 4。其次，将这四个转换的结构分别与结构 FC 连接起来。再次，将每个指标连接到其相应的结

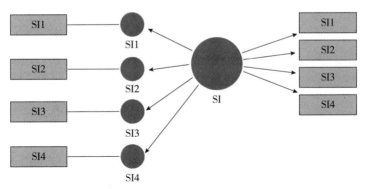

图 C6　从 SI 指标转换而来的单指标结构

构。例如，指标 FC 1 与结构 FC 1 连接。最后，将 FC 1、FC 2、FC 3 和 FC 4 视为二阶指标，并与结构 FC 连接。经过此过程，FC 的指标将被转换为单指标结构，如图 C7 所示。

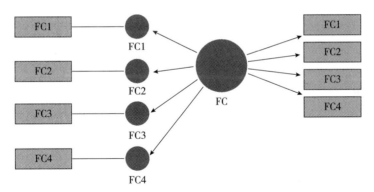

图 C7　从 FC 指标转换而来的单指标结构

结构 BIextend 由 BI 1、BI 2、BI 3 和 BI 4 四个指标组成，在本书中，首先将它们转化为结构 BI 1、结构 BI 2、结构 BI 3 和结构 BI 4。其次，将这四个转换的结构分别与结构 BIextend 连接起来。再次，将每个指标连接到其相应的结构。例如，指标 BI 1 与结构 BI 1 连接。最后，将 BI 1、BI 2、BI 3 和 BI 4 视为二阶指标，并与结构 BIextend 连接。经过此过程，BIextend 的指标将被转换为单指标结构，如图 C8 所示。

结构 CNF 由 CNF 1、CNF 2、CNF 3 和 CNF 4 四个指标组成，首先它们被分别转化为结构 CNF1、结构 CNF2、结构 CNF3 和结构 CNF4。其次，将这四个转换的结构分别与结构 CNF 连接起来。再次，将每个指标连接到其相应

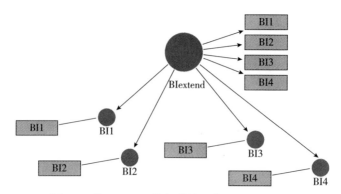

图 C8　从 BIextend 指标转换而来的单指标结构

的结构。例如，指标 CNF1 与结构 CNF 1 连接。最后，将 CNF 1、CNF2、CNF 3 和 CNF4 视为二阶指标，并与结构 CNF 连接。经过此过程，CNF 的指标将被转换为单指标结构，如图 C9 所示。

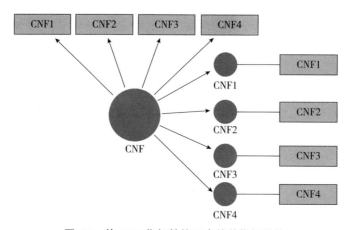

图 C9　从 CNF 指标转换而来的单指标结构

结构 SAT 由 SAT 1、SAT 2、SAT 3 和 SAT 4 四个指标组成，在本书中，首先将它们转化为结构 SAT 1、结构 SAT 2、结构 SAT 3 和结构 SAT 4。其次，将这四个转换的结构分别与结构 SAT 连接起来。再次，将每个指标连接到其相应的结构。例如，指标 SAT 1 与结构 SAT 1 连接。最后，将 SAT 1、SAT 2、SAT 3 和 SAT 4 视为二阶指标，并与结构 SAT 连接。经过此过程，SAT 的指标将被转换为单指标结构，如图 C10 所示。

结构 INT 由 INT 1、INT 2、INT 3 和 INT 4 四个指标组成，在本书中，首

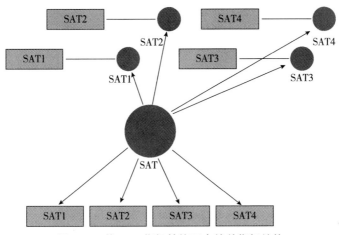

图 C10　从 SAT 指标转换而来的单指标结构

先，将它们转化为结构 INT 1、结构 INT 2、结构 INT 3 和结构 INT 4。其次，将这四个转换的结构分别与结构 INT 连接起来。再次，将每个指标连接到其相应的结构。例如，指标 INT 1 与结构 INT 1 连接。最后，将 INT 1、INT 2、INT 3 和 INT 4 视为二阶指标，并与结构 INT 连接。经过此过程，INT 的指标将被转换为单指标结构，如图 C11 所示。

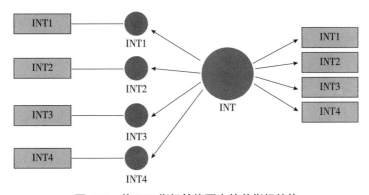

图 C11　从 INT 指标转换而来的单指标结构

　　TAC、TEC、TTF、PE、EE、SI、FC、BIextend、CNF、SAT 和 INT 的指标都被转换为单指标结构，如图 C12 所示。然后，在模型中添加一个与上述所有单指标结构相关联的常用方法因子，并且在常用方法因子中的所有观察到的指标都包括在内，如图 C13 所示。

215

运行 PLS 算法并观察外部载荷。在此阶段中，计算出的外部载荷是表 5-14 中所示的实质性因子载荷。还观察到了路径系数，该系数涉及表 5-14 中所示的方法因子载荷。

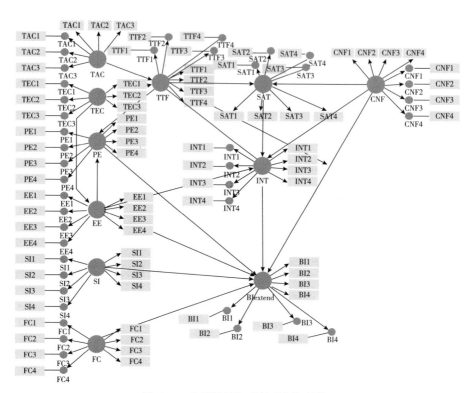

图 C12 由指标转换成的单指标结构

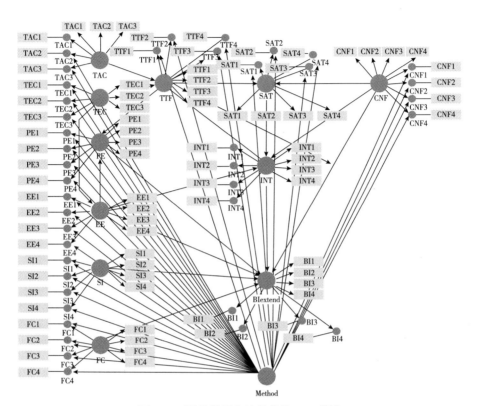

图 C13　评估常用方法偏差的 PLS 模型

后 记

非常感谢那些使本书从构思到付梓出版的人，特别是我的指导老师 Ilias Petrounias 博士、Nikolay Mehandjiev 教授和其他教职人员，他们在许多方面指导并启发了我，也非常感谢支持我的父母和热心的朋友。我在曼彻斯特大学四年读博过程中经历了许多坎坷、挑战和成长，这是一段难忘的旅程。感激很多对我的学业和生活给予支持的人们。

首先，我衷心感谢我的导师 Ilias Petrounias 博士，感谢他细心、耐心、激励和鼓舞人心的指导。如果不是他接受我做他的博士生，本书就永远写不出来了。由于他的支持和推荐，我在读博第二年也做过助教。这段工作经历非常有益，使我能够思考毕业后的职业发展。Ilias Petrounias 博士和 Nikolay Mehandjiev 教授在其他方面也给予我很大支持。每次与导师交流本书的进展时，我都从他们身上学到了很多东西，最重要的是学到了如何成为一名负责任、勤奋、能够为社会科学贡献出独到的研究成果的学术研究者。

同时，还要深切地感谢我慈爱的父母，在过去的几年里，他们的鼓励以及经济和心理支持对我至关重要。我非常爱我的父母，他们深深理解我和我的抱负。虽然在过去六年的留学生活中，我没有经常去探望他们，但我知道他们的爱一直围绕着我，帮助我渡过了学习和生活中的那些艰辛。

最后，我向所有在本书写作过程中支持我的人致以问候和祝福。